INTERPRETAÇÃO CONFORME A CONSTITUIÇÃO
ASPECTOS PROCEDIMENTAIS CRÍTICOS DE UMA TÉCNICA A SERVIÇO DO PROCESSO DEMOCRÁTICO

LETÍCIA LACERDA DE CASTRO

Prefácio
Gilmar Mendes

INTERPRETAÇÃO CONFORME A CONSTITUIÇÃO
ASPECTOS PROCEDIMENTAIS CRÍTICOS DE UMA TÉCNICA A SERVIÇO DO PROCESSO DEMOCRÁTICO

Belo Horizonte

2025

© 2025 Editora Fórum Ltda.

É proibida a reprodução total ou parcial desta obra, por qualquer meio eletrônico, inclusive por processos xerográficos, sem autorização expressa do Editor.

Conselho Editorial

Adilson Abreu Dallari
Alécia Paolucci Nogueira Bicalho
Alexandre Coutinho Pagliarini
André Ramos Tavares
Carlos Ayres Britto
Carlos Mário da Silva Velloso
Cármen Lúcia Antunes Rocha
Cesar Augusto Guimarães Pereira
Clovis Beznos
Cristiana Fortini
Dinorá Adelaide Musetti Grotti
Diogo de Figueiredo Moreira Neto (*in memoriam*)
Egon Bockmann Moreira
Emerson Gabardo
Fabrício Motta
Fernando Rossi
Flávio Henrique Unes Pereira
Floriano de Azevedo Marques Neto
Gustavo Justino de Oliveira
Inês Virgínia Prado Soares
Jorge Ulisses Jacoby Fernandes
Juarez Freitas
Luciano Ferraz
Lúcio Delfino
Marcia Carla Pereira Ribeiro
Márcio Cammarosano
Marcos Ehrhardt Jr.
Maria Sylvia Zanella Di Pietro
Ney José de Freitas
Oswaldo Othon de Pontes Saraiva Filho
Paulo Modesto
Romeu Felipe Bacellar Filho
Sérgio Guerra
Walber de Moura Agra

Luís Cláudio Rodrigues Ferreira
Presidente e Editor

Coordenação editorial: Leonardo Eustáquio Siqueira Araújo
Thaynara Faleiro Malta
Revisão: Renata Sangeon
Capa e projeto gráfico: Walter Santos
Diagramação: João Oliveira

Rua Paulo Ribeiro Bastos, 211 – Jardim Atlântico – CEP 31710-430
Belo Horizonte – Minas Gerais – Tel.: (31) 99412.0131
www.editoraforum.com.br – editoraforum@editoraforum.com.br

Técnica. Empenho. Zelo. Esses foram alguns dos cuidados aplicados na edição desta obra. No entanto, podem ocorrer erros de impressão, digitação ou mesmo restar alguma dúvida conceitual. Caso se constate algo assim, solicitamos a gentileza de nos comunicar através do *e-mail* editorial@editoraforum.com.br para que possamos esclarecer, no que couber. A sua contribuição é muito importante para mantermos a excelência editorial. A Editora Fórum agradece a sua contribuição.

Dados Internacionais de Catalogação na Publicação (CIP) de acordo com ISBD

C355i
    Castro, Letícia Lacerda de
        Interpretação conforme a Constituição: aspectos procedimentais críticos de uma técnica a serviço do processo democrático / Letícia Lacerda de Castro. Belo Horizonte: Fórum, 2025.

        253 p. 14,5x21,5cm

        ISBN 978-65-5518-980-3
        ISBN digital 978-65-5518-979-7

        1. Direito constitucional. 2. Constituição. 3. Processo constitucional. 4. Democracia. 5. Interpretação jurídica. I. Título.

                                                                                     CDD: 342
                                                                                     CDU: 342

Ficha catalográfica elaborada por Lissandra Ruas Lima – CRB/6 – 2851

Informação bibliográfica deste livro, conforme a NBR 6023:2018 da Associação Brasileira de Normas Técnicas (ABNT):

CASTRO, Letícia Lacerda de. *Interpretação conforme a Constituição*: aspectos procedimentais críticos de uma técnica a serviço do processo democrático. Belo Horizonte: Fórum, 2025. 253 p. ISBN 978-65-5518-980-3.

*Ao meu pai, Davi, que me trouxe até aqui
e me guiará bem adiante...*

AGRADECIMENTOS

À minha filha, Giovanna, de quem recebi a inabalável força do amor, que tem guiado cada movimento da minha vida.

À minha mãe, Lúcia, meu exemplo de integridade, bondade, humildade e devoção a Jesus.

Aos meus professores, que contribuíram não só para meu desenvolvimento acadêmico, mas para a consciência de que devo me orientar rumo a uma existência mais humana e solidária. Nessa jornada, destaco, com especial gratidão, os Professores Doutores Ministro Gilmar Mendes, Procurador-Geral da República Paulo Gonet e Rosemiro Pereira Leal.

Agradeço a todos os meus colegas de mestrado e doutorado, que foram fundamentais para o meu crescimento, especialmente ao Professor Vinícius Diniz Monteiro de Barros. É que o ambiente acadêmico, genuinamente perturbador, trouxe-me tamanha inquietude na busca de um mundo melhor.

Às mulheres que me inspiram, em especial à Ministra Edilene Lobo, à Advogada Marina Pimenta, à Procuradora Ana Cláudia Nascimento Gomes, às amigas Adriana Queiroz e Miriam Lage e, sobretudo, às minhas irmãs, Cláudia, Lili e Simone, e à minha sobrinha Júlia.

Primeira tese: Temos muitos conhecimentos. Conhecemos muitos detalhes de duvidoso interesse intelectual, mas também coisas de considerável relevância prática e, mais importante, que nos proporcionam um profundo discernimento teórico e uma surpreendente compreensão do mundo.

Segunda tese: Nossa ignorância é preocupante e ilimitada. Aliás, o espantoso progresso das ciências naturais (ao qual minha primeira tese faz referência) nos reabre constantemente os olhos para a nossa ignorância, inclusive no campo das ciências naturais. Isso dá uma nova feição à ideia socrática de ignorância. A cada passo que avançamos, a cada problema que resolvemos, não apenas descobrimos novos problemas não solucionados como também descobrimos que, ali onde acreditávamos pisar em terreno firme e seguro, tudo, na verdade, é inseguro e fluido.

K. R. Popper

SUMÁRIO

PREFÁCIO
Gilmar Ferreira Mendes 17

INTRODUÇÃO 21

CAPÍTULO 1
O PROCESSO QUE INSTITUI E CONSTITUI A NORMA
JURÍDICA E O DIREITO DEMOCRÁTICO 31
1.1   Protagonismo judicial, decisionismo, autoridade
       hermenêutica e o porquê de ser premente a ruptura com
       a teoria da instrumentalidade processual 31
1.2   Rompido com a instrumentalidade do processo, quais
       pressupostos teóricos devem ser conjecturados e refutados
       para a escolha do modelo de processo que oferte a
       democratização da interpretação normativa? 39
1.3   A norma constitucional que vincula e orienta toda a
       interpretação jurídica 42
1.3.1 Considerações críticas sobre as tradicionais regras de
       interpretação jurídica 44
1.3.2 O método tradicional da interpretação sistemática e
       sua relação com a interpretação conforme a Constituição.
       Uma advertência: é preciso conhecer a lógica sistêmica
       para se alcançar a democratização da interpretação
       conforme 49
1.3.2.1 O sistema fechado que veda a instituição do processo
       para se alcançar uma interpretação democrática 50
1.3.2.2 O perigo da negação do sistema. A tópica como faceta do
       protagonismo judicial e da instrumentalidade do
       processo 51
1.3.2.3 O processo em que se institui a interpretação sistemática,
       lógica da interpretação conforme, na ambiência de um
       sistema aberto e, sobretudo, democrático 55

1.3.2.4 A centralidade da lei democrática para demarcar e vincular a interpretação 61
1.4 A compreensão da faticidade do presente e o olhar e compromisso quanto ao futuro. A captura da norma jurídica e de seu sentido pelo processo.................................. 63
1.4.1 Apropriações teóricas de Konrad Hesse e Friedrich Müller sobre a realidade e sua influência no processo de revelação da norma jurídica.. 66
1.4.2 A revelação dos fatos e da realidade pelo processo. Que se demarque: é necessário conhecê-los para romper com a herança dogmática 73
1.5 É preciso assumir a pré-compreensão do sujeito interpretante e a falácia da racionalidade plena.................... 77
1.6 O que está por vir: a crítica e a testificação da linguagem dos sujeitos interpretantes como elementos essenciais do processo democrático que pretenda interpretar a norma jurídica 81
1.6.1 Contribuições de Peter Häberle para a proposta de processualização da interpretação jurídica 84
1.7 Por uma proposta teórica do processo que oferte a interpretação democrática dos conteúdos normativos......... 86
1.7.1 Um salto na ciência processual: a teoria do processo em Fazzalari e o estruturalismo processual................................. 87
1.7.2 Apropriações do modelo constitucional de processo........... 90
1.7.3 A teoria neoinstitucionalista do processo como aporte necessário para a construção da norma jurídica democrática... 91
1.7.3.1 Conhecimento sem autoridade, conhecimento objetivo e verdade provisória. Epistemologia e o Mundo 3 de Popper.... 92
1.7.3.2 A epistemologia científica do racionalismo crítico e a teoria neoinstitucionalista do processo................................. 96
1.7.3.3 O ganho teórico obtido pela hermenêutica isomênica 99
1.8 Um "esquema geral" de interpretação conforme provisório. As orientações teóricas até aqui apreendidas 102

CAPÍTULO 2
JURISDIÇÃO CONSTITUCIONAL E INTERPRETAÇÃO CONFORME A CONSTITUIÇÃO... 107
2.1 Um recorte histórico 107

2.2   Jurisdição constitucional, construção democrática
       e efetivação de direitos fundamentais e contra majoritários.
       A instrumentalização da interpretação conforme pela
       Corte Constitucional 113
2.3   Constitucionalidade e inconstitucionalidade: a superação
       da binaridade pela interpretação conforme 118
2.4   As decisões "interpretativas": inconstitucionalidade
       parcial sem redução de texto, as decisões manipulativas
       e a interpretação conforme – semelhanças e
       diferenças 125

CAPÍTULO 3
INTERPRETAÇÃO CONFORME A CONSTITUIÇÃO 133

3.1   Noções dogmáticas da interpretação conforme a
       constituição: natureza, fundamento e pressupostos 133
3.2   Interpretação conforme à Constituição intercambiável
       entre o método da interpretação sistemática e a técnica
       interpretativa decisória: admissibilidade, pressupostos,
       limites e desafios 142
3.2.1 Considerações sobre o método hermenêutico e a técnica
       de decidir relacionados à interpretação conforme. Em um
       ou outro, a crítica como método 149
3.3   A interpretação conforme na jurisprudência do Supremo
       Tribunal Federal: um recorte da realidade da utilização
       do instituto 154
3.3.1 Os primeiros acórdãos do Supremo Tribunal Federal 155
3.3.2 A jurisprudência contemporânea 163
3.4   Apontamentos da interpretação conforme a Constituição
       na Corte Constitucional Alemã 173

CAPÍTULO 4
PELA CONSTRUÇÃO DE UMA EPISTEMOLOGIA
DA INTERPRETAÇÃO CONFORME PELA VIA DA
PROCESSUALIDADE DEMOCRÁTICA: O ESPAÇO
PROCESSUAL, OS SUJEITOS INTERPRETANTES
E O JUIZ 177

4.1   Espaço de decidibilidade do processo de interpretação
       conforme 177

4.2 A interpretação conforme no sistema aberto e democrático. Quais são os legitimados a interpretar a norma jurídica?..179
4.3 Afinal, qual é a posição subjetiva do sujeito interpretante admitido no processo de interpretação? 187
4.4 O processo de interpretação e o acertamento da linguagem da interpretação conforme pelo juiz. A influência da linguagem do sujeito interpretante na construção do sentido normativo. O juiz como operador do Mundo 3 190

CAPÍTULO 5
O PROCEDIMENTO DO PROCESSO DA INTERPRETAÇÃO CONFORME. O SANEADOR PROCESSUAL E AS TESES PROVISÓRIAS. CONJECTURAS E REFUTAÇÕES. A DEMOCRACIA DECISÓRIA 195

5.1 Marcando a abertura do procedimento pelo saneador metodológico: um juízo prévio e provisório sobre a admissibilidade e possibilidades da interpretação conforme...195
5.2 A metodologia saneadora: um marco do procedimento que possibilita a formação de teses provisórias a serem ofertadas à refutação..198
5.2.1 Um "esquema geral" da interpretação conforme. A linguagem processual, conjecturas, refutações e o conhecimento objetivo 200
5.2.2 Retomando o debate da legitimidade: a identificação dos sujeitos interpretantes pelas teses provisórias formuladas 202
5.3 O modelo decisório do STF e o comprometimento da influência da linguagem dos concernidos no acórdão 203
5.3.1 Uma proposta de aprimoramento do modelo decisório que autorize o julgamento das teses previamente conjecturadas no processo de interpretação 209
5.3.2 O relatório do voto do relator como um segundo saneador metodológico. Por uma nova demarcação das teses provisórias já conjecturadas e refutadas pelos concernidos 215

5.3.3	A importância do pioneiro voto conjunto dos Ministros Gilmar Ferreira Mendes e Luís Roberto Barroso. Um passo adiante: a publicização interna do voto pelo relator............	219
5.3.4	A estabilização do sentido da tese mais resistente à crítica no dispositivo do acórdão...	222
5.4	Interpretação conforme e a exigência da reserva de plenário...	224
5.4.1	Uma tese a ser conjecturada para identificar uma potencial decisão de inconstitucionalidade que atrai a reserva de plenário: o método de interpretação gramatical defronte o método de interpretação teleológico....................................	227
5.5	Um esquema ainda provisório... Teses, conjecturas e refutações. O direito construído pelo processo crítico democrático...	228

CONSIDERAÇÕES FINAIS 233

REFERÊNCIAS... 245

PREFÁCIO

A Constituição Federal de 1988 é o marco normativo que representa o encerramento do período do Regime Militar, com suas mais de duas décadas de repressão. A Carta Cidadã deu início ao mais longo período de ordem democrática da história brasileira, e a instituição desse Estado Democrático de Direito efetiva uma das maiores ambições dos nossos representantes então reunidos na Assembleia Nacional. Desde então, a Constituição Federal e o Estado Democrático de Direito por ela instituído passaram por processos de consolidação e fortalecimento, agora substituídos por tristes tentativas de fragilização – tão bem resumidas no fatídico episódio de 8 de janeiro de 2023.

Essa preocupação com a garantia do Estado Democrático de Direito também orienta os esforços de Letícia Lacerda de Castro, consubstanciados na presente obra, mas por uma perspectiva distinta daquela atrelada aos contornos de nosso regime de governo. Seu foco principal encontra-se na democratização da atividade interpretativa das normas jurídicas. Dessa forma, ela direciona sua atenção ao instituto da interpretação conforme à Constituição, reiteradamente utilizado pelo Supremo Tribunal Federal para declarar qual sentido da norma revela-se compatível com a Lei Fundamental.

Ao longo de cinco capítulos substantivos, a autora, a quem tive a satisfação de orientar em seu doutoramento pelo Programa de Pós-Graduação *stricto sensu* em Direito Constitucional do Instituto Brasileiro de Ensino, Desenvolvimento e Pesquisa (IDP), desenvolve uma instigante argumentação sobre a necessidade de robustecimento e processualização da interpretação conforme à Constituição, não apenas para viabilizar o atingimento de uma decisão tecnicamente correta, mas, fundamentalmente, para garantir a democratização do instituto e o encontro da norma jurídica.

Com esse objetivo em mente, a autora vai paulatinamente aprofundando sua discussão sobre o instituto da interpretação conforme. Nesse sentido, o primeiro capítulo é responsável por buscar uma teoria do processo capaz de orientar a atividade hermenêutica de forma simultaneamente democrática e racionalmente crítica. Assim, rompe com o paradigma da instrumentalidade do processo, que centraliza a atividade interpretativa na figura do juiz, para dar vazão a uma lógica de processualidade democrática, em que todos os interpretantes se encontram em simétrica paridade interpretativa, propiciando uma hermenêutica isomênica. Esses contornos têm abrigo na teoria neoinstitucional do processo, marco teórico da autora. Essa mesma teoria é responsável por incorporar à ciência jurídica os fundamentos do racionalismo crítico de Karl Popper – cujo esquema de constante testificação de teses provisórias permite a identificação de argumentos mais robustos e a materialização do conhecimento pelo seu sentido objetivo, em oposição àquele subjetivo, sustentado pela autoridade do sujeito cognoscente.

Tendo esses pontos por fundamento é que se argumenta que a atividade interpretativa deve se dar em âmbito processual e não subjetivo, a fim de possibilitar a revelação da norma jurídica de forma democrática e não dogmática – porque reiteradamente testificada ao longo desse processo.

A seguir, Letícia analisa a trajetória da jurisdição constitucional, que tem papel importante na consolidação do Estado Democrático de Direito, pela concreção das normas constitucionais. A complexidade da vida contemporânea levaria as Cortes Constitucionais a construções mais intricadas para sanções de atos desconformes ao texto constitucional, contexto em que a interpretação conforme se apresenta como técnica mais flexível para viabilizar esses pronunciamentos. Nesse ponto, há o aprofundamento propriamente dito nos aspectos teóricos da interpretação conforme. A autora busca apresentar critérios para seu emprego – como admissibilidade, limites e possibilidades jurídicas de interpretação –, os quais permitirão identificar no caso concreto se a interpretação conforme se apresenta como método de interpretação, técnica decisória ou princípio de hermenêutica. Há também a exposição de jurisprudência do Supremo Tribunal Federal sobre o assunto, passando por casos paradigmáticos que fizeram uso do instituto.

Apresentada a interpretação conforme, é feita sua vinculação com os argumentos da processualidade democrática previamente formulados, com paralelos à sociedade aberta dos intérpretes da Constituição, de Peter Häberle. Essa abertura hermenêutica aos interpretantes permite sua contribuição ativa para a revelação da norma jurídica, cabendo ao juiz operar o falseamento e a refutação das teses interpretativas por eles formuladas.

Por fim, não bastassem os apontamentos teóricos formulados, a obra encerra com um capítulo preocupado com a esquematização desse procedimento democrático para uso da interpretação conforme, no esforço de dar contornos operacionais para tudo quanto foi exposto – ponto em que também sugere ajustes aos modelos deliberativos do Supremo Tribunal Federal.

Em sua totalidade, o presente livro oferece considerações instigantes para aqueles interessados no debate sobre teorias do processo, assim como para aqueles atraídos pelo tema da interpretação – e, em específico, da interpretação conforme à Constituição –, bem como estudiosos de reformas institucionais e dos modelos deliberativos do Supremo Tribunal Federal. Seguramente, a obra contribui para avançar nosso entendimento nesses debates.

Desejo a todos proveitosa leitura!

Gilmar Ferreira Mendes
Doutor em Direito pela Universidade de Münster, Alemanha. Professor de Direito Constitucional nos cursos de graduação e pós-graduação do Instituto Brasileiro de Ensino, Desenvolvimento e Pesquisa (IDP). Ministro do Supremo Tribunal Federal (STF).

INTRODUÇÃO

O princípio da incerteza, então compreendido pela impossibilidade de se calcular simultaneamente a velocidade e a posição de uma partícula, não se limitaria à ciência física, como propagado por Jean Baudrillard em sua obra *A troca impossível*, mas se identificaria também pela impossibilidade de se avaliar ao mesmo tempo a realidade e a significação do acontecimento na informação.

Nesse sentido, a incerteza estaria infiltrada em todos os domínios da vida, não em função da complexidade de seus parâmetros, mas de uma incerteza ligada ao caráter irreconciliável dos dados existentes. É que, não podendo captar ao mesmo tempo a gênese da singularidade do acontecimento e a aparência das coisas e seu sentido, das duas, uma: ou se dominaria o sentido e as aparências se escapariam; ou seria o sentido o escapado e as aparências salvas.[1]

A incerteza está "secretamente" imersa na ciência jurídica. Ela está, pode-se dizer, nas construções teóricas sobre o instituto da hermenêutica jurídica e nas proposições que almejam capturar o sentido (em uma pretensão de verdade) da norma jurídica pelo sujeito interpretante.

No tema da interpretação jurídica, pode parecer que ao intérprete é conferido o domínio do objeto a ser interpretado, até por ter, pretensamente, a autoridade de dizer do que se trata esse objeto (sejam os fatos, o texto da lei ou a norma jurídica). Mas nessa atividade o real se faz inexorável, não raro desautorizando o conhecimento obtido pelo sujeito sobre o objeto interpretado, extraído de sua observação e análise.

Ao não se assumir a ausência de domínio no campo do conhecimento sobre o objeto, em especial a incerteza de dado significante normativo, pereniza-se uma interpretação legitimada pela autoridade do sujeito interpretante e, portanto, pela violência simbólica na imposição de uma certeza de seu sentido.

---

[1] BAUDRILLARD, Jean. *A troca impossível*. Rio de Janeiro: Nova Fronteira, 2002. p. 25.

Nessa linha de raciocínio – e por aqui revela-se a contextualização do problema propriamente demarcado a ser enfrentado nesta obra –, é recorrente a utilização da "interpretação conforme a Constituição", ora como princípio, método hermenêutico, ora como técnica de decidir, para encontro do sentido da norma jurídica. Apropriado se faz apontar a força linguística – quase uma autoridade no estudo da hermenêutica – da intitulada "interpretação conforme a Constituição". Impõe-se reverenciar, na lógica do sistema jurídico, que toda a interpretação legal deve se compatibilizar com a norma constitucional.

Ocorre que ainda carece de teorização no direito brasileiro a utilização da "interpretação conforme a Constituição", a começar pela sua demarcação teórica, pois há uma imprecisão latente se a "interpretação conforme" se trataria de um método de interpretação, uma técnica decisória ou um princípio de interpretação – e, também, quais seriam os seus limites cognitivos.

Nesse sentido, como vetor hermenêutico, a depender desses limites de cognição, é importante que se proceda à interrogação sobre a legitimidade de uma adição de sentido ao texto da lei, para que haja conformidade da norma à Constituição, ou se pela "interpretação conforme" poderia haver a expressa exclusão, por inconstitucionalidade, de uma hipótese de aplicação normativa ou uma abdução de sentido normativo. A depender dessa resposta, é premente que se faça um questionamento sobre os referenciais teóricos da "interpretação conforme" defronte a declaração de nulidade parcial sem redução de texto.

Caso se trate de um método de interpretação, pode-se compreender a "interpretação conforme" como uma subdivisão da intitulada interpretação sistemática, como sustentado por Gilmar Ferreira Mendes ao correlacionar esse método hermenêutico com o princípio da unidade da ordem jurídica, que considera a Constituição como contexto superior às demais normas. Ainda segundo o autor, se utilizada corretamente, a "interpretação conforme a Constituição" nada mais seria que a interpretação da lei, uma vez que qualquer intérprete está obrigado a interpretar o que nela está disposto segundo as decisões fundamentais da Constituição.[2]

---

[2] MENDES, Gilmar Ferreira. *Jurisdição constitucional*: o controle abstrato de normas no Brasil e na Alemanha. 6. ed. São Paulo: Saraiva, 2014. p. 328-329.

Todavia, na hipótese de se sustentar que a "interpretação conforme a Constituição" possa ser uma técnica de decisão, para além da escolha de sentido da lei em conformidade com a Constituição ante as diferentes possibilidades de interpretação, à Corte Constitucional (e aos demais órgãos do Poder Judiciário) se autorizaria essa declaração da compatibilidade de uma lei com a Constituição, bem como a cognição acerca da exclusão de interpretações possíveis, mas consideradas inconstitucionais. Possibilitar-se-ia, também, acrescer à norma o sentido que a dotaria de constitucionalidade, embora não expressa na literalidade do texto normativo.

Pode-se, ainda, conceber alguma defesa teórica de que a "interpretação conforme" esteja de fato circunscrita à dogmática dos métodos interpretativos. Mesmo nessa hipótese, não estaria impedida de excluir interpretações inconstitucionais, vinculando o sentido normativo da lei à Constituição e reprimindo aqueles que, ao revés, não se compatibilizem com a norma constitucional.

Nesse cenário de proposições jurídicas sobre o tema, sob amparo da unidade do ordenamento, tem-se estabilizado o sentido normativo de textos legais, mesmo que para tanto seja reconhecida a inconstitucionalidade (sem redução de texto) de dada interpretação jurídica ou mesmo modificando-se, em uma função corretiva, a disposição legal interpretada, a despeito da ausência de teorização do instituto da "interpretação conforme".

As referências à "interpretação conforme a Constituição", em um estudo sobre a decisão de inconstitucionalidade, podem, à primeira vista, suscitar embaraços. A decisão de inconstitucionalidade da lei pressupõe a impossibilidade do recurso à interpretação conforme, pelo que, nos casos em que seja possível uma decisão interpretativa, não se afigura em rigor legítimo falar em inconstitucionalidade da lei.

Assim, a dogmática jurídica defende que a "interpretação conforme" deve "salvar" a lei do vício da inconstitucionalidade, preservando ao máximo possível o texto legal, tendo em vista os pressupostos (nem sempre interrogados criticamente) da presunção de constitucionalidade da lei e do princípio de conservação da norma. Neste, pelo princípio da segurança jurídica e do regular funcionamento legislativo, preserva-se em maior medida possível o texto normativo. Quanto à presunção de constitucionalidade da lei, sempre que possível, ao revés de se declarar a nulidade da lei, deve ser construída uma interpretação em conformidade com a Constituição.

No entanto, nos casos em que a interpretação conforme afasta um sentido inconstitucional da lei, há uma sensibilidade evidente no tema, tendo em vista a presença de uma decisão de inconstitucionalidade expressa ou tácita. Não é possível ignorar que o problema exista. Se para atribuir um sentido constitucional à lei refuta-se um outro sentido dissonante da norma constitucional, pode haver potencialmente uma decisão de inconstitucionalidade tácita pelo intérprete julgador que utiliza do método da "interpretação conforme".

Inclusive, há quem equipare essa decisão interpretativa às decisões redutivas ou a aproxima da decisão modificativa.[3] Nesse sentido, a decisão interpretativa, ao perder sua ligação umbilical com a interpretação conforme, transforma-se em uma espécie de "técnica-camaleão", que mudaria de conteúdo e de forma em face das circunstâncias.[4]

Seja como for, há um perigo de que, em um quadro mental propenso à preservação do texto normativo a qualquer custo, a interpretação conforme se converta em um instrumento de ativismo e criatividade dos juízes constitucionais, substituindo o legislador na construção e na reforma da lei.

Algumas decisões do Supremo Tribunal Federal, decerto diante da ausência de teorização do instituto da "interpretação conforme a Constituição", suscitam questionamento sobre a racionalidade decisória dos julgados,[5] é dizer, se teria havido

---

[3] SILVESTRI, Gaetano. Le sentenze normative dela Corte Costituzionale. *Giurisprudenza constituzionale*, v. 26, n. 8/10, p. 1684-1721, 1981. Ainda, no Brasil: MENDES, Gilmar Ferreira; BRANCO, Paulo Gustavo Gonet. *Curso de direito constitucional*. São Paulo: Saraiva, 2023. (Série IDP). p. 713-715.

[4] MEDEIROS, Rui. *A decisão de inconstitucionalidade*. Lisboa: Universidade Católica Portuguesa, 1999. p. 298.

[5] Como exemplo, cita-se a Reclamação 14.872, que tinha como mérito questões referentes a reajustes salariais, sendo o ponto principal sobre a interpretação conforme tratado como técnica de controle de constitucionalidade. A Ministra Cármen Lúcia fez importante questionamento sobre decisões equivocadas em que se aplicava o princípio da interpretação conforme, como a que então se apresentava ao plenário da Corte. O Ministro Gilmar Mendes, em importantes precedentes, também joga luz ao tema e alerta que a decidibilidade dos julgados sustentaria nas decisões modificativas, a exemplo dos votos

a preservação da lei interpretada, na lógica da interpretação conforme, ou se teria ocorrido uma inovação legislativa, por meio da interpretação conferida ao dispositivo legal, adentrando-se na matéria de competência legislativa.[6]

Na atividade da interpretação conforme, e mesmo se admitida como técnica decisória, deve-se atentar ao impedimento de haver a transformação da pretensa interpretação adequadora em verdadeira e própria modificação da disposição fiscalizada.[7] Ora, quando o sentido normativo conferido pelo "instrumento" da "interpretação conforme" altera o conteúdo originário da lei, o julgador tem potencial de interferir mais fortemente nas competências do legislador do que quando profere decisão de inconstitucionalidade. Com a invalidade da lei, devolve-se ao Poder Legislativo a competência para a nova conformação material. Ao revés, com a correção da lei ou seu sentido normativo pelo julgador, pode ocorrer a prática de um ato atentatório à prerrogativa do legislador.

Portanto, enfrenta-se a seguinte problemática neste livro: seria a "interpretação conforme à Constituição" um método de interpretação, uma técnica decisória ou um princípio interpretativo? Poderia haver uma declaração tácita ou expressa de inconstitucionalidade de sentido normativo em determinada "interpretação conforme"? Poderia ocorrer a modificação da disposição normativa pelo julgador, na atividade adequadora da norma, pela "interpretação conforme"? Quais seriam seus limites procedimentais? Deveria haver "reserva de plenário"? Afinal, reconhecendo-se a possibilidade de a "interpretação conforme a Constituição" declarar, mesmo que tacitamente, a inconstitucionalidade de certa interpretação ou proceder à perfectibilização do texto da lei, com certa interpretação jurídica, uma proposição teórica a ser testada não seria a necessidade de instituição de um procedimento para construção decisória,

---

proferidos nos paradigmáticos julgamentos da ADPF nº 54 e ADO nº 26, pelo STF. Cf. https://portal.stf.jus.br/processos/detalhe.asp?incidente=2226954. Acesso em: 24 fev. 2025.

[6] Em tese, pode-se verificar uma decisão interpretativa modificativa, proferida pelo Supremo Tribunal Federal nas ADI nº 1.105 e nº 1.127, de relatoria do Ministro Marco Aurélio, em que se conferiu uma interpretação conforme a Constituição a vários dispositivos do Estatuto da Advocacia (Lei nº 8.906/94), com forte inovação e correção do conteúdo normativo. Cf. https://portal.stf.jus.br/processos/detalhe.asp?incidente=1594516. Acesso em: 24 fev. 2025.

[7] MEDEIROS. Op. cit., p. 300.

democratizando-a e, portanto, processualizando a "interpretação conforme a Constituição"? E quais seriam os principais aspectos do procedimento?

Em Kelsen, na "teoria pura do direito", visualiza-se a estrutura escalonada normativa (e a relação de causalidade do mundo do ser e de imputação do mundo do dever ser, própria dessa estrutura), em que se possibilitou o embasamento teórico do controle de constitucionalidade. Nesse modelo, o próprio Kelsen assumiu a falibilidade da completude jurídica do escalonamento normativo.

É que, nessa estrutura escalonada, que pode ser conjecturada com a interpretação conforme, a validade da norma seria fundamentada por uma outra norma hierarquicamente superior. Teria, portanto, caráter dinâmico, caracterizado no fato de a norma fundamental fornecer somente o fundamento de validade às demais normas, não o seu conteúdo.[8] Quanto à unidade da ordem jurídica, haveria uma conexão de dependência no processo de validação, sendo que a norma inferior, portanto, extrairia sua validade de uma superior, e assim sucessivamente, até se alcançar a norma hipotética fundamental que seria pressuposta ou ficcional. A norma hipotética fundamental seria "o fundamento de validade último que constitui a unidade desta interconexão criadora".[9]

Embora a teoria kelseniana se ampare, também, no fundamento da unidade da ordem jurídica, observa-se que não se defende a "perfeição" do sistema. Existiria uma contingência do direito, no sentido de se admitir a sua convivência com a lei inconstitucional ou a sentença ilegal, somente para exemplificar. E mais, dependeria de uma existência ficcional de uma norma pressuposta.

Quanto à interpretação – uma operação mental que acompanha o processo de aplicação do direito[10] –, esta estaria em Kelsen no âmbito do "ato de vontade". Nesse sentido, a escolha do sentido

---

[8] KELSEN, Hans. *Teoria pura do Direito*. 8. ed. São Paulo: Martins Fontes, 2019. p. 221. Destaque-se a citação: "Uma norma jurídica não vale porque tem um determinado conteúdo, quer dizer, porque o seu conteúdo pode ser deduzido pela vida de um raciocínio lógico do de uma norma fundamental pressuposta, mas porque é criada por uma norma determinada – por uma última análise, por uma norma fixada por uma norma fundamental pressuposta. (...) Por isso, todo e qualquer conteúdo pode ser Direito".

[9] *Ibidem*, p. 247.

[10] *Ibidem*, p. 387.

normativo, entre os vários possíveis, seria um ato de vontade do aplicador do Direito que, inclusive, criaria o direito.[11]

O controle de constitucionalidade, no desenvolvimento da "defesa da Constituição", não tem sua racionalidade no afastamento de uma lei inconstitucional, apenas, mas em uma interpretação que seja defronte à norma constitucional ou ao sentido dessa norma. Kelsen é conclusivo quanto à necessidade de a interpretação jurídico-científica evitar, "com o máximo cuidado", a ficção de que uma norma jurídica permita uma só interpretação: a interpretação "correta". Para ele, "isto seria uma ficção de que se serve a jurisprudência tradicional para consolidar o ideal da segurança jurídica".[12]

Nessa linha de pensamento, tratando-se do constitucionalismo brasileiro e da forte demanda direcionada ao Supremo Tribunal Federal para não só implementar uma hermenêutica constitucional, mas verdadeiramente solucionar problemas existenciais, relacionados à fruição de direitos fundamentais e da proteção dos institutos do Estado Democrático de Direito, é razoável se deparar com a utilização crescente da interpretação conforme a Constituição, muitas vezes afastando o sentido ou a interpretação inconstitucional da norma, sem declarar a sua invalidade.[13]

Diante da plurissignificação das normas jurídicas, e ao desmistificar o dogma da possibilidade de alcance da racionalidade

---

[11] *Ibidem*, p. 394.
[12] *Ibidem*, p. 396.
[13] A problematização proposta se revela mais sensível ao se verificar que, em não raras situações, o Supremo Tribunal Federal tem, em tese, realizado uma "revisão" do texto normativo. É o caso das ADC nº 43 e 44, sobre a presunção de inocência, que demonstram uma revisão do disposto no art. 283 do CP. No contexto das ADC, os dispositivos da Constituição levantados como parâmetro foram os incisos LVII e LXI do art. 5º, os quais praticamente tratam de uma repetição do art. 283 do CP. Mesmo diante desse quadro normativo, o Supremo Tribunal Federal decidiu pela declaração de constitucionalidade do art. 283 do Código de Processo Penal, com interpretação conforme a Constituição, afastando aquela extraída da norma que vedasse o início da execução da pena tão logo esgotadas as instâncias ordinárias, assentando que é coerente com a Constituição o início da execução criminal quando houver condenação confirmada em segundo grau, salvo atribuição expressa de efeito suspensivo ao recurso cabível. Portanto, para dar outro sentido à norma, foi utilizada a interpretação conforme, a despeito da literalidade do texto normativo. E, como o dispositivo do CPP dizia o mesmo da Constituição, mas pretendendo dar interpretação diversa da literalidade da norma, o STF realizou "interpretação conforme", produzindo uma verdadeira revisão do dispositivo. Da abertura hermenêutica da norma constitucional, a Corte imprimiu um sentido normativo, hábil a amparar a concreção (pretendida pela Corte) do dispositivo constitucional.

plena e cartesiana,[14] admitindo-se (como já em Kelsen se fez) a ausência de uma única interpretação "correta" ou "possível" da lei, é que se faz necessária a construção de contornos teóricos de uma processualização democrática a orientar a "interpretação conforme a Constituição".

Na tentativa de solucionar os problemas expostos nessas considerações introdutórias, no primeiro capítulo desta obra, rompido com a teoria da instrumentalidade processual, buscou-se a demarcação de uma teoria do processo que possibilite o alcance racionalmente crítico dos conteúdos normativos constitucionais, que orientará toda a atividade hermenêutica, é dizer, que precisará os contornos lógicos da norma constitucional, que, por sua vez, influenciará a compreensão das normas jurídicas infraconstitucionais, dotando-as de sentido normativo. É que se conjectura ser o processo o próprio criador da norma jurídica (e de seu sentido).

A seguir, adentrou-se na "interpretação conforme a Constituição", sua origem, natureza, fundamentação constitucional e pressupostos, na tentativa de teorizá-la. Também se consultou a jurisprudência do Supremo Tribunal Federal.

Outrossim, enfrentou-se o instituto da "interpretação conforme" defronte os institutos da declaração de nulidade sem redução de texto e as decisões e modificativas e demais técnicas

---

[14] Conclusivas são as constatações em *O erro de Descartes*, acerca da falibilidade da pretensão de racionalidade plena. Segundo o seu autor, Antônio Damásio, o erro de Descartes seria a separação abissal entre o corpo e a mente, entre a substância corporal, infinitamente divisível, com volume, com dimensões e com um funcionamento mecânico, de um lado, e a substância mental, indivisível, sem volume, sem dimensões e intangível, de outro; a sugestão de que o raciocíno, o juízo moral e o sofrimento adveniente da dor física ou agitação emocional poderiam existir independente do corpo. Especificamente: a separação das operações mais refinadas da mente, por um lado, e da estrutura e funcionamento do organismo biológico, por outro (DAMÁSIO, Antônio R. *O erro de Descartes*: emoção, razão e o cérebro humano. São Paulo: Companhia das Letras, 2012. p. 219). Ainda, demonstrou o autor, após a observação de pacientes que tiveram partes do cérebro removidas, responsáveis pelo sentimento e pela emoção, que a racionalidade fora considerada incompleta e prejudicada, diante da ausência de ligação com o sentimento. Com base nessa constatação, verificou-se que a relação mente, cérebro e corpo é exatamente o contrário do sugerido por Descartes: "existimos e depois pensamos e só pensamos na medida em que existimos, visto o pensamento ser, na verdade, causado por estruturas e operações do ser" (DAMÁSIO. *Op. cit.*, 2012, p. 282). Jonathan Haidt, na obra *A mente moralista*, sustenta o "delírio racionalista", e quando observa os estudos de Damásio, também pondera a "chocante revelação de que o raciocínio precisa das razões" (HAIDT, Jonathan. *A mente moralista*: por que pessoas boas são segregadas por política e religião. São Paulo: Alta Cult, 2020. p. 36).

de decisão de constitucionalidade. O objetivo foi diferenciá-las e traçar seus recortes dogmáticos, identidades e peculiaridades com a "interpretação conforme".

A hipótese que se visou testar nesta obra é a de que, pela democratização e tentativa de expurgo, ao máximo, da discricionariedade decisória, seria adequada a processualização da "interpretação conforme a Constituição".

Para tanto, adotou-se como marco teórico o racionalismo crítico de Karl Popper e a teoria do discurso de Peter Häberle.[15] Pelo racionalismo crítico de Karl Popper, as teorias e proposições construídas pela ciência jurídica devem ser postas continuamente em uma situação concorrencial, como teorias e proposições rivais, prevalecendo aquela mais resistente, até que outra, legitimada por um discurso de testificação e falseabilidade, a substitua, demarcando uma verdade provisória ou um conhecimento objetivo.[16] Portanto, não se pretenderá indicar a solução definitiva ou descrever a verdade única sobre a "interpretação conforme a Constituição" ou de ser possível obter uma interpretação conforme da norma de forma extrema de questionamento, mas se ousará propor uma processualização desse instituto, no Mundo 3 de Popper,[17] diminuindo os níveis de discricionariedade hermenêutica e refutando a instrumentalização processual da interpretação conforme.

O Racionalismo Crítico, como ficou conhecida a lógica da pesquisa científica de Karl Popper (1902-1994), oferta significativo rompimento com a história, repetida há décadas, que perpetua o sofrimento das pessoas, a negação e a privação de direitos, notadamente pela perenização da violência simbólica da linguagem, do direito dogmático (não aberto à crítica científica), da autoridade e do subjetivismo. Não se prescinde da crítica da construção do

---

[15] Em muitas passagens da obra de Häberle, *Hermenêutica Constitucional*, há menção às construções teóricas de Karl Popper, em especial relacionadas à sua "Sociedade Aberta e seus inimigos".

[16] POPPER, Karl. *Conhecimento objetivo*. Tradução: Milton Amado. Belo Horizonte: Itatiaia, 1999.

[17] Sobre o Mundo 3 de Popper, consultar: POPPER. *Op. cit.*; POPPER, Karl. Conhecimento subjetivo *versus* conhecimento objetivo [1967]. *In*: MILLER, David (org.) *Popper*: textos escolhidos. Tradução: Vera Ribeiro. Rio de Janeiro: Contraponto, 2010. p. 57-75.

conhecimento e do desenvolvimento de um constante discurso de testificação que possibilite a eleição de uma teoria mais resistente, tornando constitucionalmente disponíveis para todos argumentações falseabilizantes, para a estabilização do sentido normativo constitucional e das demais normas escalonadas do sistema jurídico.

Pretendeu-se, assim, que fosse desenvolvido um estudo epistemológico da "interpretação conforme a Constituição", enfrentando-se, nesse percurso, esse instituto de forma científica, teórica e crítica. Em especial, pretendeu-se ofertar uma epistemologia adequada para a abertura do processo aos interpretantes, de forma a democratizar, em rigor, o sentido da norma jurídica.

Propôs-se, ao final, como possibilidade de construção democrática da interpretação conforme o estabelecimento de teses provisórias, no processo de interpretação, a serem falsificadas e testificadas pelos sujeitos interpretantes. Essas teses – provisórias, reitere-se – seriam demarcadas por um saneador metodológico do procedimento desenvolvido em contraditório efetivo, e não retórico ou dogmático. Conjectura-se que o ajustamento do direito pelo juiz esteja em consonância com a tese mais resistente à crítica de todos os sujeitos envolvidos no processo de interpretação e que venha a revelar o sentido da interpretação em conformidade com a Constituição.

Não se almeja haver uma "troca possível" entre a compreensão da "interpretação conforme" com qualquer demarcação de certeza ou de verdade do conhecimento, mas sim o esclarecimento de suas hipóteses, pressupostos e proposições, de forma testificada e interrogada, buscando-se um conhecimento objetivo, no sentido popperiano e, inclusive, provisório.

CAPÍTULO 1

O PROCESSO QUE INSTITUI E CONSTITUI A NORMA JURÍDICA E O DIREITO DEMOCRÁTICO

1.1 Protagonismo judicial, decisionismo, autoridade hermenêutica e o porquê de ser premente a ruptura com a teoria da instrumentalidade processual

> *Viver é muito perigoso... Querer o bem com força, de incerto jeito, pode já estar sendo se querendo o mal, por principiar. Esses homens! Todos puxavam o mundo para si, para o concertar consertado. Mas cada um só vê e entende as coisas dum seu modo.*[18]

À centralidade da jurisdição e ao protagonismo judicial confiam-se, na ciência jurídica, a resolução dos problemas, disputas, sofrimentos, escassez de direitos e o alcance da pacificação social, fruição de direitos e garantias fundamentais e a própria garantia e estabilidade do Estado Democrático de Direito.

Este capítulo tem a pretensão de conjecturar um protagonismo ao processo e à processualidade democrática, no marco do Estado

---

[18] ROSA, João Guimarães. *Grande Sertão: Veredas*. 22. ed. São Paulo: Companhia das Letras, 2019. p. 19.

Democrático de Direito. Por evidente, não se pretende negar, sob pena de se posicionar de forma quase pueril, a indispensabilidade e elementaridade da jurisdição, muito menos da essencialidade e elementaridade da função do juiz, mas sim jogar luz ao processo, como instituto constitutivo de direitos fundamentais e da construção hermenêutica da norma jurídica, ou da decisão judicial, que se pretenda ser compreendida por democrática.

Os estudos empreendidos pela Escola Mineira de Processo[19] serão o marco para a passagem da lógica da instrumentalidade do processo (então orientado de forma remansosa para a obtenção da justiça, da paz, da certeza e da verdade), para aquele processo, agora revisitado, que é constituinte e instituinte do direito (ou da norma jurídica), ao revés de ser instrumentalizado pelo sujeito cognoscente na busca de escopos metajurídicos próprios da relação jurídica da instrumentalidade processual.

Não se deve conceber uma relação entre processo e jurisdição como algo instrumental ou em uma conexão entre meio-fim, como sustentado em Liebman e propagado por Dinamarco, no Brasil, na lógica de um entendimento de um "processo como relação jurídica".

A teoria da instrumentalidade do processo é legatária da escola inaugurada por Von Bülow, barão integrante da aristocracia germânica, que contribuiu na conhecida obra *A teoria das exceções processuais e os pressupostos processuais*, de 1868. Nela, doutrina-se a separação radical entre "relação jurídica processual" e "relação jurídica material", característica que resultou em aporias incontornáveis, as quais se percebem bem atualmente: a adaptação do conceito privatístico de "relação jurídica" para o processo, bem como a suposição de jurisdição como atividade do juiz regente do processo e capaz de manipulá-lo tecnicamente, a serviço da promessa onírica e paradisíaca de obtenção ou promoção de justiça.[20]

---

[19] Em especial, para fins desta obra, citem-se: LEAL, Rosemiro Pereira. *Teoria processual da decisão jurídica*. São Paulo: Landy, 2002; Idem. *Processo como teoria da lei democrática*. Belo Horizonte: Fórum, 2010.

[20] LEAL, André Cordeiro. *Instrumentalidade do processo em crise*. Belo Horizonte: Mandamentos, 2008. p. 27-29.

Essa obra é tida como marco da ciência do processo, pelo desenvolvimento da dicotomia Direito Processual e Direito Material. Contudo, segundo Leal, essa proposta de autonomia do Direito Processual não visou à abertura do hermético discurso jurídico à participação de todos os afetados pela norma, tampouco o controle ou a garantia dos exercentes de função pública, mas "como técnica de atuação de juízes em relação ao reforço de convicções nacionais alemãs".[21]

Esse contexto também se insere no fenômeno da socialização do processo, surgido em resposta a um processo monopolizado pelas partes, então pautado por um processo liberal e de características duelísticas. Decorreu-se, assim, na substituição do Estado de Leis (*Gesetzstaat*) pelo Estado de Juízes (*Richterstaat*).[22] Para Nunes, na segunda metade do século XIX, essa lógica de defender o protagonismo judicial seria defensável, já que os juristas lutavam contra a aplicação liberal do direito que impunha a prevalência dos interesses privados em detrimento dos sociais. Esse protagonismo, todavia, não se justificaria na quadra da evolução da Ciência Jurídica, ocorrida no último século, parecendo, na atualidade, no mínimo ingênua.[23]

A centralidade do protagonismo judicial na racionalidade da construção e da aplicação do direito, em tese, conduz a uma hermenêutica subjetivista. Seu bom êxito é dependente do discernimento do julgador, de sua formação jurídica e intelectiva, de suas intenções e esforço para alcance da justiça e aplicação correta da lei.

Esse fortalecimento da figura do juiz e do instituto da jurisdição pode ser compreendido como uma teoria dogmática que bem atende ao socialismo jurídico. Não se concebe retirar do Estado Social – tal qual do positivismo jurídico – o Estado de Direito e a legalidade, mas não se pode olvidar: o Estado Social, por não se conformar com as lacunas ou as aporias do sistema jurídico, destina ao juiz a missão de salvá-lo de sua incompletude, bem como de

---

[21] *Ibidem*, p. 29.
[22] NUNES, Dierle José Coelho. *Processo jurisdicional democrático*: uma análise crítica das reformas processuais. Curitiba: Juruá, 2010. p. 98-100.
[23] *Ibidem*, p. 104.

dizer o sentido da norma jurídica, mesmo quando ausente o direito legislado. Portanto, não é possível falar em império da legalidade quando essa legalidade está entregue, quase sem freios e limites, à atuação judicial.

Nessa linha de raciocínio, procede-se a um interessante recorte sobre o papel dos juízes desde a República de Weimar até a contemporaneidade, compreendido no estudo de Ingeborg Mauss,[24] em que é possível estabelecer uma conexão do protagonismo judicial em todo esse espaço temporal. Aclara-se: para a autora, com a derrocada da monarquia alemã, houve a supressão da autoridade que então unificava o povo. A sociedade teria ficado "órfã". É justamente essa posição de autoridade que teria sido gradativamente ocupada pelo Poder Judiciário.

Inclusive, a ideologia nazista, ao se valer da eugenia como purificação do povo, identificou um suposto e sensível critério de seleção dos membros do Judiciário. Aos juízes foi entregue a tarefa de decidir, em consonância com as "muletas da lei", os valores sociais dos quais seriam guardiões.[25]

Com o advento da Lei Fundamental de Bonn, que substituiu a Constituição de Weimar, após a Segunda Guerra Mundial, permaneceria, ainda assim, o parâmetro decisório revelado no período nazista. Segundo Mauss, com o fim da guerra e a derrota nazista, os juízes reelaboraram o passado, justificando as injustiças de suas decisões a uma pretensa submissão à lei arbitrária do Estado.[26] Nesse sentido, para a autora, no pós-guerra, o Estado de Direito alemão reergue-se no compasso de uma "liberdade da

---

[24] MAUSS, Ingeborg. *Judiciário como superego da sociedade*: o papel da atividade jurisprudencial na "sociedade órfã". Tradução do alemão: Martonio Lima e Paulo Albuquerque. *Revista Novos Estudos CEBRAP*, São Paulo, n. 58, p. 183-202, nov. 2000.

[25] Segundo Mauss (*op. cit.*, p. 197), essa premissa consta de um documento intitulado "Cartas aos Juízes", que fora enviado aos tribunais para orientação dos juízes quanto ao melhor desempenho de suas atribuições, a partir de 1942. Depreender-se-ia desse documento uma exaltação moral dos juízes, que sustentava o poder de decidir em nome do povo: "(...) a personalidade dos juízes como uma importante garantia para a "correta" jurisprudência, cujas tarefas "só poderiam ser executadas por seres humanos livres, dignos, dotados de clareza interior, portadores ao mesmo tempo de um grande senso de responsabilidade e de satisfação na execução desta"; a magistratura deveria representar a "elite nacional" (...); "o juiz-rei do povo de Adolf Hitler deve libertar-se da escravidão da literalidade do direito positivo".

[26] MAUSS. *Op. cit.*, p. 198.

justiça", no que se refere a formas de controle, embora no período anterior tenha ocorrido essa mesma desconsideração do "regime de legalidade".[27]

Manteve-se, destarte, no pós-guerra, a noção de que "a lei vincula seus destinatários, não seus intérpretes".[28] Essa é a lógica, segundo a autora, da atuação do Tribunal Federal Constitucional na atualidade, amparada na diretriz de que a Constituição é uma ordem de valores a ser interpretada pelo Judiciário.

O estudo de Mauss é impactante, pois apresenta o decisionismo como marca da atuação dos juízes tanto no já superado nacional-socialismo quanto na atualidade. Os juízos morais, relacionados à consciência subjetiva do julgador, são vertidos na jurisprudência, alçando o *status* de regras jurídicas.

Nessa linha de raciocínio, depreende-se no direito brasileiro a perenização do decisionismo judicial – e que desde já se demarque, até aqui sequer está a se falar em ativismo judicial (fenômeno em que se verifica um excesso indevido de atuação do Judiciário ou invasão ilegítima nas competências dos outros poderes). O decisionismo que se está a desnudar é de uma hipótese – sem pretensão de certeza – de que a decisão judicial é alçada a um protagonismo tal, para a estabilidade do sistema jurídico, na quadra da história moderna, até a atualidade, que deixa de ser interrogada criticamente, diante dos atributos de certeza da moral, do bem e da justiça, e do alcance da verdade, a ela atribuída de forma dogmática e ficcional.

O instrumentalismo do processo é terreno fértil para essa racionalidade decisória, de ser o juiz o porta-voz da justiça, aquele que materializa os valores metajurídicos, entregando-os e garantindo-os à sociedade, e que sentencia o que é justo.

Por aqui, no Brasil, a dogmática processual dominante, tanto relacionada ao processo civil quanto ao penal, sustenta-se na concepção do processo como relação jurídica, notadamente pela conhecida obra *Instrumentalidade do processo*, de Cândido Rangel Dinamarco, publicada, em sua primeira edição, em 1987. Nessa obra, o autor confere à teoria do processo a centralidade

---

[27] *Ibidem*, p. 198.
[28] *Ibidem*, p. 198-199.

da jurisdição, a defesa de uma instrumentalidade positiva, com um processo perseguidor da realização de escopos metajurídicos (sociais, políticos e econômicos), mediante a intervenção ativa do juiz. Defende Dinamarco, no plano ideológico, a função jurisdicional como papel-missão de busca da aplicação dos valores sociais, conforme excerto de sua obra:

> (...) incumbe ao juiz postar-se como canal de comunicação entre a carga axiológica atual da sociedade em que vive e os textos, de modo que estes fiquem iluminados pelos valores reconhecidos e assim possa transparecer a realidade de norma que contêm no momento presente. O juiz que não assuma essa postura perde a noção dos fins de sua própria atividade, a qual poderá ser exercida até de modo bem mais cômodo, mas não corresponderá às exigências de justiça.[29]

Ao se perpetuar essa missão aos juízes, até a contemporaneidade, o cenário é de construção de uma norma jurídica ou de uma decisão jurídica suplantando, se for preciso, as próprias garantias e direitos fundamentais. Afinal, quase de uma forma paranoica, mesmo que bem intencionado, o decisor se orienta para alcançar o bem e o justo, bem como atender aos anseios sociais. Faz-se apropriado citar excerto de Marques Neto: "Uma vez perguntei: quem nos protege da bondade dos bons? Do ponto de vista do cidadão comum, nada nos garante, 'a priori', que nas mãos do Juiz estamos em boas mãos, mesmo que essas mãos sejam boas".[30]

Como advertido por Rosa, o que se denomina por *regras do jogo*, entendidas como os irrenunciáveis direitos e garantias constitucionais do processo, seria facilmente maleável em nome de um discurso dos bons, sabedores do que é bom para a sociedade.[31] Ainda sobre a bondade, a justiça e o bem intencionado julgador, cita-se Miranda Coutinho, porquanto é necessário insistir na indagação: "qual é o critério" da bondade "dos bons"?

---

[29] DINAMARCO, Cândido Rangel. *A instrumentalidade do processo*. 4. ed. São Paulo: Malheiros, 1994. p. 65.

[30] MARQUES NETO, Agostinho Ramalho. O Poder Judiciário na perspectiva da sociedade democrática: o juiz cidadão. *Revista ANAMATRA*, São Paulo, ano VI, n. 21, p. 50, 1994.

[31] ROSA, Alexandre Morais da. *Decisão no processo penal como bricolage de significantes*. 2004. Tese (Doutorado) – Pós-Graduação em Direito, Universidade Federal do Paraná, 2004. p. 275-276. 420 f.

O enunciado da "bondade da escolha" provoca arrepios em qualquer operador do direito que frequenta o foro e convive com as decisões. Afinal, com uma base de sustentação tão débil, é sintomático prevalecer a "bondade" do órgão julgador. O problema é saber, simplesmente, qual é o critério, ou seja, o que é a "bondade" para ele. Um nazista tinha por decisão boa ordenar a morte de inocentes; e nesse diapasão os exemplos multiplicam-se. Em um lugar tão vago, por outro lado, aparecem facilmente os conhecidos "justiceiros", sempre lotados de "bondade", em geral querendo o "bem" dos condenados e, antes, o da sociedade. Em realidade, há aí puro narcisismo; gente lutando contra seus próprios fantasmas. Nada garante, então, que a "sua bondade" responde à exigência de legitimidade que deve fluir do interesse da maioria. Neste momento, por elementar, é possível indagar, também aqui, dependendo da hipótese, "quem nos salva da bondade dos bons?", na feliz conclusão, algures, de Agostinho Ramalho Marques Neto.[32]

Essa associação entre consciência do juiz, justiça e bondade subsume-se à socialização do direito e ao instrumentalismo processual. Eis a "fórmula" que tem dominado os estudos de Direito Processual, em consonância com uma técnica que reafirma e perpetua, sem nenhum constrangimento crítico, estar o juiz acima das partes, as quais se relacionam processualmente, cuja dinâmica (juiz e partes) autoriza a instrumentalização para o encontro da verdade pelo decisor. Pelas características desse processo e da principiologia que o rege (tal qual o livre convencimento motivado e a busca da verdade "real"), é razoável encontrar um juiz imbuído da certeza de que é habilitado e destinado à construção hermenêutica ou decisória de forma "livre".

A passagem da técnica para a ciência encontra-se na crítica testificada, interrogada e falível. Essa dinâmica não oferta a possibilidade de crítica. Qualquer pretensão de certeza e de verdade é dogmática, ilusória e perpetua o sofrimento humano, porquanto decepciona, tornando em vão a espera do encontro da atividade jurisdicional com a interpretação e a decisão democrática, no marco do Estado Democrático de Direito.

Pela instrumentalidade processual – que ora se interroga para ser definitivamente superada pela ciência jurídica –, o processo é

---

[32] COUTINHO, Jacinto Nelson de Miranda. Glosas ao "Verdade, Dúvida e Certeza", de Francesco Carnelutti, para os operadores do Direito. *In*: RUBIO, David Sánchez; FLORES, Joaquín Herrera; CARVALHO, Salo de. *Anuário Ibero-Americano de Direitos Humanos (2001/2002)*. Rio de Janeiro: Lumen Juris, 2002. p. 188.

instrumento da jurisdição, que, por sua vez, pode ser entendida no viés dessa instrumentalidade, como atividade do Estado-juiz, que possibilita a manipulação e a justificação do subjetivo saber decisório, como se fosse um filtro perene das ações e aspirações sociais.[33] O preço para a concretude dessas intenções, boas ou más, no contexto da decisão ou hermenêutica jurídica, não pode ser as garantias e os direitos processuais. Não se pode tudo – nem muito – para atender esses escopos metajurídicos.

Joga-se luz ao tema quando se percebe que importantes diretrizes da socialização do processo e da natureza instrumental desses valores sociais encontram-se fortemente enraizados no direito brasileiro, como as dispostas no Decreto-lei nº 4.657/1942, art. 4º, que dispõe que "quando a lei for omissa, o juiz decidirá o caso de acordo com a analogia, os costumes e os princípios gerais de direito", seguido pelo art. 5º, que preceitua que "na aplicação da lei, o juiz atenderá aos fins sociais a que ela se dirige e às exigências do bem comum".[34]

Esses dispositivos, que orientam a interpretação normativa e a construção da decisão jurídica no ordenamento jurídico brasileiro, devem ser compreendidos por uma teoria do processo que rompa com a lógica da instrumentalidade processual, é dizer, que possibilite uma construção decisória e uma interpretação jurídica, em rigor, democrática, crítica, testificada e, portanto, não dogmática.

Não se pretende, como já dito, refutar ou mitigar o elementar e constitucional papel do juiz e da jurisdição na construção das decisões jurídicas e da própria norma jurídica, na realização do Estado Democrático de Direito, mas conjecturar criticamente o domínio da instrumentalidade processual, que credita, quase em um ato de fé cega, ao julgador a realização da justiça.

Empreendida a crítica, o que se propõe é a hipótese de ser adotada uma teoria do processo que compactue efetivamente com a democratização dos julgados e da atividade intelectiva que é a compreensão da norma jurídica.

---

[33] DINAMARCO, Cândido Rangel. *A instrumentalidade do processo*. 12. ed. São Paulo: Malheiros, 2005. p. 39, 130-135 e 149.

[34] BRASIL. Presidência da República. Decreto-lei nº 4.657, de 4 de setembro de 1942. Lei de Introdução às Normas do Direito Brasileiro. Brasília: Presidência da República, 1942. Arts. 4º e 5º.

Basta rememorar a última década e a deflagração da Operação Lava Jato. A crítica dos seus resultados também deve ser da própria dogmática jurídica processual, que, até nos dias atuais, em salas de aulas dos cursos de direito, quase de forma remansosa, elege o juiz como aquele que tem poderes de encontrar uma verdade "real", uma certeza, que decida de acordo com a moral e a justiça, e que sua "missão" é conduzir à pacificação e aos anseios sociais. Aliás, é assente que, "na aplicação da lei, o juiz atenderá aos fins sociais a que ela se dirige e às exigências do bem comum".[35] Essa fórmula, somada ao modelo de processo da relação jurídica, pode criar e legitimar juízes até mais sofisticados que o protagonista da operação em questão, reforçando e perpetuando o simbolicamente perverso e violento autoritarismo decisional e hermenêutico.

Conforme adiante será exposto, a norma jurídica é revelada pela interpretação, em especial, tratando-se deste livro, pela interpretação conforme. Destarte, a construção normativa é dependente da interpretação jurídica. Testifica-se, adiante, que seria no e pelo processo que deve se dar a atividade intelectiva de interpretação, possibilitando a revelação da norma jurídica, e a consagração do direito democrático e não dogmático.

1.2 Rompido com a instrumentalidade do processo, quais pressupostos teóricos devem ser conjecturados e refutados para a escolha do modelo de processo que oferte a democratização da interpretação normativa?

O perverso enodamento entre protagonismo judicial, instrumentalidade do processo e Estado Social conduz à impossibilidade de construção de uma decisão por uma hermenêutica democrática, materializada na abertura e na influência ao máximo de interpretantes na definição do sentido normativo.

---

[35] *Ibidem*, art. 5º.

Para o processualista mineiro Rosemiro Pereira Leal, a enunciação teórico-constitucional do Estado Democrático de Direito exige a implementação de uma "hermenêutica isomênica", isto é, que autorize a enunciação do sentido do texto legal por uma "simétrica paridade interpretativa" reconhecida aos "destinadores e destinatários da normatividade".[36] Por essa proposta, parte-se da concepção de que a Constituição se afigura em uma sede de um "código discursivo teórico" (não ideológico), possibilitando o afastamento das decisões jurídicas – e da atividade intelectiva, que é a interpretação normativa – por pressuposições sociais, culturais, ou históricas, quanto ao conteúdo e à possibilidade de fruição dos direitos fundamentais e de seus beneficiários.[37]

Com o rompimento da lógica da instrumentalidade do processo, um dos resultados que se pretendem é a oferta de direitos e garantias fundamentais não como benevolência ou altruísmo do Estado Social, concretizada pela atuação judicial, mas como emancipação dos sujeitos de direitos contemplados como seus titulares e alçados à posição de "destinadores e destinatários" da norma jurídica e com ela contribuindo, efetivamente, pela via da simétrica paridade interpretativa, com a revelação de seus conteúdos.

A proposta que se vislumbra de emancipação pode ser vertida a uma autoinclusão dos sujeitos no gozo e na fruição de direitos fundamentais pela via do processo constitucional, afastando-se da cômoda base teórica do autoritarismo hermenêutico ou decisional.

Foi buscada nesta obra uma teoria que possibilitasse efetivamente a enunciada hermenêutica isomênica, e não apenas retoricamente. Afinal, como se pretende proceder a uma "interpretação conforme" se os conteúdos da norma constitucional são desconhecidos, em uma perspectiva não ideológica e defronte o paternalismo da instrumentalidade processual?

Portanto, passa-se a identificar os aspectos e as pressuposições básicos do processo hermenêutico da norma jurídica que deverão ser ofertados à refutação para, depois, possibilitar-se a escolha de uma teoria processual que encampe a democracia hermenêutica e,

---

[36] LEAL. *Op. cit.*, 2010, p. 60.
[37] *Ibidem*, p. 274.

de forma teórica, contribuir para o instituto da interpretação conforme a Constituição.

Repita-se, fez-se necessário esse percurso, já que é uma hipótese que a interpretação conforme a Constituição se concretize pela instituição de um processo, em uma lógica da processualidade democrática. É para conjecturar essa hipótese que se enfrentam aspectos essenciais e pressupostos da interpretação: o "código fonte" de toda interpretação que é a norma constitucional; métodos; sistema em que se estabelece a interpretação; interferência da faticidade, dos fatos e da realidade; pré-compreensões.

Popper afirma que os tradicionais sistemas de epistemologia se organizam por perguntas mal formuladas, porquanto exigem respostas dogmáticas (não interrogáveis ou criticáveis) sobre a certeza e a veracidade das fontes do conhecimento.

No decorrer desta obra, espera-se que seja indagada a fonte de conhecimento do instituto da interpretação conforme e que se obtenha uma resposta fidedigna (sempre entendida como provisória, na lógica popperiana, até que, com a evolução da ciência, pela crítica, um novo conhecimento objetivo ocupe seu lugar), e mais, que sejam questionadas com precisão metodológica as perguntas estruturantes da epistemologia da interpretação conforme, para que não se obtenham respostas já denunciadas pelo trilema de Münchhausen na argumentação: dogmatismo, regressão ao infinito ou circularidade.

Vinícius Diniz Monteiro de Barros[38] faz uma interessante correlação entre o direito e a pergunta estruturante da epistemologia da ciência política feita por Popper, visando à construção de um sistema democrático, a qual, segundo este, estaria mal formulada há mais de dois mil anos, a saber: "Quem deve governar?". Esse citado cotejo dá-se por variações dessa pergunta mal colocada. No Direito Constitucional, essa pergunta poderia ser "Quem deve exercer o poder (?)" ou, no Direito Processual, "Quem deve decidir por último (?)". Para o

---

[38] BARROS, Vinícius Diniz Monteiro de. *O conteúdo lógico-objetivo do princípio da inocência*: uma proposição segundo a teoria neoinstitucionalista do processo e o racionalismo crítico. Belo Horizonte: D'Plácido, 2020. Disponível em: www.editoradplacido.com.br/cdn/imagens/files/manuais/_o-conteudo-logico-do-principio-da-inocencia-uma-proposicao-critica-elementar-aos-procedimentos-penais-na-democracia.pdf?srsltid=AfmBOopl7UU4V1Pb2KoGUP8vpH8yNN3DOZHb4GB_SzNsYYYIZ4ccN8Yh. Acesso em: 10 fev. 2025.

problema enfrentado, "Quem deve interpretar, revelando o sentido da norma jurídica (?)". Popper considera a inexistência de fontes ideais, primeiras e irrefutáveis do conhecimento, pois todas poderiam levar ao erro, assim como não existiriam governantes perfeitos e decisores inatamente justos. Disso decorreria que as perguntas deveriam ser reformuladas. Assim, no âmbito do conhecimento: "Como podemos ter esperança de identificar e eliminar o erro?". No exercício do poder político: "Como podemos organizar nossas instituições políticas para que governantes ruins ou incompetentes (que deveríamos procurar não ter, mas que provavelmente teremos) não possam causar estragos demais?".[39] Para o direito, Barros sugere: como organizar as instituições jurídicas para que decisores ruins ou incompetentes (que também deveríamos procurar não ter, mas invariavelmente teremos), nas diversas funções delegadas pelo povo, não possam causar estragos demais?

Tratando-se do problema que se propõe enfrentar, espera-se responder: Quais bases epistemológicas da interpretação conforme devem ser compreendidas para que se diminua o nível de subjetivismo e autoridade do sentido da norma jurídica? Qual é o processo a ser instituído para criar a norma jurídica, pela interpretação conforme, se aproxima ao máximo do direito democrático e não autoritário?

São essas as perguntas que se pretende responder adiante, por uma proposta autocrítica acerca da "interpretação conforme".

1.3 A norma constitucional que vincula e orienta toda a interpretação jurídica

À norma constitucional, no marco do Estado Democrático de Direito, é inerente a força normativa e vinculante que necessariamente orienta a hermenêutica jurídica, em quaisquer de suas técnicas ou métodos de interpretação. A força normativa da Constituição impõe a construção de toda a interpretação legal em conformidade com a Constituição jurídica.[40]

---

[39] POPPER, Karl. Conhecimento sem autoridade [1960]. In: MILLER, David (org.) Popper: textos escolhidos. Tradução: Vera Ribeiro. Rio de Janeiro: Contraponto, 2010. p. 50-51.

[40] Como em Konrad Hesse, entende-se que a Constituição adquire força na medida em que realiza a sua pretensão de eficácia. Disso resulta a relação da Constituição jurídica com

Ao reconhecer ser um desafio a concretude da interpretação democrática e exauriente dos direitos fundamentais e institutos constitucionais, é preciso, em uma análise crítica, estabelecer que é (na e) pela Constituição que se devem estabilizar os significantes normativos do sistema jurídico.

Rompendo com os dogmas de que o direito está codificado no texto da lei – e da Constituição – e naquele que propaga a sua completude jurídica, faz-se necessário que a interpretação jurídica se dê conforme a "norma" constitucional, isto é, para "além" do texto da Constituição.

A norma não é algo escrito, codificado no texto, mas uma categoria alcançada de forma intelectiva.[41] Não obstante, sua logicidade pode ser inferida pela linguagem da lei democrática, possibilitando-se o conhecimento dos seus conteúdos jurídicos, pela atividade hermenêutica.

A partir do conhecimento desses conteúdos normativos do ordenamento jurídico, é possível conhecer a orientação do Estado de Direito: se verdadeiramente democrático ou não. Para Kelsen, aliás, em qualquer definição da Constituição, esse seria o alicerce do Estado, sua base da ordem jurídica, coincidindo sua noção com a de forma do Estado, tratando-se da base fundamental da ordem estatal.[42]

Necessário se faz, portanto, demarcar, mesmo que provisoriamente, uma epistemologia a ser adotada, que possibilite o alcance racionalmente crítico dos conteúdos normativos constitucionais, que orientará a atividade hermenêutica, é dizer, que precisará os contornos lógicos da norma, que, por sua vez, influenciará a compreensão das normas jurídicas infraconstitucionais.

Muito se propaga a estabilidade do sistema jurídico pela interpretação das normas infraconstitucionais do ordenamento jurídico conforme a Constituição, sem se interrogar acerca do conteúdo da norma constitucional. Portanto, é necessário encontrar uma teoria satisfatória que conduza à compreensão dessa norma ou desse "código fonte".

Como já defendido, a centralidade da jurisdição e o protagonismo judicial não têm empreendido o alcance do sentido normativo

---

a realidade. Nesse sentido, possibilita-se a construção do futuro com base na natureza singular do presente.

[41] LEAL, Rosemiro Pereira. *Teoria geral do processo*. Belo Horizonte: Fórum, 2021. p. 137.
[42] KELSEN, Hans. A Garantia Jurisdicional da Constituição (A Justiça Constitucional). *Direito Público*, n. 1, p. 95, jul.-set. 2003.

livre de ideologias, moralidade e senso comum (compreendido como o conhecimento não interrogado). A teoria da relação jurídica processual (o instrumentalismo processual) é perfeitamente manejada para atender ao autoritarismo (que pode estar, inclusive, permeado de boas intenções) do julgador, em uma visão solipsista no encontro da norma jurídica.

Para se possibilitar esse conhecimento, de forma não dogmática, é que se dá primazia ao estudo do processo como um instituto que constitui e institui a norma jurídica, e que se apresente como um espaço em que as partes tenham a já enunciada simétrica paridade interpretativa.

Não se ignora a relevância das técnicas e dos métodos de interpretação para conhecimento da norma jurídica. O acertamento da norma a ser revelada, pelos critérios hermenêuticos, é que deve se afastar da lógica da instrumentalidade processual, cedendo centralidade à processualidade democrática, em que os pressupostos e elementos dessas regras sejam vertidos ao processo hermenêutico pela linguagem, de forma a possibilitar às partes uma "interpretação isomênica" de seu conteúdo.

Passa-se, portanto, à exposição crítica dessas regras tradicionais de interpretação, bem como dos aportes relacionados à faticidade e aos juízos de pré-compreensões próprios do sujeito interpretante. Ao final, espera-se que, uma vez enfrentados, seja apresentada uma teoria do processo que democratize o conteúdo normativo e decisório (ao menos provisoriamente, como ensinado por Popper, e sem pretensão de verdade e certeza absolutas).

1.3.1 Considerações críticas sobre as tradicionais regras de interpretação jurídica

Iniciam-se as considerações propostas pela interpretação gramatical, literal ou exegética.[43] Materializado o texto de lei, entende-se que o intérprete deva analisá-lo. Nesse sentido, é importante que

---
[43] Utiliza-se esse termo como sinônimo de interpretação gramatical, porquanto assim foi se sedimentando na dogmática jurídica, embora, logo após a outorga do Código de Napoleão, em 1804, tenha se fundado a Escola de Exegese, em que uma das pretensões seria a interpretação do direito conforme a intenção do legislador.

se faça sua "exegese" observando o texto gramaticalmente e suas características sintáticas.

A doutrina tradicional que atribui à interpretação gramatical a possibilidade de conhecimento do sentido normativo ou, ao menos, confere a esse método hermenêutico os limites precisos de qualquer interpretação possível e intransponível, não parece ser suficientemente adequada a essa finalidade. Testificando essa proposição sobre a interpretação gramatical, em Müller, vê-se coerente a crítica de que o texto seria "abertamente negligenciado e driblado", por uma conclusão extraída da história das origens da legislação, que, pela teoria objetiva, acabaria por ser convertida em eixo material da decisão.[44]

Considera-se que nem sempre o texto da lei coincide com o sentido normativo. Como observa Karl Binding ao teorizar sobre a norma penal, o autor do ilícito não atuaria de forma contrária à lei penal (seu texto escrito), ao revés, cumpriria o determinado por ela, tendo em vista a forma de construção dos preceitos penais, e somente em uma análise intelectiva (hermenêutica) se poderia extrair a correspondente proibição penal da norma penal.[45]

Verifica-se o conteúdo da norma (proibição de matar, por exemplo) descrevendo a trajetória diametral ao texto da lei ("matar alguém"). Ou seja, pelo texto da lei, vê-se a permissão de matar, desde que a sanção se faça pela pena cominada.[46]

Embora não se trate de um método autossuficiente para o revelar da norma jurídica, a lei, constituída pelo Poder Legislativo e que detém, portanto, uma existência jurídica, deve ser considerada condutora da norma jurídica. Não se pode escapar da lei tipificada para o conhecimento da norma jurídica, e, embora seja objeto de conjecturas no curso desta obra, elege-se a interpretação gramatical como o ponto de partida para esse revelar da norma. Contudo, também se testifica que a interpretação gramatical deve ser alçada a uma interpretação linguística.[47]

---

[44] MÜLLER, Friedrich. *Teoria Estruturante do Direito*. 2. ed. São Paulo: Revista do Tribunais, 2009. p. 145.
[45] BALDANM, Édson Luis. *Intertipicidade Penal*. Tipo Penal: Linguagem e Discurso. São Paulo: Almedina, 2014. p. 156
[46] LEAL. *Op. cit.*, 2021, p. 137.
[47] Adiante, testificar-se-á que a linguagem da lei (e dos argumentos dos interpretantes) deve ser trazida ao centro do processo de hermenêutica. Sobre a importância do instituto da

Por outro lado, tem-se por um dogma que o encontro da "vontade do legislador", mesmo a objetiva, pela hermenêutica teleológica, afigure-se em técnica suficiente a empreender o conteúdo da norma constitucional.

Não se rechaça prontamente a utilização dessa técnica de interpretação tradicional. Ora, a intenção do legislador pode se revelar importante no conhecimento do conteúdo normativo, em especial quando esta é claramente reconhecida e tenha um sentido inequívoco. Inclusive, hoje não se vê uma rigidez conceitual entre as teorias subjetiva e objetiva da intenção do legislador, no contexto da vinculação do intérprete às prescritas vontades legais. Nesse sentido, tanto em uma linha subjetivista quanto objetivista, aquilo que o legislador quis claramente e como queria o declarou e pode ser tomado como conteúdo da sua regulamentação.[48]

Nos *Escritos de Direito Constitucional*, Hesse aponta, quanto às tradicionais regras de interpretação, a opção pela teoria objetiva da norma, ao revés de uma subjetiva do legislador, já que o principal não deve ser a subjetividade de quem participou do processo legislativo de construção da lei.[49] Pela teoria objetiva da interpretação, observa-se a vontade objetiva do legislador manifestada no preceito e deduzida, portanto, do texto da lei.[50]

Tratando-se da captura do conteúdo da norma constitucional do sistema jurídico brasileiro, entende-se ser um comando impositivo e intransigível que o propósito do constituinte, expressamente vertido no preâmbulo da Constituição Federal de 1988 – e no acervo documental e histórico da instituição do Estado Democrático –,

---

linguagem, cita-se Karl Popper, para quem "as mais importantes criações humanas, com os mais importantes efeitos de retrocarga sobre nós mesmos e especialmente sobre nossos cérebros, são as funções mais altas da linguagem humana; mais especialmente, a função descritiva e a função argumentativa. A função descritiva seria a reguladora de verdade", ou seja, de uma descrição que se ajusta aos fatos. Já a argumentativa pressupõe a descritiva, eis que possibilita a crítica das descrições dos pontos de vista das ideias reguladoras da verdade. Essas seriam as linguagens humanas, que compartilham com os animais as duas funções inferiores da linguagem, isto é, a autoexpressão e a sinalização (1999, p. 121).

[48] MEDEIROS. *Op. cit.*, p. 312.

[49] Em Hesse, o processo de criação da lei seria importante na medida em que venha a confirmar a correção da interpretação realizada de acordo com os métodos tradicionais (HESSE, Konrad. Escritos de Derecho Constitucional. *Centro de Estudios Constitucionales*, Madri, 1983. p. 38).

[50] *Ibidem*, p. 37-38.

oriente e vincule a normatividade do ordenamento jurídico, inclusive o alcance da própria norma constitucional.

Assim, entende-se que não se concebe interpretação diversa ou dissonante, independentemente da literalidade do texto da Constituição brasileira (ou da lei), que seja defronte à instituição do "exercício dos direitos sociais e individuais, a liberdade, a segurança, o bem-estar, o desenvolvimento, a igualdade e a justiça como valores supremos de uma sociedade fraterna, pluralista e sem preconceitos (...)".[51]

No entanto, reconhecer a eventual existência dessa "moldura de exortação" da intenção do constituinte e do legislador, hábil a orientar o conteúdo da norma constitucional, não resolve necessariamente o problema de que se está diante, que seria estabilizar o sentido normativo do texto constitucional.

Embora o critério "vontade do legislador" demarque um potencial limite de possibilidade hermenêutica, trabalhar com essa intenção, no momento da criação normativa, remete a uma primazia do historicismo na construção e instituição da norma constitucional, vedando-se a compreensão da evolução e atualização da vida humana, da sociedade e do direito e excluindo-se o horizonte da emancipação de direitos e liberdades humanas em uma dada realidade, considerando a sua atualidade.

Em Luhmann, há a advertência de que os juristas, embora considerem a Constituição mais como objeto de uma construção planejada, tendem a admitir que essa construção não se dê necessariamente por um processo único e que possa ser posteriormente replanejada pela interpretação e eventualmente através da mutação constitucional. Também se defende que os sociólogos "tendem a redimensionar mais o momento da criação intencional e, com um certo respeito (não sem indulgência), tendem a considerá-lo como uma ilusão da factibilidade.

---

[51] Preâmbulo da Constituição da República Federativa do Brasil. No julgamento da ADI nº 2.076, de relatoria do Ministro Carlos Velloso, foi refutada a eficácia normativa do preâmbulo da Constituição, contudo, manifestado que *"o preâmbulo contém, de regra, proclamação ou exortação no sentido dos princípios inscritos na Carta: princípio do Estado Democrático de Direito, princípio republicano, princípio dos direitos e garantias, etc. Esses princípios, sim, inscritos na Constituição, constituem normas centrais de reprodução obrigatória, ou que não pode a Constituição do Estado-membro dispor de forma contrária, dado que, reproduzidos, ou não, na Constituição estadual, incidirão na ordem local"* (ADI nº 2.076, voto do Rel. Min. Carlos Velloso, julgamento em 15.08.2002, Plenário, DJ de 08.08.2003).

Daí serem compelidos a teorizar, a conceptualizar, em uma perspectiva de teoria da evolução".[52] Adiante, Luhmann, tratando da dinâmica evolutiva e das transformações estruturais, aponta que as condições históricas da variação e da seleção do novo sentido de uma palavra e de um conceito não seriam "as condições do restabelecimento do novo sentido em um contexto semântico-estrutural mais amplo que garantisse a sua reutilização em situações imprevisíveis. *Exatamente a esse propósito falou-se de evolução 'cega'*".[53]

Para Hesse, em relação ao critério teleológico, o sentido e a finalidade do preceito devem, ainda, ser precisados quando puderem ser confirmados com o auxílio de outros elementos.[54] Com efeito, um desses elementos pode ser a vontade objetiva do legislador, quando revelada a finalidade da lei em uma exposição de motivos ou de forma materializada em debates legislativos.

Nessa linha de raciocínio, é a hermenêutica histórica que remete a indagações acerca do porquê de um diploma legislativo ter sido instituído, seu contexto, qual o momento vivido que culminou em sua edição. Há, portanto, um dimensionamento do fenômeno histórico, da historicidade, que pode contribuir para o conhecimento da norma jurídica. A questão a que se faz necessário atentar é saber romper com o conhecimento herdado (histórico) que ainda potencialmente emperre a fruição de direitos e a emancipação humana, em todos os sentidos. Deve-se interpretar de forma a romper com tudo que não deu nem dá certo, e não reproduzir, de forma acrítica e cegamente, qualquer conhecimento que perpetue o sofrimento humano.

De outro ângulo, o contexto da promulgação da Constituição, em 1988, de corte e finalização do período de supressão de direitos e liberdades que foi a ditadura militar, pode contribuir para o sentido normativo dos direitos fundamentais, individuais e sociais constituídos pelo texto constitucional, bem como para o sentido da democracia em que se funda o Estado brasileiro. A sua densidade normativa é alçada a níveis elevados de efetividade e intensidade,

---

[52] LUHMANN, Niklas. *A Constituição como aquisição evolutiva*. Disponível em: https://pt.scribd.com/document/31253250/LUHMANN-Niklas-A-constituicao-como-aquisicao-evolutiva. Acesso em: 10 fev. 2025.
[53] *Ibidem*, p. 8. Grifo do original.
[54] HESSE. *Op. cit.*, 1983, p. 46.

ao se proceder à hermenêutica histórica, trazendo o contexto da ditadura militar na captura do conhecimento normativo.

Essa "historicidade", contudo, não deve se sobrepor à faticidade do dia 8 de janeiro de 2023, somente para exemplificar, no que se refere à interpretação normativa. Esses aspectos históricos (método de interpretação) e factuais devem e podem ser vertidos no processo, pela linguagem interrogada, para a criação do sentido da norma constitucional.

A norma constitucional – e seu conteúdo – pode ser compreendida como categoria de logicidade de todo o sistema jurídico, sendo que os métodos tradicionais de interpretação não têm se mostrado satisfatórios ao conhecimento de seu conteúdo, em um mundo complexo e que caminha para frente, decerto voltando-se para trás para conhecimento da historicidade.

Não se nega a importância dos métodos tradicionais, isoladamente, de interpretação, para a atividade de precisão das possíveis variantes de sentido no espaço delimitado pelo texto, como observa Hesse.[55] Assim, os métodos tradicionais da interpretação gramatical, sistemática, teleológica e histórica se complementariam mutuamente,[56] muito embora, adiante, Hesse proceda à crítica de não ser clara a relação desses métodos entre si, não se sabendo qual deles prevalece sobre o outro.[57]

1.3.2 O método tradicional da interpretação sistemática e sua relação com a interpretação conforme a Constituição. Uma advertência: é preciso conhecer a lógica sistêmica para se alcançar a democratização da interpretação conforme

O método sistemático de interpretação tem destacada relevância para a compreensão da "interpretação conforme". A racionalidade que se busca para o ordenamento jurídico tem, em tese, repulsa por antinomias e contradições de normas entre si,

---

[55] *Ibidem*, p. 46.
[56] *Ibidem*, p. 38.
[57] *Ibidem*, p. 40.

e a hermenêutica sistemática apresenta-se como um método que possibilita a obtenção de uma dimensão de complementação e coerência do ordenamento jurídico.

Para tanto, a hermenêutica sistemática trabalha a noção de escalonamento de normas e hierarquia para se possibilitar a complementação e a coerência pretendidas ao ordenamento. Interpreta-se uma lei valendo-se do sentido normativo de outra lei, em uma lógica sistêmica. As normas, portanto, pressupor-se-iam umas às outras. Não estariam dispersas, assistemáticas, mas sim correlacionadas.

Tradicionalmente, interpretar alguma lei de acordo com a Constituição trata-se de uma hermenêutica sistemática, em tese. Nela, faz-se uma relação e associação da norma constitucional com a lei infraconstitucional, estabelecendo-se o conteúdo normativo desta. Ainda assim, há o risco de que, na ânsia de se ter uma completude do sistema, implemente-se a lógica inversa: a interpretação da norma constitucional de acordo com a norma legal, notadamente quando esta é mais recente, conforme em tópico específico será tratado.

A interpretação sistemática persegue, importante destacar, a estabilização de dado sentido normativo coerente com o sistema jurídico, elegendo aquele significado normativo que mais se aproxime dos institutos da democracia e do Estado de Direito, mormente quando defronte de uma lei que tenha múltiplos sentidos normativos.

Passa-se a conjecturar o aspecto espacial – a ambiência – em que se estabelece a interpretação conforme a Constituição e em que, no recorte desta obra, será desenvolvido o processo que cria a norma jurídica.

1.3.2.1 O sistema fechado que veda a instituição do processo para se alcançar uma interpretação democrática

Chama-se atenção a uma possível propensão falaciosa de se entender que o sistema jurídico é fechado e estanque, possibilitando, sem entrave ou percalço, a interpretação sistemática e dotando o ordenamento jurídico de perfeita coerência. Dessa propensão, decorrem premissas falseáveis na dogmática jurídica, como a da vedação máxima do *non liqued*, ao revés de se optar por um apelo ao devido processo legislativo ou mesmo a premissa da completude do ordenamento jurídico.

Ademais, é bom ressaltar que a ânsia pela idealização de um sistema jurídico fechado, harmônico e organizado invariavelmente conduz quaisquer respostas que se fizerem ao trilema de Münchhausen na argumentação: dogmatismo, regressão ao infinito ou circularidade.[58]

Um claro exemplo dessa resposta afetada pelo trilema de Münchhausen corresponderia a uma argumentação relacionada à norma fundamental da teoria pura do direito de Hans Kelsen. Por sua epistemologia fechada, até pela pureza pretendida, estanque à moral e a quaisquer outras interferências, a norma fundamental pressuposta veicula um dogmatismo insuperável. Assumidamente, Kelsen sustenta que essa norma não seria interrogada, o que conduz, destarte, ao trilema de Münchhausen.

A advertência que se faz até aqui é para evitar a tentação de se conceber um sistema fechado como base espacial epistemológica do processo em que se estabelecerá a "interpretação conforme", tendo em vista sua relação com a interpretação sistemática, a qual, em uma análise prefacial, sinaliza um sistema demarcado e fechado para o escalonamento normativo e a interpretação sistemática das normas. Essa racionalidade é propensa para tentar evitar a incidência de antinomias, contradições, anomalias, o próprio *non liqued* do sistema jurídico, a interferência de outros sistemas e defender a "pureza" e superioridade do direito. Contudo, é perigosa, pois seria admitir trabalhar com "mitos" e hipóteses que não compactuam com o mundo da vida e do próprio direito.

1.3.2.2 O perigo da negação do sistema. A tópica como faceta do protagonismo judicial e da instrumentalidade do processo

Desde já se ressalta que essa perspectiva crítica do dogma de completude ou de um sistema jurídico fechado e harmônico, em

---

[58] ALBERT, Hans. *Tratado da razão crítica*. Tradução: Idalina Azevedo da Silva e outros. Rio de Janeiro: Tempo Brasileiro, 1976. p. 26-40.

que se possibilitaria, hipoteticamente, um escalonamento perfeito de normas, não conduz à adesão ao pensamento tópico de Viehweg, que, com apoio nos *topoi* (lugares-comuns, entendidos como algo aceito como noção geral pela grande maioria), também refuta a lógica de completude do sistema.

Em sua tese de doutoramento, Vinícius Diniz Monteiro de Barros elucida que a tópica de Viehweg teria pretensão de solucionar problemas, buscando respostas não necessariamente extraídas do ordenamento jurídico, mas também das noções e ideias, que são comuns da sociedade civil (*topoi*), ofertados por homens sábios e com prestígio social.[59]

Nesse sentido, para Monteiro de Barros, Viehweg defende o caráter assistemático do sistema jurídico, criticando a noção de escalonamento, organização, sistematização, porquanto o ordenamento jurídico não se implementaria assim na prática. Se não haveria sistema fechado (ideia de plano assimétrico), também não se estaria diante de lacunas ou antinomias. Assim, pensar por problemas se contraporia a pensar por sistema. Pensar sistematicamente significa selecionar o sistema em primeiro lugar para, após, indicar os problemas, cuja solução pode ser encontrada naquele sistema.[60] De outro lado, pensar topicamente – é dizer, por problemas – equivale a selecioná-lo para ser objeto de resolução e depois confrontar sistemas entre si, aproveitando aquele que possa dar a solução mais adequada de acordo com a posição dos que são qualificados como mais sábios.[61]

Assim, a Tópica seria incompatível com o pensar sistemático e axiomatizado, porque assume um método casuístico.[62] É, também, avessa ao dedutivismo e à sistematicidade lógica e, como arte inventiva, ampara-se no mais desabrido indutivismo.[63]

Com sustento nos *topoi*, o jurista "homem-bom" enfrentaria quatro problemas perturbadores quanto à interpretação da lei: o

---

[59] BARROS. *Op. cit.*, p. 38-42.
[60] *Ibidem*, p. 39
[61] VIEHWEG, Theodor. *Tópica e jurisprudência*: uma contribuição à investigação dos fundamentos jurídico-científicos. 5. ed. Tradução: Kelly Susane Alflen da Silva. Porto Alegre: S. A. Fabris, 2008. p. 34-35.
[62] BARROS. *Op. cit.*, p. 39.
[63] *Ibidem*, p. 40.

primeiro, se deve preferir-se a literalidade da lei ou a vontade da lei (ou do legislador); o segundo, qual seria a forma de proceder diante da presença de contraditoriedade (antinomia); o terceiro, que se refere à pluralidade de significados da norma; e o quarto, o caso das lacunas na lei. Em Viehweg, essas questões se resolveriam, na opção pela Tópica, ante a inventividade e a prodigiosidade artística do jurista.[64]

A solução desses problemas apontados por Viehweg, portanto, está na autoridade do decisor. O problemático, no sentido tópico, significa não resolúvel pela lógica da episteme (fundamentos primeiros são verdades necessárias); logo, o problemático seria resolvido pelos sábios e pelas autoridades com prestígio social.[65]

Partir-se do problema, autorizando-se a criação de uma norma para uma determinada circunstância, conduz à ideia de heurística pelo jurista, no contexto da construção de uma solução para o caso concreto, sob a pretensão "bem-intencionada" de, ao enfrentar o problema, a melhor resposta possível a este ser dada.

No pensamento tópico, a solução dos problemas elencados por Viehweg se daria pelo prodígio, pelo invento, pela criatividade dos juristas, possibilitada pela inexistência do sistema, isto é, que não existe como "corpo único", tampouco sistema jurídico estatal como única fonte do direito. Nessa lógica, não existiriam aporias nem lacunas, já que se trabalha com *topoi*.[66] Aliás, as normas seriam ou poderiam ser antinômicas por natureza. Existiriam muitas normas possíveis, até antagônicas, no geral, sendo que uma delas se adequaria melhor ao problema.

Compreende-se, portanto, uma teoria interpretativa a partir da tópica, que desconsidera a completude e a indispensabilidade do ordenamento jurídico, e que o fundamento de racionalidade nesse pensamento estaria no caráter assistemático e na crítica ao escalonamento, organização e sistematização do sistema jurídico. Não se cogitaria, para o pensamento tópico, reitere-se, um plano sistemático para que houvesse buracos ou lacunas; é da essência da tópica que as normas estejam em um plano assimétrico.

---

[64] *Ibidem*, p. 40-41.
[65] *Ibidem*, p. 41.
[66] *Ibidem*, p. 41.

Por essas considerações, observa-se que o método tópico-jurídico, com suas raízes em Aristóteles e Cícero, acolhe um espaço destacado do exercício do subjetivismo e da autoridade antidemocrática, a ser praticada e reproduzida pelos "homens sábios".[67] Na atualidade, caso se adira ao raciocínio tópico, poder-se-ia cogitar que a interpretação da norma jurídica e a instituição do direito estariam legitimamente entregues ao sujeito interpretante (em especial aos juízes), presumidamente detentores de um saber dogmático "iluminado", portadores de boas intenções e predestinados à realização da justiça.

Há uma contumaz influência da Tópica no direito jurídico da atualidade: fala-se, cada vez mais, na "criatividade"[68] dos juízes (ora, o criativo remete à liberdade de criação, e a ausência de controle, a uma tônica da autoridade do ser livre-interpretante). Também é corriqueira a divisão simplista entre o direito como ciência prática e teórica, como se a prática pudesse ser definida, tão simploriamente, como o oposto da teoria.[69] Nessa linha de raciocínio, pode-se conjecturar a influência da Tópica nos precedentes judiciais, conferindo-lhes, inclusive, "força normativa", em que se parte para a construção da normatividade e a produção de efeitos vinculantes, de um dado "caso" posto sob apreciação pelos Tribunais. Interessante (e inquietante) notar a força, a aplicação e a efetividade vinculante dos precedentes, até mais acentuadas que um diploma legislativo, em tese.

O pensamento tópico, nessa linha de raciocínio, inviabiliza a instituição de um processo autocrítico e que garanta uma "simétrica paridade interpretativa". Não há uma demarcação espaçotemporal orientada aos "destinadores e destinatários da normatividade". Em rigor, a democratização da interpretação infere-se da abertura aos legitimados ao processo. O sistema jurídico há de ser aberto, mas também efetivamente democrático.

---

[67] *Ibidem*, p. 41.
[68] Em Hesse, fala-se que a "interpretação constitucional tem caráter criativo", ao se defender que o conteúdo da norma é revelado somente com a interpretação (HESSE. *Op. cit.*, 1983, p. 43).
[69] *Ibidem*, p. 50.

1.3.2.3 O processo em que se institui a interpretação sistemática, lógica da interpretação conforme, na ambiência de um sistema aberto e, sobretudo, democrático

Feitas essas considerações, volta-se ao recorte deste subtópico: o processo instituído e que constrói a interpretação sistemática, método de interpretação compatível com a racionalidade da "interpretação conforme à Constituição", prescindiria ou não de se inserir na noção de um sistema jurídico? Se sim, qual seria esse sistema?

Antes de adentrar na mais apropriada noção de sistema que se propõe a trabalhar, provisoriamente (em uma lógica popperiana), para se demarcar o espaço em que se implementa processualmente a "interpretação conforme", é necessário partir de uma proposição de rompimento com o dogma da completude jurídica, porquanto qualquer sistema que se analise estará eivado de lacunas e de conflitos internos (antinomias), afigurando-se ilusória a perpetuação de um discurso de que interpretar conforme a Constituição ou de forma "constitucionalmente adequada" conduziria à estabilidade sistêmica absoluta do ordenamento jurídico.

Como já se mencionou, o próprio Kelsen, ao trabalhar com a noção de escalonamento normativo, identificou um espaço de contingência, até porque, no próprio sistema do mundo do dever ser, existiriam várias interpretações possíveis para a norma. Ademais, há doutrinas e mais doutrinas que estabelecem as formas e a metodologia adequada para solucionar as lacunas do ordenamento jurídico (citam-se o analógico, o consuetudinário, o principiológico, a equidade) e resolver as antinomias normativas (a exemplo dos critérios hierárquico, cronológico, da especialidade).

Essa busca e a ambição desmedida pela segurança, harmonia e completude do sistema normativo têm o potencial de trazer para a arena jurídica a figura do juiz infalível, capaz de decidir de forma legítima e autorizada, em nome de uma interpretação "constitucionalmente adequada", instrumentalizando, para tanto, para esse fim, a "interpretação conforme a Constituição".

Essa fórmula fortalece o protagonismo judicial, bem sustentado no instrumentalismo processual, que repetidamente se defende dever ser superado nessa quadra da constitucionalidade.

Denuncia-se, reitere-se, que os vazios da lei, ou suas antinomias, têm sido, muitas vezes, resolvidos pelo instituto da "interpretação conforme", em uma pretensa interpretação sistemática das normas, sem sequer se demarcar (para além de princípios permeados de abstração) em qual sistema jurídico estaria inserida a interpretação e como se daria a construção do sentido normativo, isto é, qual teoria jurídica seria adotada.

Rosemiro Pereira Leal bem adverte que, na intitulada pós-modernidade, em que o direito é posto pelo discurso da lei, ainda assim acredita-se que a lei, "como instrumento formal do direito, apresenta lacunas que são inerentes ao sistema jurídico e, como tal, a atividade jurisdicional será sempre supletiva ou salvadora do vazio horrorizante da lei".[70] Ao se optar pela decidibilidade como salvação da incompletude da lei, adia-se indefinidamente, ou suprime-se, a atuação da vontade popular de legislar em detrimento de se erigir a fiscalidade processual dos critérios legislativos já instituídos na Constituição Federal ou até mesmo autoriza-se o entendimento de ser o sistema legal uma "caixa mágica de normas milagrosas e automultiplicadoras que, pelo talento de um intérprete clarividente, se abriria pela fusão de elementos dos subsistemas fático e valorativo (...)".[71]

Portanto, trata-se de um mito a completude jurídica, e a sua busca, quase em uma pretensão paranoica, acaba por conduzir ao decisionismo em um nível intolerante, ou não condizente, no marco do Estado Democrático de Direito. Em um paradoxo, esse quadro em que se busca a harmonia a qualquer custo leva à instabilidade do sistema jurídico pelo acontecimento do ativismo judicial. A narrativa do ativismo judicial e de uma potencial invasão e desrespeito das competências entre poderes conduz a níveis preocupantes a relação entre os sistemas jurídico, legislativo e político.

---

[70] LEAL. *Op. cit.*, 2002, p. 37-38.
[71] *Ibidem*, p. 38.

Pela sistematização dos sistemas em Niklas Luhmann, faz-se possível empreender essa relação ora hipoteticamente descrita. Racionalmente, é possível constatar a existência de um sistema, rompido com o dogma da completude jurídica, em especial quando se compreende o sistema como aberto, e não fechado. Em Luhmann, o que seria fechado é a racionalidade sistêmica, não o sistema em si, que não possuiria uma demarcação fronteiriça e rígida que impediria a abertura desse sistema para a chegada de novos temas e sentidos de outros sistemas.

Sobre os sistemas abertos em Luhmann e sua busca por equilíbrio, estabilidade, perturbação, intercâmbio e evolução:

> Um primeiro modelo poderia ser indicado como desenho teórico orientado pela metáfora do equilíbrio (...) O conceito pressupõe uma distinção entre estabilidade e perturbação, de tal modo que com o termo equilíbrio se enfatize o aspecto da estabilidade (...) O modelo não é propriamente uma teoria, mas a manifestação de um estado específico, que permite perceber claramente a relação entre estabilidade e perturbação.
> (...) Para os sistemas orgânicos se pensa em intercâmbio de energia, para os sistemas de sentido, em intercâmbio de informação (...) Em ambos os casos, a entropia faz com que os sistemas estabeleçam um processo de troca entre sistema e meio, e, consequentemente, que esse intercâmbio suponha que os sistemas devam ser abertos.
> (...) Na Teoria da Evolução [Darwin], considera-se que a diversidade provém de um acontecimento único: bioquímico, no biológico; comunicativo, no social. Os sistemas abertos respondem a essa referência teórica, na medida em que os estímulos provenientes do meio podem modificar a estrutura do sistema; uma mutação não prevista, no caso biológico; uma comunicação surpreendente, no social. Esses estímulos exteriores devem levar à seleção de novas estruturas e, posteriormente, à prova de consistência sobre tais estruturas [que] têm a suficiente solidez para chegar a ser estáveis.[72]

Em cada sistema, a exemplo do econômico, político e jurídico, estar-se-ia diante de uma dimensão espaço-tempo em que se possibilitaria a estabilidade de sentido, por meio da organização da comunicação, por um código binário (elemento seletivo da

---

[72] LUHMANN, Niklas. *Introdução à teoria dos sistemas*. Petrópolis: Vozes, 2009. p. 59-63.

comunicação; no direito ter-se-ia o código do lícito/ilícito). A racionalidade do sistema estaria na construção desse sentido que se visa estabilizar.

Daí que se busca que o sistema em que seja desenvolvida a construção do sentido da norma jurídica, em especial pelo método da interpretação conforme a Constituição, insira-se em uma ambiência de estabilidade e racionalidade, e de apropriação da comunicação própria do sistema jurídico, e não de outros sistemas.

Mesmo com aproveitamentos teóricos do sistema luhmanniano, em especial sua abertura e inclusive comunicação eventual via linguagem de outros sistemas, é pertinente questionar se o sistema jurídico comportaria apenas o código binário de licitude/ilicitude, o que poderia ser transportado para validade/invalidade de normas, ou sua constitucionalidade/inconstitucionalidade.

A abertura do sistema jurídico, que subsuma a instituição de um processo igual e amplamente aberto aos legitimados, em princípio não comportaria a previsibilidade do comando "binário" de decisão (a exemplo da constitucionalidade e inconstitucionalidade como únicas hipóteses decisórias). Decorre da complexidade do mundo da vida, dos fatos, da linguagem, da subjetividade de cada sujeito interpretante, uma substanciosa oferta à refutação da existência de um código binário, do "certo" e "errado", do "lícito" e "ilícito", do "válido" e "inválido".

Aliás, a fundamentação de um acórdão, em tese considerado, que aplique a interpretação conforme, é rica, porque bem demonstra esse quadro de complexidade da vida e da realidade: esta norma, se interpretada da forma "x", é constitucional, mas, se for da "y", será inconstitucional.

Viver e fruir a democracia, em sua concepção não dogmática e não ideológica, equivale a múltiplas possibilidades "jurídicas", que podem ser construídas processualmente pelas partes, em simétrica paridade, na ambiência de um processo em que se implemente dada interpretação normativa. Veja bem, não se trata de ausência de regras, procedimentos, formalidades. Estes estão presentes e impõe-se que sejam respeitados, e não excepcionalizados. Uma das defesas centrais desta obra é justamente que a captura do sentido normativo, em especial pela interpretação conforme, dê-se no e pelo processo em simétrica paridade e influência dos legitimados processuais.

Mas, por alçar o sujeito interpretante a um também protagonista da interpretação normativa, é que se vislumbram outras possibilidades para além da constitucionalidade ou inconstitucionalidade, de forma extrema de questionamentos.

Por ora, defende-se que o processo de construção da interpretação da norma, se efetivamente pretende ser democrático, não prescinda da abertura aos legitimados e, inclusive, de outros sistemas, como o político, o econômico, o religioso e tantos outros que se fizerem necessários ao alcance do sentido normativo que guarde compatibilidade com o "código fonte" da Constituição Federal.

A abertura do sistema jurídico também se materializaria em relação a outros sistemas pela via da admissão dos sujeitos interpretantes desses sistemas ao processo instituidor da norma. A realidade, a faticidade e os sem-número de pontos de vistas desses legitimados devem ser vertidos ao processo por uma linguagem que será submetida à crítica e à refutação. Possibilita-se, assim, a obtenção de uma verdade – provisória – e que esta seja construída democraticamente.

Somente com a abertura efetiva do sistema (e não demagógica ou retórica) é que se possibilitará a construção processual da normatividade pela interpretação jurídica, retirando-se do julgador a autoridade de sua subjetividade e solipsismo, bem como conferindo, em uma abertura democrática do sistema, a participação processual e a influência de todos os intérpretes na atribuição do sentido normativo.

Uma casuística seria o sistema jurídico, que se entende aberto, e que poderia apenas imiscuir-se no sistema político (e no seu código relacionado ao poder e à opinião pública), quando este não resolver os próprios problemas. O sistema jurídico, nesse exemplo, nao seria finalístico, mas atuaria subsidiariamente, e, também, não se apropriaria do código da política, que seria a opinião pública. Quando o sistema jurídico (por meio do Poder Judiciário) resolvesse um problema não solucionado pelo sistema político, interpretando sistematicamente (ou por método diverso) a norma jurídica a ser aplicada e dotando-a de sentido, a abertura do sistema jurídico seria entendida como a abertura a todos os atores e sujeitos interpretantes, inclusive de sistemas diversos, contudo, com o sistema jurídico "fechado" em sua própria racionalidade jurídica. Assim, a solução do problema do sistema político pelo sistema jurídico teria a racionalidade própria do sistema jurídico, em especial a racionalidade conferida pela lei democrática, que se afigura no fundamento de existência e eficácia do sistema jurídico.[73]

Em uma análise mais atenta, joga-se luz ao perigo do sincretismo na ciência do direito, concebendo-se uma epistemologia jurídica com bases de sustentação híbridas. Especificamente, tratando-se da interpretação conforme a Constituição, isso aconteceria em um sincretismo entre aspectos múltiplos de um determinado sistema ou mesmo entre estes e a negação do próprio sistema.

Ora, casos podem ocorrer, de sensível repercussão social, em que o Supremo Tribunal possa se valer de uma lógica da Tópica, ao partir de um recorte do problema demandado na jurisdição constitucional, em que mesmo, diante de uma omissão (é verdade, perversa) do legislativo, é concedida a tutela jurisdicional pela "interpretação conforme". Apega-se ao fundamento de justiça, mormente quando implementadora de direitos fundamentais e humanos de minorias.

Em outros casos, sob a racionalidade da existência de um sistema completo e harmônico, confere-se uma interpretação conforme mesmo que em dissonância com o sentido da literalidade da lei (e da sua interpretação gramatical) ou mesmo diante da ausência de qualquer polissemia normativa, mas integra-se de uma norma jurídica, nessas circunstâncias, o "buraco" do sistema, porque "constitucionalmente adequado" e, também, por dever ser o sistema perfeito.

O desafio que se impõe é que a interpretação conforme seja desenvolvida na ambiência espacial de um sistema aberto, materialmente qualificado como democrático, possibilitando uma isonomia interpretativa entre os sujeitos interpretantes e que influa, efetivamente, no sentido da norma jurídica.

---

[73] Noções extraídas das aulas de Hermenêutica Jurídica, da Pós-Graduação *Strictu Sensu* do IDP, em Brasília, administrada pelo Professor Doutor Ulisses Viana em 23 de abril de 2022.

1.3.2.4 A centralidade da lei democrática para demarcar e vincular a interpretação

Reconhecer a abertura do sistema jurídico a outros sistemas significa estruturar racionalmente a interpretação conforme em um processo democrático, sem se afastar do fundamento de racionalidade desse sistema jurídico que é a norma jurídica, extraída intelectivamente pela lei democrática, criada pelo Poder Legislativo. Em Kelsen, inclusive, o "fundamento" do sistema jurídico, que seria entendido como atributo de eficácia, não dependeria de uma norma grupal ou social tácita, mas de um "sistema normativo", objetivamente válido e formalizado.[74]

Mesmo que, na proposta de sistema aberto e democrático para a construção processual da norma, se compreenda uma racionalidade central na lei democrática, é importante vigilância para não se incorrer em uma aporia insustentável quanto ao fundamento de validade do sistema jurídico, que se encontraria na existência de uma norma pressuposta e inderrogável, tal qual a norma fundamental.[75]

O positivismo jurídico de Kelsen pode ter amparo na epistemologia idealista de Kant, que propõe um direito como "dever ser" purificado de influências morais, sociológicas e políticas. A pureza de sua teoria é sustentada na premissa de que nada do mundo dos fatos possa contaminar o mundo do direito, do "dever ser". Assim como em Kant, o direito seria peculiar, não sendo possível seu conhecimento pela experiência, mas sim por uma categoria transcendental, *a priori*.

---

[74] KELSEN. *Op. cit.*, 2019, p. 216.
[75] Nesse sentido, em Kelsen (*ibidem*, p. 215-217): "O fundamento de validade de uma norma apenas pode ser a validade de uma outra norma. Uma norma que representa o fundamento de validade de uma outra norma é figurativamente designada como norma superior (...) Mas a indagação do fundamento de validade de uma norma não pode, tal como a investigação da causa de um determinado efeito, perder-se no interminável. Tem de terminar numa norma que se pressupõe como a última e a mais elevada. Como norma mais elevada, ela tem que ser *pressuposta*, visto que não pode ser *posta* por uma autoridade, cuja competência teria de se fundar numa norma ainda mais elevada. A sua validade já não pode ser derivada de uma norma mais elevada, o fundamento de sua validade já não pode ser posto em questão. Uma tal norma, pressuposta como a mais elevada, será aqui designada como norma fundamental (*Grundnorm*) (...)".

Para sustentar a pureza da teoria e o escalonamento da norma, entendida como um esquema de interpretação, erige-se a norma fundamental, pressuposto e não interrogável, fundamento de validade de todas as outras. Desconhece-se em que mundo ou sistema se situaria a norma fundamental. Acertada a crítica a essa norma pressuposta de todas as outras:

> Hans Kelsen afirma que a teoria pura do direito tem por objeto a normatividade e não o valor; e com esse argumento rebate as críticas que lhe foram dirigidas pelas teorias iusnaturalistas. Porém, se percorrermos de volta toda a estrutura hierárquica das normas que delegam validade uma à outra, chegaremos à norma fundamental, ou seja, àquela em que se baseia a construção kelseana: ela é a fonte primeira da validade de toda ordenação jurídica. O próprio Kelsen, porém, deve admitir que essa não é uma norma jurídica no sentido definido pela teoria pura do direito. Para esta, de fato, são jurídicas apenas as normas estatuídas pelo legislador; a norma fundamental, ao contrário, "deve ser *pressuposta*, porquanto não pode ser *posta* por uma autoridade, cuja competência deveria repousar sobre uma norma ainda mais elevada". O jogo de palavras não resolve o problema de fundo: se a norma fundamental não é uma norma jurídica positiva, é alguma coisa que o jurista aceita com base em sua avaliação de justiça ou de oportunidade, ou seja, com base numa escolha que, para Kelsen, é não-científica porquanto irracional (ou melhor, subjetiva). Se, porém, a norma fundamental é um expediente gnosiológico para encerrar um sistema unitário ou vários níveis normativos, estamos diante de um elemento teórico (pertencente ao mundo da natureza, do "ser") que condiciona a existência de uma norma (pertencente ao mundo do direito do "dever-ser"); passagem que Hans Kelsen considera inconciliável com o pressuposto de pureza metodológica.[76]

A exposição até aqui dessa premissa da teoria pura do direito, que teve e tem influência nos institutos de declaração de inconstitucionalidade de normas no direito brasileiro, justifica-se como alerta para que não se caia na armadilha da dogmática ou do conhecimento não criticável, como o da defesa de alguma "norma fundamental" não interrogável, ou mesmo para que, na ambição de se ter um sistema harmônico, venha a ser legitimado o decisionismo em níveis que conduzam à instabilidade do sistema jurídico.

---

[76] KELSEN, Hans. *O problema da justiça*. São Paulo: Martins Fontes, 1996. p. 19-20. Grifos no original.

No marco do Estado Democrático de Direito, a interpretação sistemática (lógica que permeia a origem do instituto da interpretação conforme a Constituição) não deve ter fundamento de validade em qualquer norma pressuposta que não seja objeto de crítica, e mais, que não seja construída democraticamente pelos sujeitos interpretantes e submetida ao princípio da reserva legal e, portanto, ao devido processo legislativo.

Nessa linha de raciocínio, a própria norma da Constituição deve ser revelada pelo e no processo linguístico-crítico, que institui a interpretação qualificada pelos legitimados, em simétrica paridade, posto que influente na construção do sentido normativo, no contexto da sociedade aberta e democrática.

1.4 A compreensão da faticidade do presente e o olhar e compromisso quanto ao futuro. A captura da norma jurídica e de seu sentido pelo processo

> *(...) tudo o que se vê não é igual ao que a gente viu há um segundo*
>
> *Tudo muda o tempo todo no mundo (...)*
>
> Lulu Santos

Uma base epistemológica a ser considerada na interpretação conforme refere-se à faticidade e à realidade.

O art. 5º da Constituição Federal, que tutela os direitos fundamentais da pessoa humana, dispõe que "todos são iguais perante a lei, sem distinção de qualquer natureza", garantindo-se a "inviolabilidade do direito à vida, à liberdade, à igualdade, à segurança e à propriedade". Dentre os direitos consagrados e garantidos, cita-se o tipificado no inciso XII, acerca da inviolabilidade do "sigilo da correspondência e das comunicações telegráficas, de dados e das comunicações telefônicas, salvo, no último caso, por ordem judicial, nas hipóteses e na forma que a lei estabelecer para fins de investigação criminal ou instrução processual penal". Esse direito decerto se materializa em uma norma jurídica, na contemporaneidade, diversa daquela de 1988, quando da promulgação da Constituição Federal.

Na lógica empreendida por Gilmar Ferreira Mendes e Paulo Gustavo Gonet Branco, a troca de dados pelas vias telemáticas gerou o impacto sobre a compreensão do art. 5º, XII, que prevê a quebra do sigilo das comunicações telefônicas por ordem judicial. Se, no ano de 1988, ainda não estaria difundido o meio eletrônico de troca de dados, em 1996 essa realidade já estaria acontecida, tanto que amparou o legislador a dispor sobre a ressalva constitucional, pertinente à inviolabilidade de comunicações telefônicas, aplicando-a à interceptação do fluxo de comunicações em sistemas de informática e telemática.[77]

Outra ilustração feita pelos autores refere-se ao conteúdo do art. 5º, X, da Constituição Federal, acerca da inviolabilidade da vida privada, da honra e da imagem das pessoas. É que o desenvolvimento tecnológico alterou o sentido da norma jurídica, que seria diverso daquele do momento da promulgação da Constituição. Com efeito, a tecnologia avançada, por meio de lentes teleobjetivas, possibilitou levar ao olhar do público pessoas em situações que, antes, eram privadas.[78]

Portanto, a evolução tecnológica, que se constitui em um dado de fato ou em uma faticidade, deve ser considerada para a compreensão do conteúdo normativo da inviolabilidade das comunicações e da proteção constitucional do direito à privacidade.

O dado de fato, ou dado da realidade, ou mesmo a faticidade, compreende um aspecto que pode ser mais ou menos relevante para o alcance da norma jurídica enquanto atividade intelectiva de extração de sentido do texto normativo.

A norma jurídica, por sua vez, há de se revelar para a sociedade civil e, também, para a comunidade jurídica. Ora, é preciso conhecê-la, estabilizando-se o sentido dos enunciados normativos e dotando de dignidade e de liberdade o sujeito de direitos. Do contrário, compromete-se a autodeterminação humana e a fruição

---

[77] A respeito dessa argumentação, é o disposto no art. 1º, parágrafo único, da Lei nº 9.296/96 e, também, o RHC 132.115, julgado pelo STF, rel. do Ministro Dias Toffoli, DJe de 19.10.2018, em que foi decidido: "a exceção constitucional ao sigilo alcança as comunicações de dados telemáticos, não havendo que se cogitar de incompatibilidade do parágrafo único do art. 1º da Lei nº 9.296/96 com o art. 5º, inciso XII, da Constituição Federal".

[78] MENDES; BRANCO. Op. cit., p. 39.

do direito de ir e vir, bem como do direito de a pessoa se direcionar na ambiência da licitude.

Os enunciados da norma jurídica devem ser revelados no âmbito de um processo judicial (objetivo ou subjetivo), em que se esteja diante de fatos, ou de uma realidade, bem como diante de um processo administrativo ou mesmo legislativo. Nessa atividade de construção da decisão jurídica ou administrativa, ou mesmo na construção da lei, pelo processo legislativo, deve ser aclarado qual norma jurídica está a se revelar e integrará o sistema jurídico.

Para a demarcação do sentido normativo, não se descura, provisoriamente (em uma racionalidade popperiana), acerca do conhecimento do presente – e da faticidade ou dado de fato – pelo interpretante. Esse movimento do intérprete entre o texto e o dado de fato, além de possibilitar a compreensão da norma e de seu sentido, também contribui para um comprometimento dos sujeitos envolvidos no círculo hermenêutico quanto às gerações futuras.

Não é possível prever de forma isenta de erros – crassos, aliás – o futuro nem mesmo dominar a história a se viver. Há que se considerar uma contingência considerável de eventos imprevisíveis, até porque a ocorrência do imponderável sustenta as principais mudanças da vida e da humanidade.[79]

Mesmo reconhecida a falibilidade da previsão e da pretensão de domínio quanto aos eventos futuros, não se pode vedar a possível contribuição dos sujeitos interpretantes de uma atribuição do sentido normativo que preserve a garantia de fruição plena da dignidade, cidadania, vida e liberdade, em seu sentido divorciado de ideologias, mitos, crenças ou saber pressuposto. Nesse "acontecimento" hermenêutico, em um olhar para o futuro, há que se permitir o

---

[79] Em "A lógica do cisne negro", o autor Nassim Nicholas Taleb discorre sobre o imponderável e como esses eventos quase impossíveis de antecipar ocorrem e causam um impacto enorme na vida das pessoas e no mundo. "Até a descoberta da Austrália, as pessoas do Velho Mundo estavam convencidas de que todos os cisnes eram brancos, crença irrefutável confirmada de forma cabal por evidências empíricas. Avistar o primeiro cisne negro pode ter sido uma surpresa notável para alguns poucos ornitólogos (e outras pessoas extremamente interessadas na coloração dos pássaros), mas não é esse o cerne da questão. A história ilustra a severa limitação que as observações ou experiências impõem à nossa aprendizagem, e a fragilidade do nosso conhecimento. Uma única observação é capaz de invalidar uma afirmação geral derivada de milênios de avistamentos de milhões de cisnes brancos. Basta uma única (e, segundo me disseram, bastante feia) ave preta" (TALEB, Nassim Nicholas. *A lógica do cisne negro*: o impacto do altamente improvável. Rio de Janeiro: Objetiva, 2021. p. 11-12).

rompimento com o sofrimento humano relativo à negativa de implementação de direitos fundamentais, individuais e sociais, já tutelados com a promulgação da Constituição Federal, mas até os dias atuais cerceados a muitos e muitas.

Enfim, a atividade de interpretação, que constrói a norma jurídica – e acaba por decretar a realidade, sentenciando-a e materializando-a naquela ambiência em que se deu a revelação do sentido normativo –, deve estar comprometida quanto ao futuro e a um salto paradigmático civilizatório.

Os fatos e a realidade, assim como a norma, devem ser revelados pelo processo construído em simétrica paridade interpretativa. Encará-los é se orientar honestamente quanto à complexidade do direito e das possibilidades hermenêuticas, para além da binária racionalidade do estado de constitucionalidade e de inconstitucionalidade da norma jurídica.

1.4.1 Apropriações teóricas de Konrad Hesse e Friedrich Müller sobre a realidade e sua influência no processo de revelação da norma jurídica

É bem verdade que a norma jurídica poderá ter um novo sentido, em dada temporalidade, diante da influência da faticidade na atividade intelectiva de atribuição de sentido e considerando-se, também, o espectro aberto e amplo da Constituição.

Konrad Hesse, ao se reportar à monografia de Humboldt sobre a Constituição Alemã, de dezembro de 1813, registrou a afirmação de que "toda a Constituição, ainda que considerada como simples construção teórica, deve encontrar um germe material de sua força vital no tempo, nas circunstâncias, no caráter nacional, necessitando apenas de desenvolvimento" e, também, que seria altamente precário concebê-la com base, apenas, nos princípios da razão e da experiência. Adverte, ainda, que poderá a Constituição ficar "eternamente estéril", não podendo "emprestar forma e modificação à realidade",[80] acrescentando:

---

[80] HESSE, Konrad. *A força normativa da Constituição*. Porto Alegre: S. A. Fabris, 1991. p. 17-18.

Onde inexiste força a ser despertada – força esta que decorre da natureza das coisas – não pode a Constituição emprestar-lhe direção; se as leis culturais, sociais, políticas e econômicas imperantes são ignoradas pela Constituição, carece ela do imprescindível germe de sua força vital. A disciplina normativa contrária a essas leis não logra concretizar-se. (...)[81]

Nesse ângulo, vê-se uma atuação da norma constitucional, construção do futuro com base na natureza singular do presente.[82] Entende-se, portanto, que dever haver uma interferência desse "devir" ao trabalho intelectivo de interpretação da norma. A norma constitucional, que conforma o presente, influi e direciona a realidade.

Esse papel da interpretação da norma constitucional é animador. Pensa-se comumente que o Poder Judiciário realiza a "justiça" defronte um fato acontecido, mas não se pode olvidar que o sentido normativo construído na ambiência do processo pode vir a comprometer o futuro. Trata-se do devir, na contemporaneidade, no sentido do que está por vir, de uma abertura de possibilidade de estabilização e fruição de direitos fundamentais.

Conclusivamente, eis o movimento hermenêutico, que deve ser realizado na atividade de interpretação da norma: conhecer a faticidade ou dado da realidade e o comprometimento com o futuro. Se o marco que está é o do Estado Democrático de Direito, não se faz possível a construção da norma que mantenha ou que perpetue quaisquer patamares que vedem a possibilidade de acesso amplo aos direitos fundamentais, notadamente a dignidade humana, com a atribuição fidedigna desse sentido normativo, e que não oferte a possibilidade de rompimento com uma dada realidade ou mesmo historicidade.

Nessa linha de raciocínio, pode-se empreender uma crítica a Kelsen na propagação de um sentido puro da teoria do direito, posto que o movimento de implementação do sistema jurídico e sua lógica e racionalidade não prescindem de inferências de outros sistemas nem mesmo subsistem sem o conhecimento da realidade vivida, daquela que se viveu e que se pretende viver. É que, em Kelsen,

---

[81] *Ibidem*, p. 18.
[82] *Ibidem*.

bastaria a lei estabelecer uma proposição de condição-consequência para se instalar o aparelho repressor do Estado, independentemente do questionamento do conteúdo normativo e de sua eventual licitude. Em Kelsen, a norma seria concretizada pela pureza, nesta obra, uma premissa falseável.

Friedrich Müller faz uma demarcação da relação invariável entre direito e realidade, "em uma mistura que vai se alternando", sendo que as "diferenças fáticas" do âmbito da vida humana, avaliadas de acordo com o que intitula programa normativo, teriam importância em sua facticidade empiricamente constatada como fatores da decisão judicial, como pressuposto da norma da decisão. Nesse sentido, essa investigação empírica, no campo do questionamento normativo, constituiria a concreção do "âmbito" em geral pressuposto.[83]

Na teoria da norma de Müller – teoria estruturante do direito –, a estrutura do âmbito normativo seria parte integrante da normatividade jurídica e, portanto, um fator de concreção da norma, sendo que o programa normativo, entendido como norma enquanto texto, seria uma das circunstâncias que comporia a estrutura da norma (o âmbito normativo), ao lado da realidade, que constituiria uma parte integrante do teor normativo.

Portanto, o âmbito normativo seria parte integrante da norma, a qual não poderia ser colocada no mesmo patamar do texto normativo. O texto, citado como "normologismo", por sua vez, não possui uma normatividade concreta, na medida em que não teria um conteúdo material e uma determinação material, mas apenas o texto de norma.[84]

Nessa linha de pensamento, o âmbito normativo não descura da realidade, tratando-se o texto normativo de uma das circunstâncias integrantes desse âmbito de normatividade. No processo de concretização, a norma aparece diferenciada de acordo com o âmbito normativo e com o programa normativo e sua ideia normativa fundamental. Nesse sentido:

> No direito constitucional, os pontos de vista da concretização devem frequentemente ser deduzidos do texto normativo apenas numa

---

[83] *Ibidem*, p. 147-148.
[84] *Ibidem*, p. 152-192.

pequena escala. A aplicação, de modo decisivo, vai além do texto normativo; não vai, porém, além da norma, cuja normatividade concreta deve justamente ser salientada apenas para o caso particular. Aqui, o processo da metódica estruturante separa-se do puro pensar o problema, na medida em que mantém a norma (a ser primeiramente construída) como critério vinculante para a escolha dos *topoi*. Visto, porém, que, nessa função, a norma jurídica não pode ser aceita pela metódica simplesmente como algo dado, o texto normativo estabelece, em todo caso, os limites extremos de possíveis suposições. Aqui, existe uma ligação com tendências do positivismo científico que visam à clareza do Estado de Direito.[85]

Tratando-se da norma constitucional, em Müller, pode-se entender que o texto da Constituição deve ser apreendido como limite da interpretação e integração da norma. Em outras palavras, texto e norma, embora não sejam equiparados, também não podem ser dissociados, posto que o texto, em uma visão de Müller, seria compreendido no âmbito normativo.

Nessa senda, faz-se uma defesa acerca do texto da lei ou da Constituição e seu "protagonismo" no processo intelectivo de captura do sentido normativo. É que, muito embora seja o texto, como se propaga, limite de qualquer interpretação, para além dessa demarcação, é o texto e sua linguagem que constituem a estrutura da norma em si.

Portanto, assume-se uma posição de centralidade do texto normativo no processo de interpretação. Do contrário, estar-se-ia a autorizar o subjetivismo do intérprete em níveis incompreensíveis na ciência jurídica, permitindo a construção da normatividade – e sua aplicação – sem parâmetro de testificação e discursividade, para além de se autorizar a criação do direito em clara violência ao instituto legiferante e democrático. Nessa seara, Gadamer é conclusivo em sua *"wer einen Text verstehen will, ist vielmehr bereit, sich von im etwas zu sagen lassen"*.[86]

Esse trabalho intelectivo deve indicar a criação, a fruição e a disciplina de direitos e garantias, no alcance da normatividade, no marco do Estado de Direito que se impõe democrático. Sempre a

---

[85] *Ibidem*, p. 197.
[86] Tradução: Quem quer entender um texto deve estar aberto a deixar esse texto lhe dizer algo.

partir do texto, o qual constitui, também, os limites compreendidos da interpretação. Conforme já exposto, isso deve ser feito sem se descurar da faticidade ou circunstâncias da realidade, reportando-se a Konrad Hesse, as quais influem na compreensão da norma constitucional.

Sobre o conteúdo da norma constitucional, que vincula a interpretação das demais normas e que não é pressuposto, Hesse sustenta que "a concretização do conteúdo de uma norma constitucional e a sua realização somente são possíveis quando se incorporam as circunstâncias da realidade que a norma é chamada a regular".[87] Para o teórico, há uma íntima relação na Constituição entre a normatividade e a vinculação do direito com a realidade, devendo o Direito Constitucional se conscientizar desse condicionamento da normatividade.

Nesse sentido, "a interpretação constitucional é concretização".[88] O conteúdo da Constituição se daria com a incorporação da realidade, sendo este conhecido apenas com a interpretação.[89]

Compreender e concretizar em Hesse somente seria possível com respeito a um problema concreto, inexistindo, portanto, interpretação constitucional desvinculada dos problemas concretos. Nesse sentido:

> (...) "Compreender" e, com ela, "concretizar" só é possível com respeito a um problema concreto. O intérprete deve colocar em relação ao dito problema a norma que pretende entender, se quer determinar seu conteúdo correto aqui e agora. Esta determinação, assim como a "aplicação" da norma ao caso concreto, constituem um processo único e não a aplicação sucessiva a um determinado suposto de algo existente, geral, em si mesmo compreensível. Não existe interpretação constitucional desvinculada dos problemas concretos.[90]

Quanto ao processo de concretização das normas constitucionais sustentado por Hesse, metodicamente este deveria vir determinado pelo objeto da interpretação, a saber, a Constituição, e pelo problema concreto.

Citando o "programa normativo" de Müller, Hesse observa que este tem conteúdo basicamente no texto da norma a concretizar, que

---

[87] HESSE. *Op. cit.*, 1983, p. 28.
[88] *Ibidem*, p. 45.
[89] *Ibidem*, p. 43.
[90] *Ibidem*, p. 44-45.

deverá ser apreendido mediante a interpretação de referido texto, no que se refere à sua significação vinculante para a solução do problema. Ele destaca, também, o lugar dos métodos de interpretação tradicionais: a interpretação literal, histórica, original e sistemática que permitem a elaboração de elementos de concretização, podendo, com efeito, os referidos pontos de vista históricos, originais e sistemáticos ajudar a precisar possíveis variações do sentido, no espaço delimitado pelo texto. Quanto ao teleológico, entende que poderia orientar a questão em uma determinada direção, embora por si só não encaminhe uma resposta, porque o sentido e a finalidade do preceito só podem ser precisados quando puderem ser confirmados com o auxílio de outros elementos.[91]

Registre-se que, para o autor, normalmente não só a interpretação do texto proporciona uma concretização suficiente. Para tanto:

> Será preciso então ir aos dados aportados pelo "âmbito normativo", relacionados ao problema em questão, posto que as normas da Constituição perseguem a ordenação da realidade das situações concretas, devendo apreender dita realidade nos termos marcados no programa normativo, em sua forma e caráter materialmente – e com frequência também juridicamente – determinados. Esta forma de atuar não só proporciona elementos adicionais e concretização e uma fundamentação racional e controlável, senão, ademais, garanta (dentro dos limites da interpretação constitucional) em boa parte a adequada solução do problema; então você assume o oposto desse normativismo unilateral e cego frequentemente reprovado pelos juristas.[92]

Entre os critérios e princípios de interpretação constitucional, que orientariam o processo de coordenação, relação e valoração dos diversos pontos de vista que devem ser considerados para o encontro do sentido da norma constitucional, Hesse destaca o da "força normativa da Constituição". É que a Constituição deve pretender estar atualizada, pelo que seria necessário dar preferência, na solução dos problemas jurídico-constitucionais, àqueles pontos de vista que ajudem as normas constitucionais na obtenção da máxima eficácia, nas circunstâncias de cada caso.[93]

---

[91] *Ibidem*, p. 46.
[92] *Ibidem*, p. 46.
[93] *Ibidem*, p. 50-51.

Em sua *A força normativa da Constituição*, obra traduzida pelo Ministro Gilmar Mendes, Konrad Hesse faz uma análise mais profunda quanto ao necessário e "inseparável contexto" de condicionamento recíproco entre a Constituição jurídica e a realidade político-social. Nesse sentido, uma análise isolada que considere apenas um desses aspectos não conduziria a qualquer resposta, não devendo haver a separação radical, no plano constitucional, entre realidade e norma, entre ser e dever ser. É que dar ênfase a uma ou outra direção conduziria, quase invariavelmente, aos extremos de uma norma despida de elementos da realidade ou de uma realidade esvaziada do elemento normativo.[94]

Assim, não teria a norma constitucional existência autônoma da realidade. A sua essência residiria em sua vigência, é dizer, na situação regulada pela norma que pretende ser concretizada na realidade. Eis a pretensão de eficácia da norma, que não poderia ser separada das condições históricas de sua realização:[95]

> Graças à pretensão de eficácia, a Constituição procura imprimir ordem e conformação à realidade política e social. Determinada pela realidade social e, ao mesmo tempo, determinante em relação a ela, não se pode definir como fundamental nem a pura normatividade, nem a simples eficácia das condições sócio-políticas e econômicas. A força condicionante da realidade e a normatividade da Constituição podem ser diferenciadas; elas não podem, todavia, ser definitivamente separadas ou confundidas.[96]

Destaque-se a constatação de Hesse de que a Constituição adquire força normativa quando lograr a realização dessa pretensão de eficácia. Mas não seria somente a adaptação da norma constitucional a uma dada realidade ou faticidade. A Constituição pode "impor tarefas", transformando-se em força ativa se essas tarefas forem realizadas. Essa força ativa se constituiria na "vontade de Constituição" (*Wille zur Verfassung*).[97]

Quanto ao conteúdo da Constituição, sua força normativa afigura-se desenvolvida, quando mais este corresponder à natureza do

---

[94] HESSE. *Op. cit.*, 1991, p. 13.
[95] *Ibidem*, p. 14.
[96] *Ibidem*, p. 15.
[97] *Ibidem*, p. 16-19.

"presente". Seria requisito essencial da sua força normativa, ainda, que se levem em conta os elementos sociais, econômicos, políticos dominantes e o "estado espiritual" de seu tempo, mostrando-se, também, em condições de adaptar-se em caso de mudanças dessas condicionantes.[98]

Em especial, a força normativa da Constituição é preservada pela interpretação, que estaria submetida ao princípio da ótima concretização da norma (*Gebot optimaler Verwirklichung der Norm*).[99]

A Constituição deveria ter condições de adaptar-se a mudanças dos elementos sociais, políticos e econômicos dominantes, em uma constante revisão constitucional. A força da norma constitucional estaria também na sua interpretação, pois não seria possível "fazer tábua rasa" dos fatos concretos da vida, sendo que "a interpretação adequada é aquela que consegue concretizar, de forma excelente, o sentido (Sinn) da proposição normativa dentro das condições reais dominantes numa determinada situação".[100]

1.4.2 A revelação dos fatos e da realidade pelo processo. Que se demarque: é necessário conhecê-los para romper com a herança dogmática

> Na medida em que as proposições de uma ciência se referem à realidade, elas devem ser falsificáveis e, na medida em que elas não são falsificáveis, elas não se referem à realidade.[101]

Apreende-se até aqui um enodamento necessário e inescapável entre norma e realidade, tratando-se da interpretação jurídica. Não se prescinde de uma epistemologia que coloque a realidade e o dado de fato em um espaço destacado e especial para se obter o conhecimento da norma jurídica.

Refuta-se, nessa lógica, uma metodologia que trabalhe o sentido da norma jurídica de forma "pura" ou em um sistema

---

[98] *Ibidem*, p. 20-21.
[99] *Ibidem*, p. 22-23.
[100] *Ibidem*, p. 20-23.
[101] POPPER, Karl. *Os dois problemas fundamentais da teoria do conhecimento*. Tradução: Antonio Ianni Segatto. São Paulo: Ed. Unesp, 2013. p. 12.

jurídico que não tenha acesso aos demais sistemas, como o político, econômico e o social, nem à sua comunicação.

Conjectura-se que a norma seja um imperativo lógico,[102] afigurando-se a realidade e os fatos ou a faticidade, em elementos essenciais e que devem influir na atividade intelectiva para conhecimento do sentido normativo.

Entende-se, em tese, que uma lei não existe para ser compreendida historicamente, mas para ser concretizada em sua validade legal ao ser interpretada. Trata-se de um processo em que se faz necessária a compreensão da lei e sua aplicação.

Desse contexto, depreende-se que uma alteração da realidade e das relações fáticas provoca mudanças na compreensão da norma constitucional. A sensibilidade dessa constatação é evidente. O intérprete deve, como visto, integrar a realidade e os fatos à constituição do sentido normativo. Contudo, estes não devem sobressair enquanto elementos da interpretação à proposição jurídica, é dizer, da tensão entre a proposição jurídica e sua finalidade normativa *versus* realidade, não se pode optar pela quebra do direito. A questão deve se resolver, com efeito, com a revisão constitucional. Há uma superioridade da norma sobre as circunstâncias fáticas; assim, "em caso de eventual conflito, a Constituição não deve ser considerada, necessariamente, a parte mais fraca".[103]

De outro ângulo, não se concebe interpretar de forma alienada da realidade e dos fatos demarcados em um dado sistema. A tecnologia, a internet, o algoritmo não podem ser alijados da compreensão do direito à intimidade, à privacidade, à liberdade de expressão, somente para exemplificar. Essas inovações tecnológicas não eram, talvez, previsíveis ao constituinte. Não obstante, devem ser postas sob uma argumentação jurídica para conhecimento da norma constitucional na contemporaneidade.

A pandemia da covid-19 é uma conclusiva exemplificação da interferência da realidade na atividade intelectiva da interpretação do sentido normativo. A ADI nº 6586 adotou a interpretação conforme do art. 3º, III, d, da Lei nº 13.979/2020, de maneira a

---

[102] LEAL. *Op. cit.*, 2021, p. 277.
[103] HESSE. *Op. cit.*, 1991, p. 25.

estabelecer teses sobre a compulsoriedade defronte uma vacinação forçada, bem como a restrição do exercício de atividades ou a frequência a determinados lugares. Também a faticidade (do sistema político) do momento interferiu na tese sustentada pelo Tribunal Constitucional de a vacina dever vir acompanhada de evidências científicas.[104]

Recentemente, o Estado Democrático de Direito brasileiro foi perversamente violentado. No dia 8 de janeiro de 2023, criminosos e/ou terroristas invadiram a sede dos três poderes e, com suas condutas, atentaram contra o patrimônio, material e imaterial, do Supremo Tribunal Federal, do Congresso Nacional e do Palácio do Planalto. Em rigor, também atentaram contra o povo, o Estado de Direito e a democracia. A ação, em tese, foi ordenada e coordenada. E foi triste, vergonhosa, abjeta. Decerto, daqui para frente, a interpretação do texto constitucional e a extração do sentido normativo dos institutos constitutivos do Estado Democrático de Direito abarcarão uma linguagem mais viva, enérgica e pulsante, ao reafirmar a intolerância com quaisquer ações e omissões que tentem macular ou fragilizar a democracia brasileira.

Quer-se dizer, portanto, que esse dia da vergonha e da tristeza, que se constitui, de forma constrangedora, em um dado da realidade, decerto influirá na construção do sentido normativo dos artigos que integram o "Título I", "Dos princípios fundamentais", da Constituição da República Federativa do Brasil de 1988.

Afinal, a norma constitucional, reportando-se a Hesse, deve levar em conta a realidade, em sua pretensão de eficácia, mas, graças ao elemento normativo, ela também ordena e conforma a realidade

---

[104] Nesse sentido, foi o julgamento da ADI nº 6586, que adotou as seguintes teses: I – A vacinação compulsória não significa vacinação forçada, porquanto facultada sempre a recusa do usuário, podendo, contudo, ser implementada por meio de medidas indiretas, as quais compreendem, entre outras, a restrição ao exercício de certas atividades ou à frequência de determinados lugares, desde que previstas em lei, ou dela decorrentes, e (i) tenham como base evidências científicas e análises estratégicas pertinentes, (ii) venham acompanhadas de ampla informação sobre a eficácia, segurança e contraindicações dos imunizantes, (iii) respeitem a dignidade humana e os direitos fundamentais das pessoas, (iv) atendam aos critérios de razoabilidade e proporcionalidade e (v) sejam as vacinas distribuídas universal e gratuitamente. II – Tais medidas, com as limitações acima expostas, podem ser implementadas tanto pela União como pelos Estados, Distrito Federal e Municípios, respeitadas as respectivas esferas de competência (Relator Ministro Ricardo Lewandowski, Julgamento em 17.12.2020, Publicação em 07.04.2021).

política e social. Sobretudo, a Constituição pode conferir forma e modificação à realidade. "(...) A íntima conexão, na Constituição, entre normatividade e a vinculação do direito com a realidade obriga que, se não quiser faltar com o seu objeto, o Direito Constitucional deve se conscientizar desse condicionamento da normatividade".[105]

Os ganhos teóricos mencionados até aqui importam na constatação de ser o sentido da norma constitucional "flexível" ou "mutável". Seus significantes podem se alterar, a depender da realidade acontecida, é dizer, dos dados da realidade, em que se insere a atividade intelectiva de atribuição do sentido da norma.

Dessa revelação, surgem problemas decorrentes dessa flexibilidade e que devem ser solucionados pela adoção de uma teoria que diminua o nível de subjetivismo e autoridade na captura do sentido normativo.

Em sua obra *Lógica das ciências sociais*, Karl Popper enuncia que a ciência, ou o conhecimento, inicia-se, mais propriamente, por problemas e que cada problema surge da descoberta de que algo não está em ordem com nosso suposto conhecimento; ou, em uma análise lógica, da descoberta de uma contradição interna entre nosso suposto conhecimento e os fatos; ou "declarado talvez mais corretamente, da descoberta de uma contradição aparente entre nosso suposto conhecimento e os supostos fatos".[106]

Em tese, se por um lado um dos saltos da hermenêutica em Müller e em Hesse recai na constatação da realidade e da facticidade no conteúdo da norma, por outro o desafio do intérprete em concretizar essa normatividade afigura-se em um problema, ante a inexistência de método de interpretação pronto e que capture com o máximo de verossimilhança a realidade ou a faticidade.

Uma questão sensível é que não apenas a lei democrática deve ser interpretada, com a influência da realidade, mas essa própria realidade (ou os dados de fato, ou a faticidade) também deverá ser compreendida, em um processo intelectivo que é a interpretação do que é visto, acontecido e vivido. A complexidade da vida, das visões

---

[105] HESSE. *Op. cit.*, 1991, p. 24-26.
[106] POPPER, Karl. *Lógica das ciências sociais*. Rio de Janeiro: Tempo Brasileiro; Brasília: UnB, 1978. p. 14-15.

de mundo e dos acontecimentos é entendida de forma diversa pelos sujeitos, diante da subjetividade de cada um.

Entende-se que o processo, posto no centro do debate jurídico, é que possibilita a compreensão da realidade ou dos dados de fato, pela influência dos legitimados processuais a caracterizá-la de forma contraditada e em simétrica paridade.

Ou seja, o processo que constitui e institui a norma jurídica também reconstrói os fatos e a realidade na maior proximidade com a verdade e a certeza. Se estas são inalcançáveis, ao menos que sejam trazidas ao processo em um viés democrático e crítico.

Nesse movimento pela democratização decisória e interpretativa (porque interpretar não deixa de ser um ato de decisão), alerta-se para não se sucumbir à ingênua pretensão de que, pela instituição do processo, mesmo que efetivamente rompido com a instrumentalidade, possibilitar-se-ia a revelação, revestida pelos atributos da verdade e da certeza quanto ao sentido da norma jurídica e da implementação de uma interpretação, a rigor, conforme a Constituição.

É que devem ser enfrentadas, entre outras hipóteses problemáticas, as pré-compreensões do sujeito interpretante, que não podem ser ignoradas caso se almeje convictamente a busca do conhecimento objetivo dos fatos e da realidade, assim como do sentido normativo.

1.5 É preciso assumir a pré-compreensão do sujeito interpretante e a falácia da racionalidade plena

> A interpretação é um ato de representação, de trazer um orador ausente para uma discussão que ocorre demasiado tarde para ele se juntar, mas para a qual ele tem implicitamente muito a contribuir. Há, para ser honesto, uma certa quantidade de raiva patricida nestas ressuscitações interpretativas, especialmente quando dizem ser reproduções perfeitas do original, como os relatórios policiais das suas declarações. O intérprete é talvez menos agressivo quando trata estes escritores como figuras menos autoritativas que podem ajudar-nos a pensar em algo através (...) (Judith Shklar)

Tratando-se a concretização da interpretação em Hesse de uma compreensão do conteúdo da norma a concretizar, é interessante um destaque do autor de que não caberia também se desvincular, além do problema concreto a solucionar, da pré-compreensão do intérprete sobre esse conteúdo normativo.[107]

Nesse sentido, o processo de interpretação se daria a partir de uma pré-compreensão, que necessita de comprovação e correção:

> O intérprete compreende o conteúdo da norma a partir de uma pré-compreensão que é a que vai permitir a contemplação da norma desde certas expectativas, para ser feita uma ideia do conjunto e contornar um primeiro projeto ainda carente de comprovação, correção e revisão, através de uma análise mais profunda, até que, como resultado da progressiva aproximação da [coisa] por parte dos projetos em cada caso revisados, a unidade de sentido fique claramente fixada.[108]

O tema da pré-compreensão inerente ao sujeito invariavelmente remete a Gadamer, para quem os pré-juízos e as pré-compreensões são, inclusive, precondições transcendentais do entendimento e da compreensão. A essa constatação, segue a defesa de a interpretação dever se dar como "autocrítica", possibilitando uma objetividade do entendimento.

Sobre as pré-compreensões, Gadamer as indica como a realidade histórica do indivíduo:

> A lente da subjetividade é um espelho deformante. A autorreflexão do indivíduo não é mais que uma centelha na corrente cerrada da vida histórica. Por isso os pré-conceitos de um indivíduo são, muito mais que seus juízos, a realidade histórica de seu ser.[109]

Em Gadamer, compreender pressuporia um projetar-se. E, nessa lógica, o exame da validade das opiniões prévias ou das pré-compreensões, que não podem ser arbitrárias, seria relevante.[110] Estas não facilitariam o entendimento, mas se revelariam como mais um obstáculo que não pode ser separado do "ser" heideggeriano. O empreendimento hermenêutico não passaria pela anulação das

---

[107] Ibidem, p. 43.
[108] Ibidem, p. 44.
[109] GADAMER, H.-G. Verdade e método: traços fundamentais de uma hermenêutica filosófica. Tradução: Flávio Paulo Meuer. 3. ed. São Paulo: Vozes, 1999. p. 416.
[110] Ibidem, p. 402-403.

pré-compreensões, mas pelo exercício de permitir que o texto diga algo (alteridade e diferença histórica), conhecer e avaliar as pré-compreensões do intérprete e do autor do texto (ou quem se manifesta pela linguagem).[111]

Ainda em Gadamer, a compreensão (e a interpretação) de textos jurídicos passaria por "um projeto criativo de sentido". Dessa forma, não seria possível afastar-se das pré-compreensões do intérprete e do horizonte histórico que se manifesta neste texto. É que a interpretação se daria com o encontro desses horizontes. Esses elementos, no entanto, não autorizariam uma interpretação livre do texto, pois o intérprete deve estar por ele constrangido e pela intersubjetividade, de modo que a linguagem não pode por ele ser apropriada e instrumentalizada.[112]

Com efeito, não é possível eliminar as pré-compreensões do sujeito interpretante. Nenhuma pretensão de cientificidade do instituto da hermenêutica deve se olvidar das compreensões e interpretações prévias do intérprete, mas estas devem ser teorizadas (todo problema em Popper é teorizado) e enfrentadas, na ambiência do processo, como se do objeto interpretado fosse possível manejar uma "lente" que identificasse o que seria verdadeiro (posto que confirmado) do que seria deturpado com os juízos subjetivos do intérprete.

Tem-se por relevante reconhecer a "pré-compreensão" nesse processo de captura do sentido normativo, inerente ao sujeito interpretante, bem como a circunstância de que, ao se proceder à "concretização da interpretação", reportando-se a Hesse, o intérprete a inicia já com uma pré-compreensão dos fatos em sua historicidade, dos dados da realidade, do texto normativo e do resultado da construção da norma jurídica.

A essas noções prefaciais sobre a pré-compreensão soma-se a constatação de que nem sempre se consegue conhecer e demarcar o sentido desses (pré-)conceitos do sujeito interpretante. Não escapa ao

---

[111] *Ibidem*, p. 404-405.
[112] NASCIMENTO, Leonardo Longen do; DIAS, Feliciano Alcides; SÁ, Priscila Zeni de. Convergências filosóficas em Gadamer e Müller para a concretização da norma. *Revista Direito Público*, Brasília, v. 19, n. 103, p. 116, 2022. Disponível em: www.portaldeperiodicos. idp.edu.br/direitopublico/article/view/6589. Acesso em: 10 fev. 2025.

humano a subjetividade (incontrolável) e o domínio do inconsciente sob o direcionar-se e posicionar-se conscientemente. Nesse sentido, com a teorização empreendida por Freud, constatando as pulsões e os desejos do ser humano, que seriam, aliás, em alguma medida, animalescos e irracionais, a conduta humana nem sempre se expressaria de forma consciente.

É o inconsciente uma esfera incontrolável[113] e que invariavelmente interfere nas pré-compreensões e compreensões que o intérprete tem e terá sobre o sentido normativo.

Essa constatação, particularmente, é, em alguma medida, angustiante. Poderia ser vertida a "uma figura narcísica"[114] da ciência jurídica. Estabilizam-se o sentido da norma jurídica e a realidade dos fatos; todavia, perpetua-se a incerteza quanto à correção dessa estabilização com a verdade.

Afinal, seria possível capturar a verdade? A empreitada de se conhecer com pretensão de certeza o sentido da norma jurídica

---

[113] Conforme aponta Žižek, a partir de sua leitura de Lacan: "o inconsciente freudiano causou tamanho escândalo não por afirmar que o eu racional está subordinado ao domínio muito mais vasto dos instintos irracionais cegos, mas porque demonstrou como o próprio inconsciente obedece à sua própria gramática e lógica: o inconsciente fala e pensa. O inconsciente não é terreno exclusivo de pulsões violentas que devem ser domadas pelo eu, mas o lugar onde uma verdade traumática fala abertamente. Aí reside a versão de Lacan do moto de Freud *Wo es war, sol ich werde* (Onde isso estava, devo advir): não "O eu deveria conquistar o isso", o lugar das pulsões inconscientes, mas "Eu deveria ousar me aproximar do lugar da minha verdade". O que me espera "ali" não é uma Verdade profunda com a qual devo me identificar, mas uma verdade insuportável com a qual devo aprender a viver" (ŽIŽEK, Slavoj. *A visão em paralaxe*. São Paulo: Boitempo, 2008. p. 9).

[114] Sigmund Freud, em seu texto "Uma dificuldade no caminho da psicanálise" (1917), menciona três feridas narcísicas da humanidade, denominando-as assim para correlacioná-las com três importantes momentos em que a ciência "destronou" o ser humano de uma autoimagem mais grandiosa e onipotente. A primeira ferida foi causada a partir dos estudos de Nicolau Copérnico e por Galileu Galilei, que formulou sua teoria heliocentrista deslocando a terra e o homem, portanto, como centro do universo. Feriu-se o ego humano ao se constatar que o planeta em que o humano vive é parte de um universo muito maior e multicentralizado em galáxias e sistemas; a segunda ferida narcísica foi causada por Charles Darwin, com a teoria da Evolução, a qual defendia que o homem descenderia do macaco, e não de Deus. O ego humano ainda é ferido, já que, embora seja a espécie que alcançou uma maior evolução racional, ainda assim *o ser humano é uma espécie animal*, com história, órgãos e mortalidade semelhantes a de outros animais. A terceira ferida narcísica foi causada pelo próprio Freud e a formulação do inconsciente, a qual rompe com a ideia de homem racional, senhor de seus atos. A partir da construção conceitual do inconsciente, *pela Psicanálise*, Freud sugere que as ações do homem são fortemente influenciadas por uma instância que foge ao controle do entendimento racional e que, em si, apresentam características primitivas (FREUD, Sigmund. Uma dificuldade no caminho da psicanálise [1917]. *In*: FREUD, Sigmund. *Obras completas de Sigmund Freud*. Rio de Janeiro: Imago, 1996. v. XVII.). Na contemporaneidade, fala-se da tecnologia e inteligência artificial como uma nova ferida narcísica da humanidade.

escaparia ou não a esse sujeito interpretante, desnudado pela psicanálise e que inicia seu processo hermenêutico já com uma pré-compreensão sobre a norma jurídica?

Não se tem qualquer pretensão de enfrentamento acadêmico desse tema do domínio do inconsciente, mas apenas a intenção de se demarcar a falácia da racionalidade humana plena e absoluta. Em nenhuma medida deve-se buscar o conforto de um método que resolva todas essas aflições humanas e da ciência jurídica.

É melhor, portanto, assumir-se um sujeito subjetivo e buscar uma teoria que possibilite o encontro do significante normativo que mais se aproxime do conhecimento objetivo, reportando-se a Karl Popper, conforme ao longo desta obra tentar-se-á empreender.

1.6 O que está por vir: a crítica e a testificação da linguagem dos sujeitos interpretantes como elementos essenciais do processo democrático que pretenda interpretar a norma jurídica

O centro da norma jurídica é a lei democrática (criada pelo processo legislativo), e não o problema a ser solucionado (como em uma lógica tópica), tampouco são os fatos ou a realidade que o circundam.

Contudo, devem ser postos os aspectos que possam interferir no conhecimento do conteúdo da norma. Alguns até são (in)controláveis, como é o pré-julgamento e a pré-compreensão, inerente ao sujeito cognoscente. Ao assumir a subjetividade do intérprete e a existência de variáveis que influem no sentido da norma, possibilita-se o enfrentamento da interpretação da lei sem a pretensão de encontro com a verdade absoluta.

O imperativo lógico que encaminha o sentido da norma jurídica é construído na ambiência de um processo democrático, autocrítico e que garanta a simétrica paridade interpretativa.

Nesse movimento, se não é possível defender o encontro da certeza ou da verdade absoluta, é pela teorização da atividade de interpretação, pela via da instituição de um processo, rompido com a instrumentalidade processual, que se torna viável o conhecimento do conteúdo normativo, que potencialmente traga o menor impacto negativo no sistema social, político e econômico, e, sobretudo, que erre menos quanto aos efeitos ruins ou maléficos na vida humana. Como defendido por Popper, é preciso que as teorias morram no lugar das pessoas.[115]

A aproximação do conhecimento à verdade, no marco do Racionalismo Crítico popperiano, dependerá da capacidade de resistência às críticas (falseabilidade) de hipóteses refutadoras amparadas em outras teorias, concorrentes à resolução de uma mesma situação de problema.

Qualquer pretensão de verdade e certeza absolutas se ampara em uma fonte dogmática (entendida como não criticável) ou mitológica. Desmistificando essa pretensão, é que a opção que se passará a testificar é pela procedimentalização da interpretação, em especial da "interpretação conforme a Constituição", trazendo o instituto do processo para o centro da compreensão do sentido normativo, e não a autoridade e o subjetivismo do interpretante.

Ou seja, tendo como pressuposto a superação do modelo de processo como relação jurídica, que propicia e perpetua o decisionismo e o protagonismo judicial, testifica-se um modelo de processo que institua uma interpretação jurídica democrática e, reportando-se à correta pergunta que se deva fazer, uma teoria processual que oferte uma diminuição do nível de subjetivismo e autoridade na captura do sentido normativo pelos sujeitos interpretantes.

Em Popper, interessante é a adesão à concepção de Tarski, para depreender uma compreensão entre a aproximação de um enunciado (aqui entendido como o sentido normativo), com a verdade, recorrendo-se à metalinguagem semântica,[116] ou seja, a uma linguagem em que se possa discorrer criticamente sobre o enunciado (a linguagem) que remete ao fato e, também, possibilitando que se interrogue o sentido da correspondência entre o enunciado e o

---

[115] "Os cientistas tentam eliminar suas teorias falsas, tentam deixar que elas morram no lugar deles. O crente – seja animal ou homem – perece com suas crenças falsas" (POPPER. *Op. cit.*, 1999, p. 123).

[116] POPPER, Karl. Verdade e aproximação da verdade [1960]. *In*: MILLER, David (org.) *Popper*: textos escolhidos. Tradução: Vera Ribeiro. Rio de Janeiro: Contraponto, 2010. p. 179-180.

fato a que ele remete.[117] A verdade que se encontraria em Popper é a objetiva (não a real ou um tipo especial de crença).[118] Aliás, em Popper, a verdade objetiva é provisória, isto é, nada impede que esse conhecimento se submeta a novas críticas, não resistindo a elas e, portanto, cedendo lugar a uma verdade mais resistente ou a um novo conhecimento objetivo (também de caráter provisório e *ad hoc*).

Quanto à metalinguagem e à possibilidade de se estabilizar o conhecimento, é interessante citar o caso de Helen Keller citado por Popper: uma menina cega e surda, que criou para si uma linguagem em sentido abstrato, para conseguir se comunicar, e, por essa linguagem, dominou a língua e a literatura inglesas.[119] Esse exemplo demonstra a correspondência biunívoca da linguagem de Keller com a língua inglesa.[120]

Apropriando-se dessas bases lógicas teóricas, as pré-compreensões do sujeito interpretante, a faticidade, a realidade (ou os dados do fato) e quaisquer outros elementos que possam influir no conhecimento do sentido da norma jurídica podem ser vertidos ao processo pelo instituto da linguagem, em uma correspondência biunívoca desta com os dados de fato, a realidade, as pré-compreensões, para exemplificar. Demarcada a linguagem da lei e desses elementos e circunstâncias, na ambiência do processo, para se aproximar ao conhecimento objetivo – ou à verdade provisória – do sentido da norma jurídica, não se prescinde da crítica incessante e testificação da própria linguagem e do conteúdo da norma, provisoriamente construído.

Essa (pré-)compreensão, fatos e linguagem da própria lei devem ser interrogados e submetidos à testificação e à crítica, em uma lógica popperiana de falibilidade de paradigmas e proposições postas em situação concorrencial, no espaço-tempo do processo a ser instituído para a estabilização do sentido da norma do sistema jurídico, conforme proposta adiante, a ser tratada nesta obra.

---

[117] BARROS. *Op. cit.*, p. 154.
[118] POPPER, Karl. Verdade e aproximação da verdade [1960]. *In*: MILLER, David (org.) *Popper*: textos escolhidos. Tradução: Vera Ribeiro. Rio de Janeiro: Contraponto, 2010. p. 179-180.
[119] BARROS. *Op. cit.*, p. 154.
[120] POPPER, Karl. O problema corpo-mente [1977]. *In*: MILLER, David (org.) *Popper*: textos escolhidos. Tradução: Vera Ribeiro. Rio de Janeiro: Contraponto, 2010. p. 262-263.

1.6.1 Contribuições de Peter Häberle para a proposta de processualização da interpretação jurídica

Correlaciona-se a procedimentalização da interpretação, em uma via linguístico-crítica, com a adoção da teoria do discurso do ordenamento jurídico (marco na teoria de Peter Häberle), isto é, que o conteúdo da norma possa ser democraticamente encontrado pela via de uma teoria discursiva.

O "fato", a realidade, bem como outros dados que envolvem a interpretação da norma constitucional, seriam uma construção do sistema, por meio de uma argumentação jurídica, que deve ser interrogada, criticada e aberta ao sistema e à linguagem de outros sistemas, inclusive, no contexto de uma sociedade aberta, reportando-se a Häberle.

Peter Häberle, ao criticar a sociedade fechada de intérpretes "vinculados às corporações" e adstrita àqueles participantes formais do processo constitucional, defende que a interpretação constitucional seria, em realidade, mais um elemento da sociedade aberta. Ainda, o destinatário da norma deveria ser considerado um participante ativo do processo hermenêutico.[121] Nesse sentido:

> *Experts* e "pessoas interessadas" da sociedade pluralista também se convertem em intérpretes do direito estatal. Isso significa que não apenas o processo de formação, mas também o desenvolvimento posterior, revela-se pluralista: a teoria da ciência, da democracia, uma teoria da Constituição e da hermenêutica propiciam aqui uma mediação específica entre Estado e sociedade![122]

Em Häberle, todos os interessados pela concreção da norma podem ser legitimados à hermenêutica, por se tratar a interpretação constitucional de uma atividade aberta, sendo que a conformação da realidade da Constituição torna-se também parte integrante da interpretação das normas constitucionais. Nesse processo, possibilita-se a criação das "realidades públicas", viabilizando-se

---

[121] HÄBERLE, Peter. *A sociedade aberta dos intérpretes da Constituição*: contribuição para a interpretação pluralista e "procedimental" da Constituição. Porto Alegre: S. A. Fabris, 1997. p. 13-15.
[122] *Ibidem*, p. 18.

sua alteração. Portanto, quanto à realidade, a ampliação do círculo de intérpretes conduziria à integração da realidade no processo de interpretação. "É que os intérpretes em sentido amplo compõem essa realidade pluralista."[123]

Cogita-se que a possibilidade de apreensão do sentido da norma jurídica, com o alcance de uma democrática interpretação, se dê pela estruturação de um processo, cujo espaço procedimental tenha a discursividade, efetiva, como uma de suas proposições. A interlocução feita até aqui se justifica para reafirmar que somente com a demarcação de uma epistemologia discursiva, linguística e crítica processual, aberta a todos os participantes interessados (que de certa forma serão influídos pela hermenêutica), é que se podem alcançar, ao menos em uma tese provisória, a democracia do ato interpretativo e o conhecimento objetivo que tanto se almeja pela ciência jurídica.

A contribuição de Häberle é imensurável. Seu aporte teórico ao direito, relativo à dimensão de influência dos sujeitos interpretantes, em um espectro amplo, é um salto destacado para a abertura efetiva do sistema jurídico, e não apenas retórica.

Quanto à processualidade na atividade interpretativa, superada a noção de uma relação jurídica entre as partes, o processo seria instituto implementador da estabilização do sentido normativo e que criaria o direito pela via da hermenêutica. Esta seria democrática pela abertura aos intérpretes, que atuariam em simétrica paridade.

A teoria da discursividade, que se implementaria pela processualização do instituto da hermenêutica, tem a sociedade aberta de Häberle (também teorizada em Popper) como um de seus pressupostos, sendo indissociável da noção de soberania da comunidade jurídica, compreendida como o conjunto de legitimados ao processo de interpretação normativa, inclusive nos níveis de facticidade e linguisticidade do texto normativo.

Defende-se, portanto, que somente pela via da implementação da processualidade, com a garantia efetiva do discurso, em uma visão aberta daqueles legitimados a interpretar, é que se dá concretude à democratização do conteúdo da norma constitucional,

---

[123] *Ibidem*, p. 24-30.

que invariavelmente influirá em todo o sistema jurídico. Ou seja, da discursividade processualizada se permitiria conhecer o conteúdo da norma constitucional, autorizando que se proceda à "interpretação conforme a Constituição".

1.7 Por uma proposta teórica do processo que oferte a interpretação democrática dos conteúdos normativos

Afinal, qual é a teoria do processo que torna possível a criação do sentido da norma jurídica constitucional e erre menos quanto à sua aproximação com o direito democrático ou a verdade? Como o instituto da interpretação conforme poderia se apropriar desse modelo de processo, trazendo ganhos ao sistema jurídico aberto e democrático?

Demarcam-se, nessa pretensão, algumas proposições processuais a serem postas em situação concorrencial e crítica (falseáveis), por hipóteses refutadoras, para se possibilitar a aproximação do conhecimento à noção de verdade, é dizer, de um processo de interpretação que esteja o mais próximo da construção democrática da norma jurídica:

1. Necessidade de rompimento com a teoria da relação jurídica e com a racionalidade que conduza à atribuição ao juiz do papel de porta-voz da justiça, do bem, da verdade, da pacificação social ou se centre no protagonismo único e solipsismo judicial.

2. Abertura do processo – na lógica da abertura do sistema jurídico – a todos os interessados, incluindo-os em simetria processual hermenêutica, por serem necessários (em especial quando se faz necessário conhecer a linguagem de outros sistemas) à construção do provimento.

3. Instituição de um processo efetivamente democrático e não retoricamente.

4. A lei democrática no centro da norma jurídica e do processo de interpretação (notadamente da interpretação conforme).

5. Linguagem submetida à autocrítica dos sujeitos interpretantes, que possibilite, inclusive, trazer ao processo a faticidade ou a realidade e as suas pré-compreensões e pré-juízos, para serem confirmados ou eliminados.

6. Igual e influente interpretação de todos, destinadores e destinatários da norma jurídica.

7. O juiz como sujeito interpretante e a influência da linguagem dos demais sujeitos interpretantes na construção normativa, defronte o juízo de testificação e falseamento.

Passa-se à exposição das teorias processuais contemporâneas, ao menos de alguns de seus elementos, por propiciarem o enfrentamento e o conhecimento crítico das proposições, por ora, acima demarcadas.

1.7.1 Um salto na ciência processual: a teoria do processo em Fazzalari e o estruturalismo processual

Não constitui objeto desta obra traçar a linha evolucionária das diversas teorias do processo, mas, para o seu propósito, a obra de Fazzalari, publicada em 1975,[124] é significativa por refutar, efetivamente, a teoria do processo de Bülow, bem como por rejeitar a relação jurídica, como base teórica processual, denominando-a um "clichê pandectístico".[125]

Fazzalari, em sua obra, aponta com veemência a inadequação da noção de subjugação que a relação jurídica impõe às partes no processo, estabelecendo, em sua essencialidade, o contraditório processual, é dizer, a simétrica paridade entre elas.

Pela teorização em Fazzalari, as posições jurídicas das partes estariam indicadas na fatispécie da estrutura da norma, sendo que um comportamento lícito resultaria para o sujeito em uma faculdade ou em um poder, e a qualificação como obrigatório resultaria em um dever imposto, sendo essas as posições jurídicas subjetivas que decorrem das normas e que iriam se sucedendo no curso do procedimento.[126]

Já o procedimento seria uma sequência de normas, com as posições das partes se alternando, sendo sua principal característica

---

[124] FAZZALARI, Elio. *Instituições de direito processual*. Tradução: Eliane Nassif. 8. ed. Campinas: Bookseller, 2006.
[125] *Ibidem*, p. 111.
[126] *Ibidem*, p. 81-82.

que o exercício da posição jurídica subjetiva de uma norma se torne fatispécie da norma subsequente, estabelecendo um encadeamento que é requisito de validade do ato final.[127] Esse seria o "esquema geral" de qualquer procedimento na teoria estruturalista.

Para Fazzalari, o processo seria uma espécie de procedimento, em contraditório. Ou seja, o elemento central que distingue o processo dos demais procedimentos seria a essencialidade do contraditório, desenvolvido em uma estrutura dialética:

> Se, pois, o procedimento é regulado de modo que dele participem também aqueles em cuja esfera jurídica o ato final é destinado a desenvolver efeitos – de modo que o autor dele (do ato final, ou seja, o juiz) deve dar a tais destinatários o conhecimento da sua atividade e se tal participação é armada de modo que os contrapostos "interessados" (aqueles que aspiram a emanação do ato final – "interessados" em sentido estrito – e aqueles que queiram evitá-lo, ou seja, os "contrainteressados") estejam sob plano de simétrica paridade, então o procedimento compreende o "contraditório", faz-se mais articulado e complexo, e do genus "procedimento" é possível extrair a *species* "processo".[128]

O contraditório em Fazzalari apresenta-se com notária centralidade na teoria do processo. Aroldo Plínio Gonçalves, na obra *Técnica Processual e Teoria do Processo*, que introduziu a teoria estruturalista no Brasil, define:

> Há processo sempre onde houver o procedimento realizando-se em contraditório entre os interessados, e a essência deste está na "simétrica paridade" da participação, nos atos que preparam o provimento, daqueles que nele são interessados porque, como seus destinatários, sofrerão seus efeitos.[129]

Essa teoria marca, para além da superação da instrumentalidade processual,[130] a revisitação do contraditório, que deixa de ser retórico,

---

[127] *Ibidem*, p. 114-115.
[128] *Ibidem*, p. 93-94.
[129] GONÇALVES, Aroldo Plínio. *Técnica Processual e Teoria do Processo*. Rio de Janeiro: Aide, 1992. p. 115.
[130] Como bem observa Aroldo Plínio Gonçalves (*Op. cit.*, p. 113): "A caracterização do processo como procedimento realizado em contraditório entre as partes não é compatível com o conceito de processo como relação jurídica. (...) O conceito de relação jurídica é o de vínculo de exigibilidade, de subordinação, de supra e infraordenação, de sujeição. Uma garantia

ou apenas a oportunidade de dizer e contradizer e ser ouvido no processo, mas sim uma efetiva influência no provimento e nos seus pressupostos.[131]

Outro salto teórico em Fazzalari refere-se à questão da racionalidade decisória, já que a teoria estruturalista remete a questão à configuração de um espaço processual, tendo em vista que "o impulso procedimental ocorre pelo conteúdo da lei e não pelos impulsos do juiz".[132] Portanto, há a racionalização da estrutura procedimental, com a demarcação dos espaços de atuação dos destinatários do provimento e que venham a sofrer seus efeitos.

Mesmo diante dos incontestáveis avanços da teoria de Fazzalari para a ciência do Direito Processual, não foi enfrentada de forma testificada a diminuição do subjetivismo da hermenêutica na produção do provimento ou do ato normativo, e eis que os argumentos das partes, em simétrica paridade, são entregues livremente ao julgador para o devido acertamento.

O padrão de subjetivismo do julgador é mantido, ao fim, na construção da decisão em Fazzalari, que declaradamente opta pelo indutivismo do conhecimento e "às máximas da experiência" do julgador. Nesse sentido, é a obra de Fazzalari:

> Como se pode verificar dos exemplos, o trâmite entre a prova e o fato, assim como entre o fato "secundário" e o fato "principal", é constituído de um dado da experiência comum (em linguagem mais correta, por uma "proposição verificada" ou "não falsificada"), que enuncia aquilo que é extremamente provável esperar-se em presença desta ou daquela circunstância (assim, a imersão da mão nua na água fervente produz queimadura). Tais proposições preferem chamar-se, na prática, também

---

não é uma imposição, é uma liberdade protegida, não pode ser coativamente oferecida e não se identifica como instrumento de sujeição. Garantia é liberdade assegurada. Se contraditório é garantia de simétrica igualdade de participação no processo, como conciliá-lo com a categoria de relação jurídica? Os conceitos de garantia e de vínculo de sujeição vêm de esquemas teóricos distintos. O processo como relação jurídica e como procedimento realizado em contraditório entre as partes não se encontram no mesmo quadro, e não há ponto de identificação entre eles que permita sua unificação conceitual".

[131] "(...) fenômeno da participação dos interessados no iter de formação dos provimentos (entendendo-se como tais, aqueles em cuja esfera o ato é destinado a incidir) – mais precisamente, o fenômeno da participação dos interessados na fase de reconhecimento dos pressupostos do provimento" (FAZZALARI. *Op. cit.*, p. 861-862).

[132] ALMEIDA, Andréa Alves de. *Espaço jurídico processual na discursividade metalinguística.* Curitiba: CRV, 2012. p. 27.

"máximas da experiência". O emprego necessário, por parte do juiz, das "máximas da experiência" (isto é, das proposições por meio das quais a experiência se coloca e se torna interindividual) assegura a racionalidade de sua decisão e, em cada caso, a torna controlável em sede de impugnação.[133]

Sem dúvida, o salto epistemológico dessa teoria contribui para o encontro do direito democrático; contudo, legitimar as experiências do julgador e defender a construção da decisão pelo indutivismo das probabilidades fáticas quebram a expectativa da revelação da norma jurídica, livre de aporias, ideologias, paixões, pré-julgamentos, moralidade, só para contextualizar.

1.7.2 Apropriações do modelo constitucional de processo

A perspectiva constitucional teórica do processo, designada de modelo constitucional do processo, foi inicialmente sistematizada por Andolina e Vignera, em 1990.[134]

Com Baracho, no Brasil, houve a inclusão nesse modelo da contribuição teórica de Fazzalari. Nesse sentido, segundo Baracho, conferir o modelo constitucional ao processo contribuiria para a proteção e a concretização dos direitos fundamentais.[135] O modelo constitucional do processo proposto por Andolina e Vignera fora concebido por uma base uníssona de princípios processuais que sustentam a noção de processo como garantia constitutiva de direitos fundamentais, próprias do marco do Estado Democrático de Direito.[136]

---

[133] *Ibidem*, p. 458-460.
[134] ANDOLINA, Ítalo; VIGNERA, Giuseppe. *Il modello constituzionale del processo civile italiano*. Torino, Itália: G. Giappichelli, 1990.
[135] BARACHO, José Alfredo de Oliveira. *Direito Processual Constitucional*: aspectos contemporâneos. Belo Horizonte: Fórum, 2008. p. 14-15.
[136] Para Andolina e Vignera (*Op. cit.*, p. 90), a difusão da proposta tem fundamento em três características básicas: a expansividade, a variabilidade e a perfectibilidade: (...) a) Na expansividade, consistente em sua idoneidade (relativa à posição primária das normas constitucionais na hierarquia das fontes) para condicionar o aspecto dos procedimentos jurisdicionais singulares introduzidos pelo legislador ordinário, o qual (aspecto) deve ser compatível com as conotações daquele modelo; b) na variabilidade, que indica a possibilidade de assumir formas diversas, de modo que a adequação ao modelo constitucional (da obra do legislador ordinário) das figuras processuais concretamente

É fácil conceber esse modelo ao direito brasileiro, em especial se for considerado que a Constituição de 1988 consagra um sem-número de garantias processuais, que informam, inclusive, para além de um devido processo legal, um devido processo constitucional que é premente de ser instituído e garantido às partes e ao próprio Estado Democrático.

Contudo, mesmo rompido com a instrumentalidade do processo, tal qual ocorre com a teoria estruturalista, há a centralidade da figura do juiz na construção decisória. Nesse sentido, conforme ensina Baracho sobre os pressupostos do processo constitucional, "coloca-se a idoneidade do juiz. Esse modelo constitucional de juiz assenta-se na preparação técnico-profissional do magistrado, como condição necessária a assegurar a probabilidade objetiva e correta do juiz".[137]

1.7.3 A teoria neoinstitucionalista do processo como aporte necessário para a construção da norma jurídica democrática

Em uma análise provisória, entende-se que as proposições citadas no item 1.7 podem ser respondidas satisfatoriamente pela teoria neoinstitucionalista do processo, concebida pelo processualista mineiro Rosemiro Pereira Leal, que fez a transposição teórica do racionalismo crítico de Popper para a ciência jurídica.

Conforme indicado por Roberta Maia Gresta, Leal reivindica, com amparo na teoria popperiana, a precedência da demarcação teórica da linguagem jurídica, possibilitando a estabilização de sentidos por um código intradiscursivo constitucional não ideologizado, que seria a todos acessível pelo exercício dos direitos fundamentais.[138]

---

funcionais possam ocorrer segundo várias modalidades em vista da realização de fins particulares; c) na perfectibilidade, que designa a sua idoneidade para ser aperfeiçoado pela legislação infraconstitucional, a qual (sciliet: no respeito ao modelo e em função do alcance de objetivos particulares) pode construir procedimentos jurisdicionais caracterizados pelas (ulteriores) garantias e pela instituição de institutos ignorados pelo modelo constitucional.

[137] BARACHO. *Op. cit.*, p. 15-16.
[138] GRESTA, Roberta Maia. *Ação temática eleitoral*: proposta para a democratização dos procedimentos judiciais eleitorais coletivos. 2014. Dissertação (Mestrado) – Programa

Para a demarcação da teoria neoinstitucionalista do processo, inicialmente deve-se identificar a virada linguística radical de Popper aclarada por Leal,[139] ao conferir autonomia ao intitulado Mundo 3 da teoria popperiana, no qual se dão o embate de teorias e a busca pela verdade, tida por um conhecimento objetivo.

Antes de se falar da transposição das obras de Popper, para a ciência jurídica processual, demarcam-se alguns aspectos teóricos sobre os três mundos de Popper e o racionalismo crítico.

1.7.3.1 Conhecimento sem autoridade, conhecimento objetivo e verdade provisória. Epistemologia e o Mundo 3 de Popper

> *Os etíopes dizem que seus deuses são negros e de nariz chato,*
>
> *Enquanto os trácios dizem que os deles têm olhos azuis e cabelos ruivos.*
>
> *Mas, se o boi, o cavalo ou o leão tivessem mãos e soubessem desenhar,*
>
> *E se pudessem esculpir como os homens, os cavalos desenhariam seus deuses*
>
> *Como cavalos, e os bois como bois, e depois cada um moldaria*
>
> *Corpos de deuses à semelhança, cada um, deles mesmos.*
>
> *Os deuses não nos revelaram tudo desde o começo,*
>
> *Mas, ao longo do tempo,*
>
> *Mediante a busca, os homens descobrem o que é melhor.*
> *(...)*

---

de Pós-Graduação em Direito da Pontifícia Universidade Católica de Minas Gerais, Belo Horizonte, 2014. p. 157

[139] LEAL. *Op. cit.*, 2010, p. 31.

Imaginamos que essas coisas assemelham-se à verdade.

Mas, quanto à verdade certeira, nenhum homem a conheceu

Nem conhecerá; nem sobre os deuses

Nem sobre todas as coisas de que falo.

E ainda que porventura viesse a enunciar

A verdade última, ele mesmo não a conheceria:

Pois tudo passa de uma teia de conjecturas.

Fragmentos de Xenófanes[140]

O conhecimento objetivo a se conjecturar seria aquele mais próximo possível da verdade. Popper, ao ser perguntado sobre quais seriam as fontes do conhecimento, respondeu: "Há todo tipo de fontes de nossos conhecimentos, mas nenhuma delas tem autoridade".[141]

A epistemologia popperiana distingue três mundos: o primeiro, o mundo dos objetos físicos ou dos estados físicos. O segundo, o mundo dos estados mentais e da consciência. O terceiro seria o mundo dos "conteúdos objetivos do pensamento", em especial dos pensamentos científicos.[142] Neste Mundo 3, portanto, se encontraria o universo dos conteúdos objetivos, submetidos à crítica incessante e que não são pautados em qualquer crença ou argumento de autoridade. Estariam situados nesse mundo os sistemas teóricos, sendo que os "habitantes mais importantes desse mundo são os argumentos críticos".[143]

---

[140] XENÓFANES, Cólofon de, B 16, 15, 18, 35 e 34. *In:* DIELS, Hermann; KRANZ, Walther. *Die Fragmente der Vorsokratiker.* 5. ed. 1964. Todas as traduções são de Popper (O mito do referencial. Tradução: Mário A. Eufrásio e Pedro Motta de Barros. *Khronos: revista de História da Ciência,* São Paulo, v. 1, p. 209-241, 2008).

[141] POPPER, Karl. Conhecimento sem autoridade [1960]. *In:* MILLER, David (org.) *Popper:* textos escolhidos. Tradução: Vera Ribeiro. Rio de Janeiro: Contraponto, 2010. p. 49.

[142] *Idem.* Conhecimento subjetivo *versus* conhecimento objetivo [1967]. *In:* MILLER, David (Organização e Introdução). *Popper – Textos Escolhidos.* Tradução de Vera Ribeiro. Revisão de Tradução de César Benjamin. Rio de Janeiro: Contraponto (PUC Rio), 2010. p. 57.

[143] *Ibidem,* p. 58.

No Mundo 3, estaria o conhecimento objetivo, que não estaria sustentado por argumento de autoridade.

Epistemologia em Popper seria uma teoria do conhecimento científico, situado no Mundo 3, que pode perfeitamente ser contrastada com a epistemologia tradicional, que situaria o conhecimento no Mundo 2, ou seja, em um sentido subjetivo: "O conhecimento no sentido do 'eu sei' pertence ao que chamo de Mundo 2, o mundo dos *sujeitos*, o conhecimento científico pertence ao Mundo 3, o mundo das teorias objetivas, problemas objetivos e argumentos objetivos".[144]

Portanto, o conhecimento subjetivo seria o estado da consciência do sujeito, enquanto o objetivo consistiria em "problemas, teorias e argumentos como tais", tratando-se de um "conhecimento sem conhecedor" (...) conhecimento sem um sujeito cognoscente".[145]

O conhecimento subjetivo do Mundo 2 está impregnado do sentido "eu sei", estado mental que não se imiscuiria do Mundo 3.

Uma tese central de Popper acerca da teoria do conhecimento é de que a epistemologia tradicional, concentrada no Mundo 2, é irrelevante para se alcançar o conhecimento científico e, destarte, o conhecimento mais próximo possível da verdade.

É emancipador para a ciência jurídica trabalhar nessa lógica proposta por Popper, já que muito do conhecimento jurídico no curso da história e até na contemporaneidade é entregue, sem qualquer disfarce ou constrangimento, ao estado mental ou da consciência do julgador, ou do sujeito que detenha autoridade.

Há a perpetuação de saberes pressupostos, intuídos, ou fruto de uma crença do "eu sei". Somam-se a esse contexto uma confiança inocente destinada à autoridade e a sua boa-fé, senso de justiça e a "bondade dos bons".

A proximidade da verdade não se encontra na arena dominada pela "filosofia da consciência", onde reside o Mundo 2 de Popper, mas pode ser revelada na ambiência das conjecturas científicas, dos debates científicos e dos argumentos críticos, e "no papel que a evidência desempenha nos argumentos", ou seja, no Mundo 3, que é

---

[144] *Ibidem*, p. 59. Grifo do original.
[145] *Ibidem*, p. 59.

predominantemente autônomo do Mundo 1 e 2, embora aquele mundo possa muito ajudar a esclarecer os outros, mas não o contrário.[146]

Mesmo sendo criado pelo homem, o Mundo 3 é autônomo e nele se insere a linguagem das conjecturas, das teorias, dos argumentos, em um tipo de mecanismo de retroalimentação.[147] Destaquem-se particularmente as funções superiores da linguagem humana, que seriam a função descritiva e a função argumentativa.[148] A função descritiva, inclusive, permite o surgimento da ideia reguladora da verdade, ou seja, da possibilidade de descrição que se amolde e corresponda aos fatos. Já a função argumentativa, que pressuporia a descritiva, corresponde à argumentação crítica, por refutar as descrições das ideias reguladora dos fatos e da verdade.[149]

Nesse contexto, pode-se falar em um Mundo 3 linguístico, em que se oferte o desenvolvimento da problematização (até de forma involuntária) e padrão de crítica racional. Desse mundo autônomo das funções superiores da linguagem (descritivo e argumentativo), notadamente com a crítica própria da função argumentativa, emerge o processo científico, que assim pode ser descrito:[150]

$$P^1 \rightarrow TT \rightarrow EE \rightarrow P^2$$

Esse esquema no Mundo 3 de Popper representa a partida por um problema (P^1), a passagem para uma teoria provisória ou a solução para o problema P^1 (TT), que pode ou não estar errada, contudo, de toda forma, será submetida a uma lógica de testificação e eliminação de erros (EE), que pode consistir em debates críticos ou testes experimentais. Dessa atividade, novos problemas surgem (P^2), os quais sequer são criados intencionalmente, mas emergem autonomamente e devem ser enfrentados criticamente.

---

[146] *Ibidem*, p. 61-62.
[147] *Ibidem*, p. 68.
[148] Para Popper (*ibidem*, p. 69), as línguas humanas compartilham com as linguagens dos animais as duas funções inferiores da linguagem: (1) expressão pessoal e (2) sinalização.
[149] *Ibidem*, p. 69-70.
[150] *Ibidem*, p. 69-71.

Pela crítica racional sistemática, tornam-se possíveis a eliminação do erro e a materialização de uma discussão racional, é dizer, ocorre a "transcendência do eu por meio da seleção e da crítica racional".[151]

A teoria popperiana não descarta a ocorrência do erro ou da falibilidade, inclusive no Mundo 3, mas conjectura que a linguagem (descritiva e argumentativa), as teorias rivais, os problemas que surgem e são formulados e a crítica racional possibilitariam a proximidade com a verdade e com a própria realidade. Essa verdade (então teorizada) não é definitiva, podendo ser eliminada por uma crítica racional e substituída por uma melhor teoria. "Os cientistas procuram eliminar suas teorias falsas, procuram deixar que elas morram no lugar deles. O crente – animal ou humano – perece com suas crenças falsas."[152]

O esquema proposto por Popper ($P^1 \rightarrow TT \rightarrow EE \rightarrow P^2$) opera em uma lógica de eliminação de erros, mediante a crítica racional e consciente. A crítica consiste em buscar a eliminação das aporias, dos erros, das contradições. Somente assim o conhecimento é materializado pelo sentido objetivo, levando ao "crescimento da verossimilhança objetiva: possibilidade de aproximação à verdade (absoluta)".[153]

Rosemiro Pereira Leal fez a transposição das obras de Popper para a ciência jurídica, concebendo a teoria neoinstitucionalista ou neoinstitucional do processo. Esse será o marco teórico que se ofertará à conjecturação da interpretação conforme a Constituição nesta obra.

1.7.3.2 A epistemologia científica do racionalismo crítico e a teoria neoinstitucionalista do processo

A teoria neoinstitucionalista está inserida no Mundo 3 de Popper.[154] A autonomia desse mundo possibilita a instituição de um processo, demarcado por uma teoria linguística, em que se estabeleçam a crítica radical e a testificação incessante da linguagem

---

[151] *Ibidem*, p. 71.
[152] *Ibidem*, p. 72.
[153] *Ibidem*, p. 75.
[154] Cf., em especial: LEAL. *Op. cit.*, 2002; Idem. *A teoria neoinstitucionalista do processo*: uma trajetória conjectural. Belo Horizonte: Fórum, 2013; Idem. *Op. cit.*, 2010.

dos sujeitos interpretantes (sentido amplo e aberto do sistema), para o encontro do conhecimento objetivo da norma jurídica. Esse processo instituído nessas proposições possibilita o conhecimento do direito, em rigor, democrático. Desenvolvem-se, nessas bases, conjecturas e refutações, e não pensamentos e saber pressuposto.

O processo instituído nesse marco do racionalismo crítico refuta quaisquer teorias ou pressupostos que se inserem no Mundo 2 de Popper ou que se amparam na consciência ou no conhecimento subjetivo. Justamente esse argumento de autoridade, que legitima o "eu sei", impregnado de subjetividade, é que manteve e mantém vivo um elevadíssimo grau de protagonismo judicial e confiança irrestrita no saber e nas intenções do julgador. Ademais, há o aprisionamento da subjetividade em teorias que trabalham apenas a linguagem dos mundos 1 e 2, as quais ficam impossibilitadas de ser submetidas à interrogação, sendo facilmente abatidas pelo já citado trilema de Münchhausen na argumentação.

Nessa linha de raciocínio, destaca-se a interlocução de Gresta, relacionado ao erro de empreender qualquer interpretação simultaneamente à aplicação da norma, sempre em situações concretas. É que, nesse raciocínio, a interpretação seria ação do Mundo 2 sobre o Mundo 1, antecipando-se, portanto, as compreensões ao ato de interpretar.[155]

A interpretação em Popper, mais precisamente a compreensão (hermenêutica), seria uma espécie de teoria, que opera com objetos do terceiro mundo, pelo esquema de conjecturas e refutações, sendo seu resultado sempre provisório.[156]

O processo, pelo neoinstitucionalismo processual, seria instituído nesse Mundo 3 e não só pressuporia o alcance da compreensão da norma jurídica como a criaria. Fazendo um paralelo com o "conhecimento objetivo" de Popper, a compreensão ou a hermenêutica seriam dos objetos e da linguagem dos sujeitos interpretantes. "Operamos com esses objetos quase como se fossem objetos materiais". Portanto, o ato subjetivo de interpretar a norma jurídica estaria ancorado no Mundo 3 e, "encarada como

---

[155] GRESTA. *Op. cit.*, p. 158.
[156] POPPER. *Op. cit.*, 1999, p. 157-162.

um objeto de terceiro mundo, a interpretação será sempre uma teoria; por exemplo, uma explicação histórica apoiada por uma corrente de argumentos e, talvez, por evidência documentária".[157] Do contrário, será perenizado o dogma de que os objetos que devem ser compreendidos pertencem ao segundo mundo ou devem ser explicados em termos psicológicos.[158]

Pela teoria neoinstitucionalista, no Mundo 3 de Popper opera o nível instituinte da lei, em que a Constituição, compreendida como uma conquista teórica, se afigura em uma entidade linguística e autônoma em relação ao contexto histórico em que é produzida e às situações concretas que demandam aplicação do direito. É nesse plano que será escolhida e estabilizada a teoria do interpretante, que conduzirá à interpretação da norma jurídica.[159] A hermenêutica, portanto, seria amparada em uma teoria do interpretante cujo sentido já é estabilizado no nível instituinte.

A interpretação jurídica, por ser construída no Mundo 3, autoriza a escolha entre as teorias do processo com maior teor autocrítico-linguístico, e não uma escolha entre teorias do pensamento ou culturais, sociais, ideologias. Dessa escolha, é possível expor a ilegitimidade de decisões e construções da norma jurídica que se amparem em uma racionalidade compatível com a perpetuação da realidade social e do *status quo*, mesmo que estes sejam perversos. Para o autor da teoria:

> (...) todos os que se negam atualmente ao estudo dos fundamentos de nossa linguagem compactuam-se com o pragmatismo da aceitação de uma prática social útil sem indagar os graus de crueldade da estrutura da "rede social" em que estão inseridos e por que prestam adesão a essa "utilidade" social sem conhecer previamente os fins a que se proponha.[160]

De um outro lado, é possível conceber a produção da norma jurídica e das decisões com base em uma nova racionalidade, na ambiência do Mundo 3, mundo criado pelo interpretante, mas autônomo, e que encampe uma teoria compatível com o nível instituinte

---

[157] *Ibidem*, p. 158-159.
[158] *Ibidem*, p. 158.
[159] GRESTA. *Op. cit.*, p. 158.
[160] LEAL. *Op. cit.*, 2010, p. 279.

da Constituição, hábil à condução ao conhecimento objetivo (e, portanto, provisório). Nessa senda, é preciso racionalmente optar por deixar a interpretação do "eu sei", das subjetividades, do que seja consenso na realidade social, nas expectativas individuais e coletivas, para haver possibilidade de ruptura com modos de vida incompatíveis com o direito democrático e, sobretudo, para viabilizar uma retrocarga do Mundo 3 sobre os mundos 1 e 2.[161]

Poder-se-ia apontar uma utopia desse modelo de interpretação cogitado no marco da teoria neoinstitucionalista do processo, mas não seria utópico confiar na ética, na justiça, na bondade, na formação jurídica do julgador, como tem sido feito tão dócil e cegamente pela ciência jurídica?

Cogita-se, portanto, no marco de processo proposto, que os objetos, a faticidade e até as pré-compreensões sejam vertidos na ambiência processual por uma linguagem que incorpore teorias em sua estrutura, as quais serão conjecturadas e refutadas, a exemplo do esquema já citado $P^1 \rightarrow TT \rightarrow EE \rightarrow P^2$. Essas pré-compreensões, aliás, ao revés de se tratar de fundamentos decisórios, passariam a ser objeto de refutação e arguição. O conhecimento da norma jurídica seria descoberto pelo embate de teorias e conjecturas, e não pelo pensamento.

1.7.3.3 O ganho teórico obtido pela hermenêutica isomênica

Na matriz da Teoria Neoinstitucionalista do Processo, Rosemiro Pereira Leal criou a expressão hermenêutica isomênica para teorizar a processualidade democrática de uma igual possibilidade de interpretação da lei para todos. Nesse sentido, todos (interessados, como conjunto de legitimados ao processo, inclusive em um sentido que pode ser aproveitado de Peter Häberle) podem interpretar (construir, destruir, conjecturar, criticar) o sentido da norma jurídica.

Não se trata de considerar a possibilidade de consenso como resultado da ação comunicativa habermasiana. Essa pretensão pode

---
[161] GRESTA. *Op. cit.*, p. 160.

decorrer em uma interpretação igual, que se olvida de interrogar o grau de violência social (e da interpretação jurídica) a ser tolerada para se obter o pretendido consenso.

Uma crítica interessante que poderia ser trazida ao tema do consenso é a formulada por Mathias Kaufmann, no sentido de que aquele que participa do discurso, permeado por uma "ética do discurso" e, com isso, ingressa em uma comunidade comunicacional, pode cometer uma contradição performativa e se desqualificar como participante da discussão.[162] Para Kaufmann, a ética do discurso teria fé em uma racionalidade discursiva universal, podendo se aproximar do despotismo. Afinal, a pergunta que se segue em seu raciocínio é "em que medida é possível haver debates racionais entre participantes não tidos como iguais".[163] Além da desigualdade inerente à comunicação, o que enseja uma "prerrogativa de dominação",[164] também se estaria diante do saber dos participantes pressuposto e acometido por "intuições", as quais são pouco confiáveis e nada precisas. Ademais, os próprios membros de uma "comunidade de argumentantes" podem incorrer em autocontradições, em face das próprias convicções morais.[165]

---

[162] KAUFMANN, Mathias. Discurso e despotismo. In: MERLE, Jean-Christophe; MOREIRA, Luiz (coord.) Direito e legitimidade: escritos em homenagem ao Prof. Joaquim Carlos Salgado, por ocasião de seu decanato como professor titular de teoria geral e filosofia do direito da Faculdade de Direito da UFMG. São Paulo: Landy, 2003. p. 94.

[163] Ibidem, p. 95.

[164] Sobre a "prerrogativa de dominação": "Poderá ainda acontecer que uma classe política dirigente disponha de um saber discursivo e reivindique para si privilégios dali resultantes, um caso que, como se sabe, de modo algum é raro. Temos boas razões por que não aceitamos essas reivindicações, porém essas razões não são pressupostas automaticamente nem logicamente implícitas no fato de falarmos um com o outro, elas não são autoevidentes de modo algum, mas sim o resultado de amargas experiências.
A reivindicação de prerrogativas de dominação, não comprovadas discursivamente e, como tais, de certo modo virtualmente despóticas, através da proximidade com Deus, indica ainda o problema adicional de que a "superação em princípio do egoísmo (...) um certo tipo de autossacrifício", que foi exaltada por Apel é, no discurso, menos ameaçada pelos diabos, sejam ou não racionais, e sim, mais ainda, por uma outra forma de autossacrifício, pretensamente superior. Desse modo, é verdade que é correto quando Habermas considera não realista um abandono completo da "prática comunicativa diária", porém, infelizmente, essa prática não é dominada em todas as suas dimensões, nem mesmo no seu âmbito, que é moral, conforme a autocompreensão dos que nela atuam, pelas pressuposições normativas do discurso racional" (KAUFMANN. Op. cit., p. 103).

[165] De acordo com Kaufmann (op. cit., p. 98-100), "a característica comum às situações, nas quais alguém se desqualifica moralmente através de autocontradição, consiste no fato de alguém reivindicar alta competência moral, mas em seguida infringir relevantemente as normas, por ele próprio estabelecidas ou, ao menos, reconhecidas expressamente".

A isomenia, por sua vez, busca a interenunciatividade popperiana,[166] que é um ponto de partida em que é possível estabelecer um direito igual de interpretação a ser exercido pela crítica, pela conjectura, pela refutação e pela eliminação de erros. Leal é recorrente em advertir que "interpretação igual" é distinto de "igual direito de interpretação".

A interpretação isomênica, no contexto da processualidade democrática, decorre da fruição da liberdade de uso da linguagem teorizada, em suas funções superiores descritivas e argumentativas, a todos os sujeitos interpretantes.[167]

Nessa demarcação linguístico-processual, contraditório, ampla defesa e isonomia apresentam-se como princípios autocríticos que definem o processo como instituição constitucionalizada. Nesse processo, são elementos nucleares a igualdade interpretativa e a crítica, mediante a permanente abertura crítico-argumentativa.

A isomenia hermenêutica, que possibilita a efetiva interpretação por todos da norma, e não retoricamente, tem conexão com a participação democrática, que decorre na ocupação do espaço processual, pela via da refutação e argumentação. Essa ocupação por todos (e "pelo outro") "tem por fim a intervenção no erro-problema, pois aí está a oportunidade de elaborar (enunciar) conjecturas". Esse seria seu fim, e não a obtenção de consenso ou a retratação ou representação da opinião pública.[168] Na sociedade aberta (lógica do sistema aberto e democrático), há a possibilidade de construção normativa pelo método de eliminação de erro, dos argumentos críticos e da refutação.

Para a teoria neoinstitucionalista, é a Constituição escrita uma entidade linguística e o ponto de partida do discurso normativo, estabelecendo que todo sentido normativo (teoria) construído na interpretação encontre na Constituição, novamente, esse ponto de partida e sempre retorno obrigatório.

Compreendida a construção do processo como metalinguagem, busca-se interrogar o sentido e o conteúdo dos enunciados que se reportam a fatos jurídicos criticamente. Não se buscam verdades evidentes, mas concebíveis como produto do não falseamento de

---

[166] LEAL. Op. cit., 2010, p. 186.
[167] Ibidem, p. 186.
[168] ALMEIDA. Op. cit., p. 87.

enunciados e proposições por resistência a testes teórico-críticos, com grande conteúdo informativo. A essa soma de resistência à crítica e conteúdo informativo Popper chama verossimilhança.[169]

Adiante, a construção que se visará empreender e ofertar ao falseamento importará na instituição da norma jurídica e da interpretação conforme pelo processo linguístico-crítico, desenvolvido no que se intitula Mundo 3 de Popper, de forma testificada e aberta aos interpretantes, para se obter o conhecimento objetivo, estabilizando-se o sentido normativo verdadeiramente democrático.

Nesse processo, a linguagem dos fatos, da realidade e até das pré-compreensões é teorizada e exposta à refutação, mas a autonomia desse mundo, em que se busca o sentido normativo, pode possibilitar a verdadeira autonomia do direito e o rompimento com o historicismo, é dizer, com o direito herdado que não erradica a escassez de direitos e da fruição da dignidade humana.

Também será desenvolvido o momento da abertura aos legitimados a interpretar (que não são necessariamente os legitimados processuais); as possibilidades e formas de participação; e a construção decisória da hermenêutica democrática e constitucional a orientar e vincular a interpretação das normas do sistema jurídico.

Portanto, será testificado o instituto da interpretação conforme a Constituição na processualidade democrática, também com as apropriações teóricas de Fazzalari e a noção de abertura do sistema proposta por Häberle. Antes, é importante conhecer seus principais recortes dogmáticos.

1.8 Um "esquema geral" de interpretação conforme provisório. As orientações teóricas até aqui apreendidas

Hipóteses a se conjecturar:
1. Necessidade de interpretação da Lei X para se conhecer o sentido da norma jurídica.

---

[169] POPPER, Karl. Verdade e aproximação da verdade [1960]. *In*: MILLER, David (org.) *Popper: textos escolhidos*. Tradução: Vera Ribeiro. Rio de Janeiro: Contraponto, 2010. p. 189-191.

2. A Lei X comporta mais de uma interpretação possível.
3. Uma das interpretações possíveis tem compatibilidade com a norma constitucional.
4. Uma das interpretações é potencialmente dissonante da norma constitucional.
5. Há espaço de decidibilidade quanto à construção do sentido normativo da Lei.
6. Encontram-se presentes os pressupostos para a instituição da interpretação conforme ou se trata de pressupostos da declaração de inconstitucionalidade?

Superadas as questões:

- Mundo 1: Citar os fatos, a realidade (política, social, econômica), os objetos físicos e estados físicos. Logo, a Lei X.
- Mundo 2: Indicar os estados mentais, da consciência, estados do "eu sei", "provavelmente", "é certo", "é lógico", os pré-julgamentos, o conhecimento pressuposto, as emoções decorrentes do Mundo 1, o senso comum, o historicismo, a pretensão de mudança do futuro. Logo, a percepção acerca da Lei X.
- Mundo 3: Construir os conteúdos objetivos do pensamento. Teorizar pela linguagem crítica e testificada. O esquema $P^1 \rightarrow TT \rightarrow EE \rightarrow P^2$. A busca pelo conhecimento objetivo. A interpretação jurídica e, portanto, a interpretação conforme, se desenvolverá somente nesse Mundo 3. Logo, a teorização sobre a interpretação conforme da Lei X.

A demarcação do Mundo 3. A instituição do processo que constituirá a norma jurídica. O problema que será teorizado: qual é a interpretação democrática da Lei X?

Etapa 1: A busca pela norma jurídica constitucional. A construção do sentido da norma constitucional que orientará a interpretação conforme da Lei X.

Elementos do processo a ser instituído no Mundo 3:
1. A lei democrática que será interpretada (central).
2. Os elementos do Mundo 1 que virão para o processo, do Mundo 3, pela via da linguagem (metalinguagem).
3. Os elementos do Mundo 2 que virão para o processo, do Mundo 3, pela via da linguagem (metalinguagem).

4. Os métodos tradicionais de interpretação vertidos ao processo do Mundo 3 pela linguagem.
5. Abertura ampla aos intérpretes (inclusive grupos minorizados).
6. Linguagem de todos os interpretantes conjecturada, criticada, refutada pelo esquema $P^1 \to TT \to EE \to P$.
7. No curso do processo, interrogada a linguagem: esquema de conjectura e refutação $P^1 \to TT \to EE \to P \to P^1 \to TT \to EE \to P$

$$\to TTa \to EEa \to P^2a$$
$$\to TTb \to EEb \to P^2b$$
$$\to TTc \to EEc \to P^2c$$
$$(\ldots)$$

(Há o desenvolvimento de inúmeras teorias/teses (problemas testificados) como tentativas de resolver o problema.)

8. A resistência à crítica conduz ao conhecimento objetivo (porque construído no Mundo 3). Ou seja, conhece-se o sentido normativo constitucional.

Etapa 2. A busca pela interpretação da Lei X, conforme a norma constitucional da etapa 1.

1. Todo o esquema acima é reproduzido, para instituição de um processo linguístico-crítico, com abertura aos intérpretes, os quais serão dotados de simétrica paridade interpretativa, para a interpretação conforme.
2. Os sistemas diversos e mundos 1 e 2 podem ser vertidos em linguagem no Mundo 3.
3. As teses TT, TTa, TTb, TTc (...) serão criticadas pelos interpretantes, em uma lógica de testificação e eliminação de erro (EE).
4. Ausente o espaço de interpretação – a exemplo da ausência de lei democrática que ampare o sentido da norma jurídica –, em consonância com a norma constitucional, há o encaminhamento processual-democrático (TT pode indicar impossibilidade de interpretação conforme).

5. A linguagem dos mundos 1 e 2 pode, racionalmente, estabelecer TT.
6. O pré-julgamento também pode ser submetido à crítica, assim como o saber pressuposto, o historicismo e a pretensão de um futuro melhor podem estabelecer teses da interpretação TT.
7. O procedimento, em contraditório efetivo, e o saneamento como condição de possibilidade de uma processualização democrática da interpretação conforme serão indicados no que se intitula "esquema geral de interpretação final".

Adiante, retornar-se-á à proposta de processualização da interpretação conforme, mas, decerto, esse projeto epistemológico se enfraqueceria caso fossem esquecidos a exposição histórica do instituto da jurisdição constitucional e o grau de emancipação dos sujeitos direitos, na contemporaneidade, face à decidibilidade do Supremo Tribunal Federal e à exposição teórica da interpretação conforme a Constituição enquanto técnica decisória e sua aplicação pelas Cortes Constitucionais.

CAPÍTULO 2

JURISDIÇÃO CONSTITUCIONAL E INTERPRETAÇÃO CONFORME A CONSTITUIÇÃO

2.1 Um recorte histórico[170]

O Estado de Direito que se deseja verdadeiramente democrático poderia tolerar a discriminação de quaisquer grupos minorizados? Poderia conviver com condutas racistas, misóginas, homofóbicas, sexistas, capacitistas, que excluem, separam ou segregam os sujeitos de direito na fruição de seus direitos existenciais? E com perversas desigualdades econômicas e sociais? Compatibiliza-se com o Estado Democrático de Direito a omissão normativa quanto à garantia de direitos fundamentais e humanos? Leis excludentes e que violentam a dignidade humana e que tolham as liberdades podem ser toleradas em uma democracia?

A jurisdição constitucional está no centro desse debate. O fortalecimento da democracia, que se dá, sobretudo, com a obediência e o respeito irrestritos à Constituição democrática, tem como guardiãs e forças motrizes, ao mesmo tempo, as Cortes Constitucionais.

Eis uma pergunta que se fez no pós-guerra, que, embora hoje se distancie gradativamente da memória coletiva dos povos, há de ser sempre revisitada: Como não haver mais tamanho desrespeito

---

[170] Muito da elaboração deste capítulo deveu-se às apreensões extraídas das brilhantes aulas do Professor Doutor Paulo Gustavo Gonet Branco, na disciplina "Ativismo judicial", do Doutorado de Direito Constitucional do IDP, no ano de 2022.

e violência aos direitos humanos? Como impedir esse massacre de direitos e vidas, em todos os sentidos existenciais, nas próximas gerações? Como respeitar os direitos humanos e existenciais de seus próprios cidadãos?

Nesse contexto histórico, surgiu o fortalecimento dos direitos humanos. Afinal, compreendeu-se que onde houvesse respeito aos direitos humanos, haveria respeito a outros povos e raças. Haveria de se conceber e ver o outro como titular do mesmo patamar de dignidade.

Os direitos fundamentais, portanto, deveriam ser balizas dos governos e de todos os poderes do Estado. Deveriam, em rigor, ser inseridos no maior diploma jurídico de um Estado, que é a Constituição.

Nessa senda, observa-se que a Constituição de Weimar, de 1919, um dos diplomas mais progressistas que se concebeu à época, não impediu o avanço do Estado totalitário. Portanto, não bastaria constar a tutela dos direitos fundamentais, mas dotá-los de efetividade, força vinculante a todos os poderes. Na Constituição de Weimar, esses direitos não eram autoaplicáveis, podendo o Parlamento até suspendê-los. Em 1949, a Constituição Alemã foi conclusiva ao dotar de autoaplicação esses direitos fundamentais.

À época, constatou-se que a noção de supremacia do Parlamento deveria ceder espaço para a supremacia da Constituição, isto é, para a ideia de que está o legislador subordinado à Constituição, que institui e garante os direitos fundamentais e humanos.

Fundante a todo esse arcabouço protetivo e constitutivo de direitos fundamentais é o estabelecimento, seguro, do controle de constitucionalidade, pela jurisdição constitucional. Foge ao recorte desta obra a sua exposição teórica crítica, mas a compreensão geral do sistema de controle de constitucionalidade é importante para a construção da racionalidade do instituto da interpretação conforme.

Nessa lógica, a supremacia da Constituição e a tutela dos direitos fundamentais são concebíveis pelo acerto do controle de constitucionalidade, de competência das Cortes Superiores. Contudo, historicamente, existia na cultura europeia uma certa resistência ao fortalecimento das Cortes Constitucionais. Diferentemente dos Estados Unidos, com o *common law*, houve, em especial na França, muita dificuldade em tirar o controle da constitucionalidade da lei da competência do Parlamento.

Contextualiza-se essa resistência no livro publicado em 1921 por Edouard Lambert, *O governo dos juízes e a luta contra a legislação social nos EUA*,[171] que teria retornado de sua viagem à América, na intitulada "era Lochner", marcada pelo julgamento, em 1905, do caso Lochner *versus* New York, em que a Suprema Corte firmou orientação no sentido de que lei estadual não poderia limitar determinada jornada de trabalho porque isso implicaria ofensa à liberdade de contratar, implícita na cláusula do devido processo legal.[172] Essa cláusula, por sua vez, teria uma vertente adjetiva/processual e outra material, relacionada à tradição do *common law*, impondo-se à lei ser justa para interferir na vida e liberdade das pessoas. Sem esse requisito, a lei que interferisse na liberdade das pessoas seria imprópria. Esse julgamento da Corte Americana demarca um momento sensível do que se intitula ativismo judicial e de um embate entre legislativo e judiciário, nas matérias de cunho social e econômicas. Por esse motivo, a obra de Lambert, em linhas genéricas, menciona o perigo dos juízes para a evolução da sociedade e que juízes americanos é que estariam legislando.

Esse contexto, portanto, justifica uma resistência à jurisdição constitucional e ao controle das leis pelos juízes, na Europa e, em especial, na França.

Contudo, no curso do tempo, esse marco "Lockner", no direito americano, vai se dissipando, a exemplo do que ocorreu com a política de Keynes, em 1929, e seu movimento de maior intervenção do Estado na economia, com o investimento para geração de empregos, lógica contrária ao que a Suprema Corte teria decidido no caso Lochner *versus* New York. Justamente para viabilizar essa maior intervenção do Estado, o então presidente Roosevelt propôs

---

[171] As raízes do tolhimento da análise de constitucionalidade da lei pelos juízes remontam, inclusive, à Revolução Francesa, que é marcada pela soberania do Parlamento. Em 1790, foi publicada uma lei, que vigeu até 1837, em que se deu concretude ao comando de que o Judiciário não criaria direitos, mas aplica a lei. E, toda vez que houvesse alguma divergência entre a aplicação da lei e sua interpretação pelo Tribunal, este deveria suspender o processo, remetendo-o ao Parlamento, para que a Assembleia Nacional dissesse o sentido da norma.

[172] UNITED STATES OF AMERICA. Supreme Court. *Lochner v. New York*, 198 U.S. 45. Washington, DC, 1905.

uma reforma, conhecida informalmente como "Roosevelt's Court Packing Plan", como uma resposta direta à declaração incessante de inconstitucionalidade de leis do New Deal pela Unites States Supreme Court (USSC). Esta reforma viria a aumentar o número de *"justices"* (terminologia adotada para ministros da USSC) na Corte pela primeira vez.

A Suprema Corte americana, então, rendeu-se à política keyseniana, superando as decisões contrárias ao New Deal, notadamente em 1937, no célebre caso West Coast Hotel Co. *versus* Parrish,[173] oportunidade em que a doutrina Lochner foi revista. Nesse sentido, passou-se a declarar a constitucionalidade de leis que encampavam o ideal do Estado do Bem-Estar Social, isto é, se a lei fosse economicamente razoável, não poderia mais ser declarada inconstitucional.

É importante destacar, como fez com ênfase o Professor Doutor Paulo Gustavo Gonet Branco, em suas aulas da disciplina de "ativismo judicial", a importância, até na contemporaneidade, da "nota de rodapé nº 4", lançada na manifestação do juiz Harlan Fisk Stone, no julgamento do caso United States *versus* Carolene Products Co. É que, por essa nota, reivindica-se para a Suprema Corte uma nova atuação. A sua função torna-se mais proeminente quando se trata de proteger os mecanismos democráticos de tomada de decisão das maiorias, de forma que as minorias possam, eventualmente, tornarem-se maioria. Nesse sentido, pela *"footnote four"*, inaugura-se a atuação da Corte Constitucional para assegurar o bom funcionamento do processo democrático, garantindo o direito das "minorias discretas e insulares", que não conseguem ser ouvidas e, também, uma atuação da Corte face à lei ou ao estatuto conflitante com as proteções da Declaração de Direitos.

Hart, em 1980, em seu *Democracia e desconfiança*, desenvolve a *"footnote four"*.[174] A racionalidade que segue é a de que a jurisdição constitucional não tem que criar direitos, mas deve garantir direitos necessários para que haja debate democrático e que minorias sejam

---

[173] UNITED STATES OF AMERICA. Supreme Court. *West Coast Hotel Co v. Parrish*, 300 U.S. 379. Washington, DC, 1937.

[174] ELY, John Hart. *Democracia e desconfiança*: uma teoria do controle judicial de constitucionalidade. São Paulo: Martins Fontes, 2010.

ouvidas na tomada de decisão. A atuação fora dessa demarcação decorreria no ativismo judicial.

Paralelamente a esses excertos do direito americano, é de significativa relevância retornar ao contexto alemão, nas décadas entre e pós-guerra mundial; afinal, em tema de jurisdição constitucional, célebre até os dias atuais é o debate entre Kelsen e Schimitt, o qual Kelsen reconhecidamente sagrou-se vencedor, como bem pontua em suas aulas o Professor Doutor Gilmar Ferreira Mendes.

No início da década de 1930, Schimitt publica o artigo "O guardião da Constituição",[175] entendendo que, por ser a Constituição a alma do povo, quem deveria protegê-la seria o próprio povo por um órgão político, e não um órgão técnico. Schimitt defendia que o Presidente da República teria o poder de representar o povo, decorrendo dessa legitimidade o poder de guarda da Constituição, podendo, inclusive, suspendê-la no estado de exceção. Schimitt era crítico também da democracia parlamentar e dos infindáveis debates travados no parlamento, os quais seriam uma forma de adiar a tomada de decisões. Para ele, o defensor da Constituição deveria ter o apoio popular para enfrentar um parlamento eleito. Nessa senda, declaradamente defendia não ser atividade do juiz avaliar a lei, porquanto acabaria por ter poder normativo.

Kelsen reage publicando o artigo "Quem deve ser o guardião da democracia?".[176] Um dos argumentos de Kelsen é que a Constituição não seria um lugar em que se definem os modos de vida de um povo, a felicidade de um povo, mas metas e compromissos para o seu alcance. Pela Constituição, que seria procedimental, definir-se-ia como se decide o que o povo quer, seu ideal. Ainda, inexistiria uma separação absoluta entre competências dos poderes, não restringindo a política ao parlamento. Reportando-se à própria teoria pura, defende que mesmo a sentença envolveria a criação do direito e o exercício de poder. Nessa lógica, a política comporia a essência do ato decisório, que criaria o direito a partir da lei posta. A norma seria uma moldura, a ser preenchida pelo juiz. Ainda em

---

[175] SCHMITT, Carl. *O guardião da Constituição*. Belo Horizonte: Del Rey, 2007.
[176] KELSEN, Hans. *Jurisdição constitucional*. São Paulo: Martins Fontes, 2007.

Kelsen, as normas de conteúdo da Constituição deveriam ser claras, unívocas, para não haver um inapropriado giro político de poder e para evitar que as Cortes imprimam o conteúdo normativo e, portanto, assumam um papel com maior proximidade ao legislativo.

Pela resposta de Kelsen à Schimitt, a Corte Constitucional teria a função de atuar "como legislador negativo"; eis que haveria a criação do direito pela exclusão de uma norma. Essa é a expressão que frequentemente se utiliza na fundamentação das decisões do Supremo Tribunal Federal, o que mostra a influência da teoria kelseneana no direito brasileiro.

Com o pós-guerra, contemplou-se a vitória de Kelsen nesse debate acerca da tutela da Constituição. As Cortes Constitucionais mundo afora teriam agora a função primordial de defesa da Constituição. E mais (o que traz uma contingência na própria racionalidade do sistema): as Cortes acabariam por tutelar a expansão dos direitos fundamentais, com a construção normativa de direitos fundamentais, fruto até da atividade intelectiva, que é a interpretação do texto normativo, assim como a construção dos princípios jurídicos, e os comandos de otimização, que devem ser aplicáveis o mais abrangente possível.

O sensível é que essas normas constitucionais e principiológicas, em franca expansão como resposta a um período de horror e de restrição à liberdade, amoldam-se, muitas vezes, à noção de vagueza de definição, tal qual criticada pelo próprio Kelsen ao apontar um risco de atuação não desejada da Corte Constitucional no Poder Legislativo.

Com uma abrangência e elasticidade de sentido da norma constitucional, de forma a ser aplicável o mais abrangentemente possível, as Cortes Constitucionais passaram a ter uma atuação notável de definição de valores, em especial no campo social, econômico, humano e de direitos fundamentais. Um exemplo é a apreciação subjetiva do julgador acerca da compatibilidade de dada interpretação normativa com a dignidade humana.

Esse é o momento que se vivenciou com a Constituição da República Federativa do Brasil de 1988: riquíssima normatividade quanto à tutela de direitos fundamentais e humanos, bem como de suas garantias constitucionais. Muito embora haja normas centrais no sistema democrático com sentido biunívoco, as quais devem ser

– e são – postas à entrega da Corte Constitucional para definição de seu sentido, é a própria norma constitucional sendo interpretada "de acordo com a Constituição".

O salto paradigmático da Constituição de 1988 é conclusivo. O fortalecimento da jurisdição constitucional, para defendê-lo e expandi-lo, dando concretude aos direitos fundamentais das minorias insulares, também o é. Sem a jurisdição constitucional, arrisca-se a afirmar que o Estado brasileiro não estivesse no regime democrático.

2.2 Jurisdição constitucional, construção democrática e efetivação de direitos fundamentais e contra majoritários. A instrumentalização da interpretação conforme pela Corte Constitucional

Às Cortes Constitucionais pelo mundo, inclusive o Supremo Tribunal Federal, atribui-se solidamente a defesa da Constituição; todavia, propaga-se a necessidade de critérios técnicos para proceder à interpretação da norma constitucional, mormente quando se consolida a vedação ao *non liqued*, impondo ao Tribunal a solução dos casos postos à sua apreciação. Portanto, isso acontece para que, ao interpretar o texto normativo, encontrando o sentido da norma jurídica, o tribunal constitucional aja, em consonância com sua competência, como "legislador negativo". A ciência jurídica tem se dedicado ao estudo crítico da hermenêutica constitucional, à teoria dos direitos fundamentais e ao tema da construção da decisão jurídica.[177]

Há muita sensibilidade no tema afeto à atuação do Supremo Tribunal Federal e do protagonismo dessa Corte no enfrentamento

---

[177] Citam-se: STRECK, Lenio Luiz. *Verdade e consenso*: Constituição, hermenêutica e teorias discursivas. 4. ed. São Paulo: Saraiva, 2011; Idem. *Hermenêutica jurídica e(m) crise*: uma exploração hermenêutica da construção do direito. Porto Alegre: Livraria do Advogado, 1999; Idem. *Jurisdição constitucional e hermenêutica*: uma nova crítica do direito. Porto Alegre: Livraria do Advogado, 20022; Idem. *Súmulas no direito brasileiro*: eficácia, poder e função. 2. ed. Porto Alegre: Livraria do Advogado, 1998; LEAL. *Op. cit.*, 2002; Idem. *Op. cit.*, 2010; ABBOUD, Georges. *Processo constitucional brasileiro*. 5. ed. São Paulo: Thomson Reuters, 2021.

de teses e pautas constitucionais e na definição de rumos relacionados a matérias essenciais ao Estado Democrático de Direito. Ativismo judicial é uma expressão certa no debate acadêmico e até mesmo corriqueiro e ordinário, quando o assunto é apontar críticas ao exercício das competências constitucionais pelo Supremo Tribunal Federal.

Mas será que o olhar e o debate sobre o papel das Cortes Constitucionais, defronte as competências exercidas constitucionalmente pelo Poder Legislativo, deveriam ser precipuamente atrelados à crítica de eventual invasão de competência, ou de ativismo judicial, somada a uma atuação, em tese, perversa de um legislador negativo?

Em interessante artigo intitulado "Parliamentary supplements (or why democracies need more than parliaments)", Kim Scheppele faz um paralelo entre o parlamento (detentor inato da legitimidade democrática, decorrente das eleições livres e diretas para escolha dos representantes do povo) e a atuação da Corte Constitucional (competente precipuamente para a defesa da Constituição), apontando a "má reputação por serem "contramajoritários" dessas Cortes.

No contexto da constatação de que "as democracias estão na moda hoje em dia", Scheppele afirma que, embora as eleições democráticas sejam essenciais para um governo democrático, não seriam suficientes. E, embora os parlamentos representativos sejam essenciais para esse governo democrático, estes também não seriam suficientes.[178]

As "instituições estatais independentes", as quais seriam representadas por Scheppele pelas Corte Constitucional (ou pelo Banco Central), seriam agentes de um reforço democrático, auxiliando os parlamentos nesse intento, até porque as decisões desses órgãos, cuja legitimidade é constitucionalmente determinada, ao revés de se sustentarem em eleições populares, seriam hábeis ao fornecimento de melhores indicadores quanto ao alcance das pautas democráticas.[179]

Afinal, é justamente em virtude da independência funcional que os tribunais seriam "lendariamente contrademocráticos (ou

---

[178] SCHEPPELE, Kim Lane. Parliamentary Supplements (Or Why Democracies Need More than Parliaments). *Boston University Law Review*, Boston, v. 89, p. 795-826, 2009.
[179] *Ibidem*, p. 803-804.

contramajoritários)". Eles poderiam assim o ser, em especial pelo fato de os juízes e servidores não passarem pelo processo de eleição e exercerem suas funções por tempo mais longo do que os políticos comuns, prescindindo, em princípio, do respaldo da opinião pública. Ou seja, sua dedicação precípua seria – ou deveria ser – à Constituição.[180]

Racionalmente, é possível assentir que os juízes estariam em uma melhor posição para proteger a sobrevivência das instituições democráticas e os direitos das minorias defronte o populismo da maioria. Seriam agentes mais independentes para impor determinadas "políticas", as quais os responsáveis eleitos não teriam a segurança necessária para propor ou votar nessas matérias.

Mas não se olvide de que há uma legítima preocupação, como já se mencionou, com a potencial invasão de competência de um poder sobre o outro ou de serem proferidas decisões "ativistas". A questão deve se resolver com o respeito e as limitações do próprio constitucionalismo, "que é o quadro que permite às instituições democráticas manter o seu carácter democrático face aos desafios antidemocráticos".[181]

Para Scheppele, os tribunais constitucionais – referidos como "novas instituições políticas" – complementariam a capacidade dos parlamentos para responder aos mandatos democráticos. Nesse sentido, essas instituições desempenhariam funções valiosas, que decorreriam no aumento da legitimidade democrática dos governos, atuando em pontos cegos parlamentares ou pautas contramajoritárias.[182]

Interessante notar que as Cortes Constitucionais acabariam auxiliando os parlamentos no cumprimento das tarefas que lhes são atribuídas democraticamente. Embora, a curto prazo, possa parecer que os tribunais constitucionais possam usurpar os poderes dos parlamentares, em verdade, essas instituições possibilitariam, a longo prazo, que os parlamentos operassem com mais integridade como instituições democráticas, materializando a democracia e os direitos constitucionais, inclusive das minorias.

---

[180] *Ibidem*, p. 805.
[181] *Ibidem*, p. 807.
[182] *Ibidem*, p. 811.

A pauta democrática do parlamento seria "propensa ao pânico", porquanto vítima de agendas de curto prazo, em uma visão própria de líderes eleitos que mais se preocupam com as próximas eleições e não olham, necessariamente, para um projeto de futuro. Na verdade, a legitimidade e a estabilidade democráticas exigiriam não apenas soluções de curto prazo, isto é, solução de problemas políticos imediatos, mas exigiriam também uma reflexão a longo prazo sobre o bem-estar geral de um povo e das suas gerações futuras. Para equilibrar a pauta de futuro da população com a pauta a curto prazo, os tribunais constitucionais poderiam propiciar esse "auxílio", relacionado à pauta de direitos do futuro, como substitutos das futuras gerações de eleitores que ainda não estão na cena política.[183]

Nessa linha de raciocínio, se uma lei for considerada inconstitucional, o tribunal a declarará nula. Um tribunal com esses poderes acaba por apoiar os parlamentos, constrangendo-os a tomar medidas que exijam uma visão a mais longo prazo, mesmo que impopulares.[184]

Dessa forma, os tribunais constitucionais auxiliariam o Poder Legislativo na restauração dos compromissos constitucionais que protegem a população a longo prazo, para a frente, para o futuro, e, também, auxiliariam a adotar medidas imediatas contra majoritárias que se fizerem necessárias, dando concretude aos direitos e às garantias fundamentais de uma nação verdadeiramente democrática.

Seja como for, nos dias contemporâneos à escrita deste livro, o mundo passou por uma pandemia e o Brasil, governado por um chefe do Executivo que, até de forma acalorada, defendia o fim de qualquer medida de isolamento ou de compulsoriedade da vacina, foi entregue à ciência, em grande medida, pela atuação constitucional do Supremo Tribunal Federal. Também na atualidade, verificaram-se ataques à democracia e ao sistema de votação eleitoral, instrumentalizados em veículos de propagação em massa da mentira. Também a Corte Constitucional atuou, em

---

[183] *Ibidem*, p. 811-812.
[184] *Ibidem*, p. 817.

especial, na preservação de cláusulas pétreas e da democracia. Outros casos postos à apreciação do Supremo Tribunal Federal, como as questões que envolvem forte opinião pública – a exemplo do aborto, direitos relacionados aos grupos LGBTQIA+, porte de drogas – e para os quais perenemente há a omissão do legislativo em dar pronta resposta, foram enfrentados pelo Supremo, à luz dos direitos fundamentais da pessoa humana.

Por evidente, se essas matérias fundantes ao Estado Democrático de Direito foram e são julgadas pelo Supremo Tribunal Federal, é porque os legitimados a propor ações objetivas assim demandaram. Porque se fez – e se faz – necessário bater às portas da Corte Constitucional para preservação da democracia, da dignidade humana, da vida e da liberdade. Ou porque não se aguenta mais esperar pela tutela legislativa de direitos existenciais e humanos, em especial das minorias. O sofrimento humano haveria e há de ser minorado.

Os acórdãos proferidos pelo Supremo Tribunal Federal, no contexto dessas pautas, são históricos e constituidores do sentido da norma Constitucional.[185] As decisões paradigmáticas proferidas pela Corte têm um olhar para o futuro, visando ao fortalecimento da democracia e à concretização de direitos fundamentais. Invariavelmente, fundamentam-se os votos na interpretação conforme a Constituição, ora como técnica de decidir, ora como princípio ou método de interpretação.

Nesse sentido, muitas vezes se adotando a interpretação conforme, tem sido possível garantir a efetivação de direitos fundamentais e humanos ao sujeito de direito, independentemente de sua posição no espectro múltiplo de formas de se viver. Também se têm tutelado esses direitos, mesmo diante da omissão, muitas vezes constrangedora, de sua tipificação legislativa e, outrossim, repelindo-se qualquer interpretação normativa dissonante dos comandos de vida, liberdade, igualdade jurídica e direito à diferença e a vida humana digna.

Decorre desse raciocínio que é preciso, sim, que a Corte Constitucional esteja vigilante para que, ao revés de atuar como legislador negativo, acabe por determinar um sentido normativo

---

[185] Conferir: BRASIL. Supremo Tribunal Federal. *Coletânea temática de jurisprudência*: direitos humanos. Brasília: STF, 2017. Disponível em: www.stf.jus.br/arquivo/cms/publicacaoPublicacaoTematica/anexo/CTJ_Direitos_Humanos.pdf. Acesso em: 10 jan. 2025.

não desejado pelo legislador, agindo como um legislador positivo, ou em "fraude ao constituinte", expressão do saudoso ministro Sepúlveda Pertence.

Contudo, para integridade do debate, é que se faz relevante apreciar a concretude da democracia, pelo tribunal constitucional, em especial à luz da implementação do sentido normativo de direitos das minorias insulares, muitas vezes não representadas no parlamento ou artificialmente esquecidas, tendo em vista a opinião pública majoritária.[186]

Portanto, o Judiciário não só contribui com o Legislativo, na concretização dos direitos humanos, sociais e econômicos, inclusive em pautas contramajoritárias, tutelando os direitos daqueles não devidamente representados na casa do povo, como tem tido um destacado protagonismo na construção incessante do Estado Democrático de Direito, em patamares de concreção das normas constitucionais e cláusulas pétreas.

Pelo recorte desta obra, há de ser delineada, no espectro das técnicas e métodos postos à decidibilidade do Supremo Tribunal Federal, a da interpretação conforme. Mais adiante, demonstrar-se-á que, pela interpretação conforme, direitos legislados têm sido expandidos a grupos não compreendidos no texto normativo; lacunas normativas, preenchidas; ou mesmo interpretações normativas, declaradas inconstitucionais, ao se determinar dado sentido da norma constitucional.

2.3 Constitucionalidade e inconstitucionalidade: a superação da binaridade pela interpretação conforme

Constitucionalidade e inconstitucionalidade designam conceitos relacionais, entre a Constituição, de um lado, e, de outro,

---

[186] Nessa linha de raciocínio, não se descura que o próprio legislativo, no Brasil, tem reforçado os "poderes normativos" do Supremo Tribunal Federal. Pela Emenda Constitucional nº 45, por exemplo, legislou-se sobre o instituto da Súmula Vinculante, atribuindo-lhe forte conteúdo próprio de um preceito normativo. É que a concentração de poderes normativos pelo Supremo não conduz, necessariamente, ao ativismo, embora o propicie.

um comportamento que lhe está ou não conforme, que com ela é ou não compatível, que cabe ou não no seu sentido.[187] Como observa Gilmar Ferreira Mendes, trata-se de uma relação de caráter normativo e valorativo, e não de uma relação lógica ou intelectiva.[188] Segundo, ainda, Mendes, foi Rui Barbosa, talvez, quem primeiro percebeu que a sanção à violação da Constituição integraria o próprio conceito de inconstitucionalidade. A nulidade, no caso, é a sanção pela declaração de inconstitucionalidade da norma ou do ato normativo. A ausência de sanção retiraria o conteúdo obrigatório da Constituição, convertendo o conceito de inconstitucionalidade em simples manifestação de censura ou crítica.[189]

Nessa senda, os conceitos de constitucionalidade e inconstitucionalidade não traduzem apenas a noção de conformidade ou inconformidade com a Constituição. Seria constitucional, reportando-se à expressão de Bittar, o ato que não incorrer em sanção, por ter sido criado por autoridade constitucionalmente competente e sob a forma que a Constituição prescreve para a sua perfeita integração; inconstitucional será o ato que incorrer em sanção – de nulidade ou de anulabilidade – por desconformidade com o ordenamento constitucional.[190]

A seção 1.3.2.3 desta obra, ao constatar a abertura do sistema jurídico, bem como o rompimento de dogmas, tal qual a completude do ordenamento jurídico e a ausência de lacunas, reforçou o entendimento de dever haver a superação do modelo binário do direito, a exemplo da constitucionalidade e da inconstitucionalidade como únicas hipóteses decisórias. É que decorreria da complexidade do mundo da vida, da existência humana, dos fatos, da linguagem, da subjetividade de cada sujeito interpretante e de nada escapar da interpretação a insubsistência do modelo jurídico da existência de um código binário, ou seja, se A for "certo", B seria "errado"; se C for "lícito", D seria "ilícito", e assim por diante.

---

[187] MIRANDA, Jorge. *Manual de direito constitucional*: inconstitucionalidade e garantia da Constituição. Coimbra: Coimbra Editora, 2001. p. 273-274. Tomo 6.
[188] MENDES; BRANCO. *Op. cit.*, p. 576.
[189] *Ibidem*, p. 576.
[190] BITAR, Orlando. A lei e a Constituição. *In*: BITAR, Orlando. *Obras completas de Orlando Bitar*. Rio de Janeiro: Renovar, 1996. p. 477. v. 1.

Na obra *Modernidade líquida*, Bauman defende a passagem da modernidade pesada, sólida, para uma modernidade leve, líquida, infinitamente mais dinâmica, pois, no agora, homens e mulheres buscam a liberdade para se autodeterminarem, pensarem e agirem por si mesmos. Nessa lógica, a "modernidade pesada/ sólida/condensada/sistêmica" seria tendenciosa ao totalitarismo, à sociedade totalitária da homogeneidade compulsória, imposta e descrevendo um destino único. Essa modernidade, ainda, seria inimiga da contingência, da variedade, da ambiguidade, da instabilidade, da idiossincrasia, tendo declarado guerra a todas essas anomalias.[191]

Os ícones da última modernidade, segundo Bauman, seriam a "fábrica fordista", que reduzia as atividades humanas a movimentos simples, rotineiros, predeterminados, sem envolver as faculdades mentais e excluindo toda a espontaneidade e iniciativa individuais.

Também, citando Max Weber, seria a "burocracia", em que as identidades e os laços sociais eram pendurados no cabide da porta da entrada junto aos chapéus, guarda-chuvas e capotes, de tal forma que somente o comando e os estatutos poderiam dirigir, incontestados, as ações daqueles de dentro enquanto dentro estivessem.

O "panóptico", com suas torres de controle, seria outro marco da modernidade sólida. Os internos nunca podiam, nesse modelo, contar com eventuais lapsos de vigilância dos supervisores – assim como o "Grande Irmão" que nunca cochilaria, sempre atento e pronto para punir os infiéis e premiar os fiéis.

Para Bauman, em retrospecto, na era da modernidade líquida, há a hospitalidade à noção de crítica pela sociedade.[192] Essa teoria crítica pretendia – e pretende – desarmar e neutralizar (ou eliminar, se possível) a tendência totalitária de uma sociedade que se supunha sobrecarregada de inclinações totalitárias perenemente. "O principal objetivo da teoria crítica era a defesa da autonomia, da liberdade de escolha e da autoafirmação humanas, do direito de ser e permanecer diferente".[193] Nesse sentido, a teoria crítica via

---

[191] BAUMAN, Zygmunt. *Modernidade líquida*. Rio de Janeiro: Zahar, 2001. p. 36-37.
[192] *Ibidem*, p. 35.
[193] *Ibidem*, p. 37.

libertação do indivíduo das garras da rotina, da burocracia ou do apetite totalitário, homogeneizante e uniformizante da sociedade, como o "último ponto da emancipação e o fim do sofrimento humano – o momento da missão cumprida".[194]

Velhos medos foram afastados do palco, mas novos medos advieram, com o surgimento da "liberdade" imune a quaisquer ameaças. Em Bauman, a sociedade que entra no século XXI não seria menos moderna do que a que entrou no século XX, mas seria moderna de um modo diferente, posto que, agora, o que a distinguiria da outra modernidade seria a "compulsiva e obsessiva, contínua, irrefreável e sempre incompleta modernização".[195] Hoje, ser moderno significaria ser incapaz de parar ou de ficar parado. Não se conhecem mais os limites ao aperfeiçoamento além das limitações dos dons herdados pelos indivíduos e dos recursos, coragem e determinação. O movimento não seria mais como um "adiamento da satisfação", como sugeriu Weber, mas por causa da "impossibilidade de atingir a satisfação". A consumação estaria sempre projetada no futuro. Enfim, ser moderno significa estar sempre à frente de si mesmo, em um estado de constante transgressão, e significa ter uma identidade que só pode existir como projeto não realizado.[196]

Desse contexto, haveria a realocação do discurso ético e político do quadro da "sociedade justa" para o dos "direitos humanos", isto é, jogando-se luz ao direito de os indivíduos permanecerem diferentes e de se autodeterminarem, escolhendo seus próprios modelos de felicidade e de modo de vida.[197]

Nessa linha de raciocínio, não se descura de um certo "paradoxo da liberdade", alcançado nessa passagem para a modernidade do século XXI, desde a dificuldade de se idealizar uma "ação em conjunto" ou "causa em comum", em que são compartilhadas as queixas individuais, até outro obstáculo, como já mencionado por Tocqueville, relacionado à libertação das pessoas, que poderia torná-las indiferentes. Esse autor sugeriu que

---

[194] *Ibidem*, p. 38.
[195] *Ibidem*, p. 40.
[196] *Ibidem*, p. 40-41.
[197] *Ibidem*, p. 42.

o indivíduo seria o pior inimigo do cidadão. O cidadão buscaria seu próprio bem-estar através do bem-estar da cidade, enquanto o indivíduo tenderia a ser morno e cético em relação à "causa em comum ou à sociedade justa".

Afinal, qual seria o sentido da "causa em comum" senão permitir a satisfação dos próprios interesses pelo indivíduo? Para Bauman, o que quer que os indivíduos façam quando se unem, eles perceberão como limitação à sua liberdade de buscar o que quer que lhes pareça adequado separadamente. Conclusivamente, o outro lado da individualização parece ser a corrosão da cidadania, e, se a individualização anuncia problemas para a cidadania e para a política nela fundada, é porque a preocupação dos indivíduos "enquanto indivíduos" ocupa todo o espaço público, afirmando-se como seus únicos ocupantes legítimos. O público, nessa senda, acaba sendo colonizado pelo privado.[198]

A contemporaneidade situa-se, em tese, na "individualização" do indivíduo e no surgimento crescente de pessoas buscando a "liberdade". Traz, outrossim, a tarefa de enfrentar as consequências de um abismo entre o direito à autoafirmação e as situações e causas sociais. Talvez essa seja grande contradição da modernidade fluida de Bauman, mas que, por uma reflexão crítica e uma teorização incessante, seja possível encontrar uma existência pacificada entre o bem-estar privado e o público.

Pensa-se que a passagem do direito para essa "nova" modernidade pode ser marcada pela Constituição de 1988, com a democratização do país e o estabelecimento de um forte espectro de direitos e garantias fundamentais, aos sujeitos de direitos, com a proibição de discriminação em todos os sentidos e a tutela das liberdades humanas.

Nesse contexto de transformação, para se garantir as liberdades individuais e concretizar os ganhos sociais e humanos, já líquidos e certos pela norma constitucional, destaque-se a genialidade do modelo de gestão, intitulado "administração solidária", inaugurado por Altair Vilar, afeto ao sistema socioeconômico, que rompe com as contradições da pós-modernidade citadas por

---

[198] *Ibidem*, p. 49-51.

Bauman, ao tutelar a liberdade e o crescimento econômico, em uma lógica mercadológica marcada pelo ganho como consequência da atividade, e não como seu objetivo. Um dos pilares desse modelo seria o suprimento das necessidades humanas, por uma precificação mínima e desvinculada de um comparativo da média do mercado. Trata-se de um modelo paradigmático de gestão, na medida em que se materializa a pretendida existência pacífica entre as liberdades econômicas e individuais, com as reivindicações e demandas sociais. A solidariedade,[199] nesse modelo de gestão, é o elemento instituidor e constituidor de um impactante progresso econômico e social.[200] No sistema jurídico, é tempo de se teorizar, visando à conciliação entre as liberdades e direitos pessoais e sociais, que se posicionam, ideologicamente, em lados opostos, criando um pernicioso ambiente de violência simbólica (às vezes, físico) entre as pessoas, sujeitos de direitos. Contudo, acredita-se, diante da complexidade do mundo da vida e de suas múltiplas formas de existência, que é possível um modelo teórico que resolva o dilema, pondo fim à imaginária tensão e, por que não, criando uma existência conciliadora entre o espectro de direitos individuais e sociais.

A interpretação da norma constitucional deve capturar essa realidade fluida e, também, ser compromissada com o projeto de futuro, como já sistematizado. A concepção atual da sociedade, ao menos sob a ótica daquela retratada em Bauman, sugere a insuficiência de um modelo binário de constitucionalidade e inconstitucionalidade da norma, dadas as múltiplas formas de se viver e de como se quer viver, seja em um espaço do indivíduo, em sua individualidade, ou em uma ação conjunta, isto é, em uma causa comum aos indivíduos, igualmente livres e titulares de direitos.

---

[199] Vilar enfatiza, em sua obra, a diferença entre caridade e solidariedade, esta última pautando, em sua acepção ampla e livre de demagogia, o seu modelo de administração solidária. Nesse sentido, não se trata de dar algo ou suprir necessidades, pontualmente, de quem se encontra em situação de falta, negação ou escassez, marca da caridade, mas sim de propiciar os ganhos patrimoniais e sociais de forma perene e estabilizadora, de agregar dignidade ao capital humano e da comunidade em que se insere a empresa gerida pela administração solidária. Vislumbra-se, nesse modelo de gestão, a transformação da realidade local, porquanto aliada a um processo de humanização de todos os impactados pela atividade empresarial.
[200] Para melhor compreensão, ver: VILAR, Altair. *Administração solidária*: o modelo de gestão todos por todos. Ipatinga, MG: Mara Investimentos e Participações, 2023.

Remete à "primeira modernidade", ou àquela tida por pesada ou sólida, o ajuste das matérias jurídicas sob o crivo do justo *versus* injusto; correto *versus* incorreto; legal *versus* ilegal; e, portanto, constitucional *versus* inconstitucional.

A "fábrica fordista" deu espaço a diversos modos de trabalho, inclusive à construção da inteligência artificial. A "burocracia" existe, mas se propaga dever ser o indivíduo disruptivo e criativo nos processos de criação. O "panóptico" e o "Grande Irmão" cederam lugar à sociedade do cansaço, descrita por Byung-Chul Han, e à violência neuronal, que tornou os próprios indivíduos vigilantes constantes de uma produção altamente numerosa.

A sociedade posta interage com o sistema jurídico, deveras aberto a outros sistemas. Não se afirma, hoje, o dogma da nulidade com idêntica convicção de outrora. A disciplina revela que os efeitos da declaração de inconstitucionalidade pelo constituinte austríaco (1920-1929) e os desenvolvimentos posteriores do tema no direito constitucional de diversos países tendem a recomendar a relativização dessa concepção unitária de inconstitucionalidade.[201]

J. J. Gomes Canotilho observa que doutrina e jurisprudência se conduziram para construções mais complexas relativamente às sanções aplicáveis aos atos desconformes à Constituição, vindo a se desenvolver, pouco a pouco, a técnica das sentenças intermediárias, que não se conduziriam ao modelo binário inconstitucionalidade/constitucionalidade.[202] É que declarar a lei ou o ato normativo inconstitucional revela consequências pouco adequadas em determinadas situações, o que Canotilho designou como "situações constitucionais imperfeitas", que exigiriam um tratamento diferenciado, não necessariamente o da declaração de nulidade absoluta.

Gilmar Ferreira Mendes, ao demarcar a experiência da Corte Constitucional alemã e austríaca, elucida que podem-se verificar diversas variantes de declaração de nulidade, até porque se deve considerar que a declaração de nulidade pode incidir sobre a norma, parte da norma ou determinado âmbito de aplicação da norma: "Declaração de nulidade como unidade técnica; Declaração de

---

[201] CANOTILHO, José Joaquim Gomes. *Direito Constitucional e Teoria da Constituição*. 7. ed. São Paulo: Almedina, 2003. p. 949.
[202] *Ibidem*, p. 957.

nulidade total; Declaração de nulidade nos termos do parágrafo 78, 2º período, da Lei Orgânica da Corte Constitucional; Declaração de nulidade parcial".[203]

A "interpretação conforme a Constituição" vem salvando de inconstitucionalidade a legislação posta, em consonância com sua presunção de constitucionalidade e com a força do sentido da norma constitucional sobre todo o ordenamento jurídico.

Em sentido amplo, como defendido por Rui Medeiros, a interpretação conforme não se restringe ao significado de que, entre duas interpretações possíveis, deve-se optar por aquela que torna a norma compatível com a Constituição. A interpretação conforme também se justifica quando nenhuma das interpretações possíveis da lei conduz à inconstitucionalidade. Nesse sentido, mais que um princípio especial conexo com a fiscalização da constitucionalidade das normas legais, a interpretação conforme seria um princípio-regra de aplicação da lei em geral.[204]

Na contemporaneidade, em que o sistema jurídico é posto à tarefa de construção normativa e de seu sentido, no contexto de um sistema social complexo, fluido e em constante mudança, a interpretação conforme, enquanto técnica de interpretação, representa um instrumento normativo "flexível" de interpretação e aplicação. Adiante, serão indicados acórdãos paradigmas do Supremo Tribunal Federal, que revelam essa flexibilidade e renúncia ao formalismo ou mesmo a característica de "técnica camaleão", como Rui Medeiros veio a intitular a interpretação conforme.

2.4 As decisões "interpretativas": inconstitucionalidade parcial sem redução de texto, as decisões manipulativas e a interpretação conforme – semelhanças e diferenças

Na lógica da superação do modelo dual ou binário, relacionado ao juízo de constitucionalidade ou inconstitucionalidade, Carlos

---
[203] MENDES. *Op. cit.*, 2014, p. 198.
[204] MEDEIROS. *Op. cit.*, p. 290.

Blanco de Morais diferencia decisões de acolhimento simples e decisões com caráter intermediário ou manipulativo. As primeiras implicam a eliminação de uma norma inconstitucional, e as segundas modelam o sentido ou os efeitos da norma submetida a julgamento.[205]

Decisões com caráter intermediário ou manipulativo poderiam ser expostas na seguinte tipologia: (i) decisões que modulam a eficácia temporal e do direito que é objeto do julgamento; (ii) decisões interpretativas condicionais; (iii) decisões com efeitos aditivos e; (iv) decisões manipulativas de componente apelativo.[206]

Especificamente em relação às decisões interpretativas, Blanco de Morais destaca que o texto ou a disposição impugnada é salva, seja mediante a adoção de uma interpretação compatível com a Constituição ou através da rejeição de uma interpretação.[207] Essas decisões poderiam ser divididas em interpretação conforme a Constituição e inconstitucionalidade parcial qualitativa. Em comum, elas atingem o significado do documento normativo, não o documento normativo em si, determinando quais interpretações são válidas e quais não o seriam, em relação a um preceito normativo. Contudo, a interpretação conforme seria uma sentença de rejeição (não inconstitucionalidade), a segunda seria uma decisão de acolhimento (inconstitucionalidade).[208]

A inconstitucionalidade parcial sem redução de texto (ou decisão manipulativa redutiva) pode ser compreendida como a declaração de inconstitucionalidade de determinada aplicação da lei, com a manutenção de seu dispositivo.[209]

A diferença primordial entre interpretação conforme a Constituição e declaração de nulidade parcial sem modificação do texto consiste, segundo Virgílio Afonso da Silva, no fato de que a primeira, ao pretender dar um significado ao texto legal que seja compatível com a Constituição, insere-se no âmbito da interpretação

---

[205] MORAIS, Carlos Blanco de. *Justiça Constitucional*. Coimbra: Coimbra Editora, 2005. p. 259-261. Tomo II.
[206] *Ibidem*, p. 271-272.
[207] *Ibidem*, p. 269.
[208] *Ibidem*, p. 376-377.
[209] MENDES; BRANCO. *Op. cit.*, p. 725.

da lei, enquanto a nulidade parcial sem redução de texto insere-se no âmbito da aplicação, pois pretende excluir alguns casos específicos da aplicação da lei.[210]

O autor, ainda, ao destacar a forte influência do instituto pelo direito alemão,[211] evidencia, quanto à competência, em especial pelo sistema concentrado, como o alemão, que os juízes em geral não teriam competência para declarar a nulidade de uma lei, pois essa é uma competência exclusiva do tribunal constitucional. Nesse sentido, em regra, aos juízes competiria fazer a interpretação conforme a Constituição, por não poderem declarar a nulidade parcial.[212]

Tratando-se do controle de constitucionalidade existente no Brasil, Silva entende que aos juízes e tribunais brasileiros, no exercício do controle incidental de constitucionalidade, também não competiria decidir pela nulidade, total ou parcial, com ou sem modificação do texto de uma lei. É que a competência para declaração da nulidade de uma lei, no todo ou em parte, é, também no sistema brasileiro, exclusiva do Supremo Tribunal Federal, sendo que os outros juízos poderiam simplesmente deixar de aplicar uma lei a um caso concreto caso entendam que ela seja inconstitucional.[213] Quanto a essa questão, a Súmula 10 do STF é conclusiva quanto à violação da cláusula de reserva de plenário (CF, art. 97) por uma "decisão de órgão fracionário de tribunal que, embora não declare expressamente a inconstitucionalidade de lei ou ato normativo do Poder Público, afasta sua incidência, no todo ou em parte".[214]

---

[210] SILVA, Virgílio Afonso da. Interpretação conforme a constituição: entre a trivialidade e a centralização judicial. *Revista Direito GV*, v. 2, n. 1, p. 191-210, 2006.
[211] Para aprofundamento da jurisdição constitucional alemã, cf. MENDES. *Op. cit.*, 2014.
[212] *Ibidem*, p. 200.
[213] *Ibidem*, p. 201.
[214] Quanto à possibilidade de outros Tribunais declararem a inconstitucionalidade sem redução de texto, oportuno é o seguinte julgado: *Declaração de inconstitucionalidade parcial sem redução de texto.* (...). VIOLAÇÃO À SÚMULA VINCULANTE 10. OCORRÊNCIA. ARTIGOS 4º E 5º DA LEI 11.442/2007. REDUÇÃO INTERPRETATIVA REALIZADA POR ÓRGÃO FRACIONÁRIO. CONTROLE DIFUSO DE CONSTITUCIONALIDADE. TÉCNICA DECISÓRIA DENOMINADA DECLARAÇÃO DE INCONSTITUCIONALIDADE PARCIAL SEM REDUÇÃO DE TEXTO. (...). 1. Na hipótese dos autos, a Justiça Laboral reconheceu o vínculo trabalhista entre as partes, afastando o teor da Lei 11.442/2007. Ao realizar essa redução interpretativa, o órgão fracionário do Tribunal Regional do Trabalho da 17ª Região exerceu o controle difuso de constitucionalidade e utilizou a técnica decisória denominada declaração de inconstitucionalidade parcial sem redução de texto, pela qual o intérprete declara a inconstitucionalidade de algumas interpretações

A interpretação conforme, para Virgílio Afonso da Silva, como uma primeira diferença metodológica, seria uma técnica de interpretação, e a inconstitucionalidade parcial seria o resultado do controle de constitucionalidade. Nessa linha de raciocínio, indagar-se-ia se esse não seria o resultado da interpretação conforme. Contudo, quanto a uma segunda diferença metodológica, a interpretação conforme não teria como resultado excluir casos ou destinatários da aplicação da norma, enquanto esse é o resultado, *a priori*, da declaração de nulidade parcial sem modificação de texto. Assim, a declaração de nulidade não preserva a lei mudando seu significado, mas excluindo sua aplicação para determinados casos ou destinatários. Nesse sentido, demarca-se a terceira diferença metodológica, de a nulidade parcial não se referir à definição de conteúdo da norma, mas à sua aplicação em concreto. Já a interpretação conforme teria como objetivo evitar, em abstrato, a inconstitucionalidade de uma norma. Por fim, a quarta diferença relaciona-se à fundamentação da interpretação conforme e da declaração de nulidade sem redução de texto. Aquela seria uma decorrência da presunção de constitucionalidade das leis e do respeito à obra do legislador, embora questionável, conforme pensa Silva. Esse não poderia ser o fundamento também de uma declaração de nulidade, ainda que parcial.[215]

Um ponto que sensibiliza a noção conceitual da interpretação conforme e da declaração de nulidade sem redução de texto é que, mesmo se entendido estar a decisão de inconstitucionalidade na ambiência da "aplicação" da lei, essa tarefa não a retira do espaço da interpretação, conferido à interpretação conforme. Para aplicar a lei em determinados casos e para determinados sujeitos, excluindo outras situações, posto que passíveis de um estado

---

possíveis do texto legal, sem, contudo, alterá-lo gramaticalmente, ou seja, censurou uma determinada interpretação por considerá-la inconstitucional. 2. Embora não tenha declarado expressamente a inconstitucionalidade incidental, o órgão fracionário do Tribunal Regional do Trabalho da 17ª Região afastou a aplicação da Lei 11.442/2007, exercendo, portanto, o controle difuso de constitucionalidade sem aplicação do artigo 97 da CF, o que viola o enunciado da Súmula Vinculante 10, por desrespeito à cláusula de reserva de Plenário. [Rcl 28.848 AgR, rel. min. Marco Aurélio, red. p/ o ac. min. Alexandre de Moraes, 1ª T, j. 08.06.2020, DJE 156 de 23.06.2020.]

[215] *Ibidem*, p. 201-202.

de inconstitucionalidade, é preciso interpretar e construir, pela atividade intelectiva que é a interpretação do texto da lei, o sentido da norma jurídica. A partir dessa interpretação é que se considera inconstitucional apenas determinada hipótese de aplicação da lei, mantendo-se o seu programa normativo.[216]

Em relação às decisões manipulativas, sua compreensão atrela-se ao entendimento de que o julgador não se limitaria a declarar dada inconstitucionalidade, mas também a modificar o ordenamento com o objetivo de harmonizá-lo com a Constituição. Consoante apontamento de Mendes e Gonet Branco, a doutrina italiana considera manipulativa a decisão em que "o órgão de jurisdição constitucional modifica ou adita normas submetidas a sua apreciação, a fim de que saiam do juízo constitucional com incidência normativa ou conteúdo distinto do original, mas concordante com a Constituição".[217]

É verdade, trata-se de uma definição problemática, embora tecnicamente correta, já que há uma imprecisão sobre o significado e a extensão e o alcance da possibilidade de modificação do ordenamento para torná-lo concordante com a Constituição.

As decisões manipulativas podem ser aditivas e substitutivas. As aditivas agregam, somam conteúdo ao preceito sem alterar o texto e são associadas a omissões inconstitucionais. Nesse sentido, pela decisão manipulativa aditiva, verifica-se a declaração de inconstitucionalidade pela Corte de certo dispositivo legal não pelo que expressa, mas pelo que omite, havendo o alargamento do texto da lei ou seu âmbito de incidência.[218]

---

[216] Essa compreensão é bem descrita no entendimento adotado pelo Supremo Tribunal Federal, que bem expressa a técnica da declaração de inconstitucionalidade sem redução de texto na ADI nº 319. "Exame das inconstitucionalidades alegadas com relação a cada um dos artigos da mencionada Lei. Ofensa ao princípio da irretroatividade com relação à expressão 'março' contida no parágrafo 5º do artigo 2º da referida Lei. Interpretação conforme a Constituição aplicada ao 'caput' do artigo 2º, ao parágrafo 5º desse mesmo artigo e ao artigo 4º, todos da Lei em causa. Ação que se julga procedente em parte, para declarar a inconstitucionalidade da expressão 'março', contida no parágrafo 5º do artigo 2º da Lei nº 8.039/90, e, parcialmente, o 'caput' e o parágrafo 2º do artigo 2º, bem como o artigo 4º, os três em todos os sentidos que não aquele segundo o qual de sua aplicação estão ressalvadas as hipóteses em que, no caso concreto, ocorra direito adquirido, ato jurídico perfeito e coisa julgada". ADI nº 319, rel. Min. Moreira Alves, DJ de 30.04.1993, p. 7.563.

[217] MENDES; BRANCO. *Op. cit.*, p. 729. Citam: GUASTINI, Riccardo. *Lezioni di teoria costituzionale*. Torino, Itália: G. Giappichelli, 2001. p. 222.

[218] *Ibidem*, p. 729.

Um exemplo dessa decisão seria a da ADPF nº 54, de relatoria do Ministro Marco Aurélio, que discutia a constitucionalidade da criminalização de fetos anencéfalos. Como não era possível constatar das proibições dos arts. 124 e 126 e das permissões do art. 128 que o aborto de feto anencefálico não era crime, haveria uma clara contrariedade às normas constitucionais. O Supremo Tribunal Federal, então, atuou de forma criativa, acrescentando mais uma excludente de punibilidade ao crime de aborto.

No entendimento de Mendes e Gonet Branco, ao decidir pela procedência da ação, conferindo interpretação conforme os arts. 124 a 128 do Código Penal, o Tribunal proferiu uma típica decisão manipulativa com eficácia aditiva em matéria penal,[219] embora seja necessário ressaltar que, diante da controvérsia sobre o conceito de "vida", em tese, foi correta a utilização da interpretação conforme, como será enfrentado no tópico seguinte.

As decisões manipulativas têm tido ascendência em diversas jurisdições constitucionais, como da Itália, Espanha e Portugal[220] e, também, do Brasil. Augusto Martín de la Vega compreende que a intensificação desses modelos decisórios deve-se à presença de uma Carta política programática e desenvolvimentista, somada à permanência de um ordenamento jurídico-positivo com alguns resquícios autoritários e à ineficiência da resposta do Legislativo, em tempo adequado, acerca das exigências de conformação do ordenamento preexistente ao novo regime constitucional.[221]

A jurisprudência do Supremo Tribunal Federal tem se utilizado da técnica decisória manipulativa aditiva para efetivação de direitos fundamentais, em especial em casos de omissão parcial que revele uma deficiência da norma. Destarte, pode-se entender que as decisões manipulativas teriam a finalidade de lidar com omissões constitucionais. À Corte impõe-se tutelar essas situações, concretizando a norma constitucional e o amplo espectro de direitos fundamentais.

Nas manipulativas com efeitos substitutivos, por sua vez, há a declaração pelo juízo constitucional da inconstitucionalidade

---

[219] *Ibidem*, p. 729.
[220] Cf. MORAIS, Carlos Blanco de (org.) *As sentenças intermédias da justiça constitucional*. Lisboa: AADFL, 2009. p. 113-115.
[221] VEGA, Augusto de la. *La sentencia constitucional en Italia*. Madrid: Centro de Estudios Políticos y Constitucionales, 2003. p. 229-230.

da parte em que a lei estabelece determinada disciplina em vez de outra e, ato contínuo, substitui-se a disciplina advinda do Poder Legislativo por outra, em compatibilidade com a norma constitucional.[222] Segundo Mendes e Gonet Branco, um exemplo da técnica manipulativa com efeitos substitutivos encontra-se no julgamento da ADI-MC 2.332/DF, de relatoria do Ministro Moreira Alves, ocasião em que o Supremo Tribunal Federal, vencido no ponto o Relator, decidiu pela suspensão, no art. 15-A do Decreto-Lei nº 3.365/41 (introduzido pelo art. 1º da Medida Provisória nº 2.027-43, de 27 de setembro de 2000), da eficácia da expressão "de até seis por cento ao ano" para dar, ao final do *caput* do art. 15-A, interpretação conforme a Constituição, de que a base de cálculo dos juros compensatórios seria a diferença eventualmente apurada entre 80% do preço ofertado em juízo e o valor do bem fixado na sentença.

A seguir, enfrentam-se os aspectos teóricos da interpretação conforme a Constituição. Até aqui, depreende-se a ausência de uma definição precisa sobre os institutos dessa técnica de interpretação e das decisões de inconstitucionalidade sem redução de texto, cotejadas com as decisões manipulativas, diferenciando-os de forma conclusiva. Em especial, aborda-se a diferença entre interpretação e aplicação da norma, que nem sempre é bem enfrentada nos tribunais.

---

[222] MENDES; BRANCO. *Op. cit.*, p. 729.

CAPÍTULO 3

INTERPRETAÇÃO CONFORME A CONSTITUIÇÃO

3.1 Noções dogmáticas da interpretação conforme a constituição: natureza, fundamento e pressupostos

É possível fazer uma correlação entre o fim da Segunda Guerra Mundial, a força da jurisdição constitucional para contenção dos horrores das violações perversas a direitos humanos e fundamentais[223] e, por derradeiro, o fortalecimento da utilização da interpretação conforme a Constituição, ora como método, ora como técnica de decidir ou de interpretar. Em geral, os métodos de hermenêutica constitucional foram e são continuamente aprimorados, na medida em que necessária é a conformação hermenêutica das disposições constitucionais.

Para Lenio Steck, esse foi um contexto, intitulado viragem linguística, que remonta à superação do modelo interpretativo sujeito-objeto pela relação sujeito sujeito. Teria havido um redimensionamento da relação do homem com a sociedade e, por conseguinte, com os textos, gerando, nessa lógica, a necessidade de aprimorar e desenvolver novas técnicas de interpretação.[224]

---

[223] CAPPELLETTI, Mauro. El "formidable problema" del control judicial y la contribución del análisis comparado. *Revista de Estudios Políticos*, n. 13, p. 76, 1980.
[224] STRECK, Lenio Luiz. *Jurisdição constitucional*. Rio de Janeiro: Forense, 2018. p. 415.

Decerto, a interpretação conforme a Constituição é um sintoma dessa conjuntura, consubstanciando um vetor hermenêutico, que confere primazia à constitucionalidade das leis, em detrimento da declaração de nulidade, e indicando o sentido normativo em conformidade com a Constituição quando diante, em tese, de disposições plurissignificativas.

Nesse sentido, ao revés de se manterem "situações constitucionais imperfeitas", com a declaração de inconstitucionalidade da norma, doutrina e jurisprudência conduziram-se em outras construções, rompendo com o já citado modelo binário inconstitucionalidade/constitucionalidade.[225] Nesse contexto, Canotilho indicou a "interpretação em conformidade com a Constituição": no caso de haver polissemia de sentidos de um ato normativo, a norma não poderia ser declarada inconstitucional enquanto pudesse ser interpretada de acordo com a Constituição. A interpretação das leis em conformidade com a Constituição se revelaria em um meio de se neutralizar violações constitucionais, autorizando os Tribunais a escolher a alternativa interpretativa que conduza a um juízo de compatibilidade da norma com a Constituição.[226]

Adiante, ao descrever o "catálogo-tópico dos princípios da interpretação constitucional", trata especificamente o "princípio" da interpretação das leis em conformidade com a Constituição, intitulando-se de um princípio fundamentalmente de controle, que tem como função assegurar a constitucionalidade da interpretação. Assim, havendo normas polissêmicas ou plurissignificativas, a interpretação deveria convergir de acordo com a Constituição.[227] Seriam as seguintes dimensões desta formulação:

> (1) o princípio da prevalência da constituição impõe que, dentre as várias possibilidades de interpretação, só deve escolher-se uma interpretação não contrária ao texto e programa da norma ou normas constitucionais; (2) o princípio da conservação das normas afirma que uma norma não deve ser declarada inconstitucional quando, observado os fins da norma, ela pode ser interpretada em conformidade com a constituição; (3) o princípio da exclusão da interpretação conforme a

---

[225] CANOTILHO. *Op. cit.*, p. 957.
[226] *Ibidem*, p. 958-959.
[227] *Ibidem*, p. 1.226.

constituição mas *"contra legem"* impõe que o aplicador de uma norma não pode contrariar a letra e o sentido dessa norma através de uma interpretação conforme a constituição, mesmo que desta interpretação consiga uma concordância entre a norma infraconstitucional e as normas constitucionais. Quando estiverem em causa duas ou mais interpretações – todas em conformidade com a Constituição – deverá procurar-se a interpretação considerada como a melhor orientada para a Constituição.[228]

Da articulação de todas as dimensões do "princípio da interpretação das leis em conformidade com a constituição", Canotilho destaca, de forma a deixar claro, que (i) a interpretação conforme só seria legítima quando existisse o que denomina "espaço de decisão (= espaço de interpretação) aberto a várias propostas interpretativas", sendo que devem ser preferidas as interpretações em conformidade com a Constituição; (ii) caso se chegue a uma interpretação de uma norma jurídica em "inequívoca contradição com a lei constitucional", impõe-se rejeitar essa norma, por inconstitucionalidade, "proibindo-se a sua correção pelos tribunais (= proibição de correção de norma jurídica em contradição inequívoca com a constituição); (iii) deve afastar a interpretação conforme quando, em vez de se ter o resultado querido pelo legislador, tem-se uma regulação nova e distinta, "em contradição com o sentido literal ou sentido objetivo claramente cognoscível da lei ou em manifesta dessintonia com os objetivos pretendidos pelo legislador".[229]

Konrad Hesse, nos *Escritos de Direito Constitucional*, publicado em 1983, dizia que a então recente evolução do Direito Constitucional teria assistido à aparição de um princípio interpretativo que, se não pressuporia a existência de uma jurisdição constitucional, deveria, porém, sua formação e conformação práticas à implantação da justiça constitucional na Lei Fundamental: o princípio da interpretação conforme a Constituição. A seguir, cita a importância crescente que esse princípio estaria alcançando na jurisprudência do Tribunal Constitucional, embora ainda não estivesse perfilhado o seu alcance.[230]

---

[228] *Ibidem*, p. 1.226-1.227.
[229] *Ibidem*, p. 1.227.
[230] HESSE. *Op. cit.*, 1983, p. 53.

Quanto ao conteúdo e aos fundamentos jurídicos-materiais, na lógica desse princípio, uma lei não poderá ser declarada nula quando puder ser interpretada de acordo com a Constituição. Também se aplicaria esse princípio quando a lei dispusesse de um conteúdo ambíguo ou indeterminado, podendo ser precisado com o conteúdo da norma constitucional.

Em Hesse, "no marco da interpretação conforme as normas constitucionais não são somente 'normas-parâmetro' (*Prüfungsnormen*), senão também 'normas de conteúdo' (*Sachnormen*) na determinação do conteúdo das leis ordinárias".[231] Ainda, não seria possível a interpretação conforme contrária ao texto e sentido ou contra a finalidade legislativa. Sobre o tema, não seria determinante a vontade subjetiva do legislador, embora se possa manter ao máximo daquilo que fora querido. Hesse é categórico: em nenhum caso deve ser declarada nula a lei quando a inconstitucionalidade não for evidente, sem que unicamente existam reservas, por mais sérias que sejam.[232]

Para Hesse, a ideia expressa no princípio da interpretação conforme coincidiria, em parte, com a "observância da ordem de valores da Lei Fundamental" na interpretação das leis ordinárias, mas o princípio que teria fortes raízes seria o da "unidade do ordenamento jurídico", em razão de essa unidade das leis sob a validade da Lei Fundamental dever ser interpretada em consonância com a Constituição, assim como o direito procedente de tempo dela anterior ser adaptado a nova situação constitucional. Esse controle se trataria na concretização da Constituição pelo legislador, através da própria concretização da Constituição e da lei.[233]

Em relação aos limites jurídico-funcionais, Hesse destaca que a correspondência com o conteúdo jurídico-material decorre de uma precisa coordenação de funções dos órgãos que intervêm no processo de concretização, tanto na relação entre jurisdição constitucional e legislação como na relação entre a jurisdição constitucional e o restante de jurisdições.

---

[231] *Ibidem*, p. 54.
[232] *Ibidem*, p. 54.
[233] *Ibidem*, p. 55.

A concretização da Constituição refere-se à relação entre jurisdição constitucional e legislação, com a interpretação conforme se pretende manter a validade da lei em seu aspecto jurídico-funcional, norteado na primazia do legislador face à concretização da Constituição. A vontade e a conduta do legislador democrático gozam de uma presunção de constitucionalidade, sendo vedado ao Tribunal Constitucional afastá-la. Contudo, potencialmente, a primazia do legislador democrático poderia se materializar ao custo de uma mudança de significado do conteúdo da lei pelo Tribunal Constitucional. Nessa senda, autoriza-se a anulação dessa primazia, isto é, quando o preço é excessivamente alto, relacionado ao conteúdo que, através da interpretação conforme, o tribunal confere um *"aliud"* ao conteúdo original da lei. Nesse caso, o Tribunal interfere nas competências do legislador com mais intensidade, inclusive, do que se houvesse uma declaração de nulidade. A alteração do conteúdo equivaleria, seria o mesmo que o tribunal conformar positivamente a norma, enquanto no caso de declaração de nulidade a nova conformação seguiria sendo competência do legislador. Quanto mais corrija o Tribunal, tanto mais o legislador se aproximará dos limites jurídicos-funcionais da interpretação conforme, os quais são demasiadamente difíceis de precisar com nitidez.[234]

Quanto à relação da jurisdição constitucional face às demais jurisdições, em que o Tribunal Constitucional se impõe em relação às demais, competindo-lhe a interpretação das leis ordinárias, no ponto de vista de sua constitucionalidade, em especial quando se está diante de uma "manutenção da norma",[235] Hesse aponta uma repercussão interessante, que seria a interpretação da Constituição conforme a lei. Não se trata de conhecer apenas o conteúdo da lei submetida ao controle, mas também o conteúdo da Constituição, que orientaria o sentido da lei.

Nessa linha de raciocínio, tanto uma relação material quanto uma funcional alinham-se para uma manutenção da lei a ser interpretada, pelo que o sentido da norma constitucional, também alcançado com a interpretação conforme, aproximará, dentro do

---

[234] *Ibidem*, p. 56.
[235] *Ibidem*, p. 56-57.

possível, do sentido com que o legislador tenha concretizado a lei. Daí que a interpretação conforme das leis seja, em seu efeito reflexo, sobre a interpretação da Constituição, isto é, interpretação da Constituição conforme a lei. Esse efeito confirma ao mesmo tempo a estreita inter-relação existente entre Constituição e lei, e, com isso, a unidade do ordenamento jurídico.[236]

No direito brasileiro, a interpretação conforme a Constituição é identificada sem uma crítica que ainda se faz necessária, como integrante da interpretação e hermenêutica constitucional. É comum compreender a interpretação conforme como o método adequado para, diante da pluralidade de sentidos normativos, isto é, da polissemia, escolher aquele que seja (mais) compatível com a norma constitucional.[237]

A interpretação conforme é identificada, ainda, ora como princípio de hermenêutica constitucional, ora como método de interpretação das leis infraconstitucionais e, também, como técnica de decisão no controle de constitucionalidade.[238]

Para Virgílio Afonso da Silva, a interpretação conforme se trataria de um princípio, e não de um método de hermenêutica constitucional, pois serve apenas para interpretar textos infraconstitucionais, em consonância com a Constituição.[239] Para Marinoni, a interpretação conforme seria técnica de decisão, enquanto a interpretação de acordo com a Constituição seria a técnica de hermenêutica.[240] Para Ribeiro, trata-se apenas de critério hermenêutico, não possuindo natureza de técnica decisória.[241] Para Amaral Junior, seria apenas técnica de hermenêutica, indicando que, em sede do controle de constitucionalidade, se trataria de declaração parcial de nulidade sem redução de texto.[242]

---

[236] *Ibidem*, p. 57.
[237] BONAVIDES, Paulo. *Curso de Direito Constitucional*. 13. ed. São Paulo: Malheiros, 2003. p. 518.
[238] MORAIS. *Op. cit.*, 2005, p. 327.
[239] SILVA. *Op. cit.*, 2006, p. 192.
[240] MARINONI, Luiz Guilherme. *Técnica processual e tutela dos direitos*. 3. ed. São Paulo: Revista dos Tribunais, 2010. p. 174-177.
[241] RIBEIRO, Julio de Melo. Controle de constitucionalidade das leis e decisões interpretativas. *Revista de Informação Legislativa*, Brasília, ano 46, n. 184, p. 159, out.-dez. 2009. Disponível em: www2.senado.leg.br/bdsf/item/id/242920. Acesso em: 10 fev. 2025.
[242] AMARAL JUNIOR, José Levi. Intepretação conforme a Constituição e declaração de inconstitucionalidade sem redução de texto. *In*: BONAVIDES, Paulo; MIRANDA, Jorge;

Mendes e Gonet Branco, por sua vez, alertam sobre as dificuldades de se equiparar a interpretação conforme com a declaração de nulidade sem redução de texto, que poderia trazer dificuldades significativas. A primeira seria a conversão da modalidade de interpretação sistemática, que é a interpretação conforme, utilizada por todos os tribunais e juízes, em técnica de declaração de inconstitucionalidade. Nesse sentido, as questões que envolvessem interpretação conforme a Constituição deveriam ser submetidas ao Pleno dos Tribunais ou ao seu órgão especial, nos termos do art. 97 da CF. Outra dificuldade seria a impossibilidade de o Tribunal declarar todas as inconstitucionalidades possíveis de determinado texto normativo.

Uma afirmação remansosa é a de que toda a interpretação, em um Estado de Direito, deva se dar em conformidade com a Constituição, isto é, toda interpretação jurídica deve considerar os valores da Constituição.[243] No tema da interpretação conforme, interpretar significa conduzir a um resultado constitucionalmente adequado. Daí que se correlaciona com o instituto o princípio da supremacia da constituição, eis que a interpretação conforme acaba por instrumentalizá-lo e materializá-lo. Permite-se, nessa lógica, que seja realizado o que é denominado filtragem hermenêutico-constitucional; assim, seria um instrumento de constitucionalização dos textos infraconstitucionais.[244]

Com efeito, pode-se compreender que a interpretação conforme se opera como uma interpretação sistemática, já que impõe a leitura do sistema jurídico a partir da Constituição. Para Rui Medeiros, "em sistemas que atribuem à Constituição uma força normativa plena e o estatuto de Lei Fundamental, o elemento sistemático-teleológico não pode, à partida, dispensar o apelo à Constituição",[245] pelo que "a principal manifestação de preeminência normativa da Constituição consiste, justamente, em

---

AGRA, Walber de Moura (org.) *Comentários à Constituição Federal de 1988*. Rio de Janeiro: Forense, 2009. p. 1.617-1.628.

[243] SILVA, Virgílio Afonso da. Interpretação constitucional e sincretismo metodológico. *In*: SILVA, Virgílio Afonso da. *Interpretação constitucional*. São Paulo: Malheiros, 2005. p. 115-143.

[244] STRECK. *Op. cit.*, 2018.

[245] MEDEIROS. *Op. cit.*, 1999, p. 297.

que toda a ordem jurídica deve ser lida à luz dela e passada pelo seu crivo".[246]

Portanto, em Rui Medeiros, compreende-se a interpretação conforme relacionada à interpretação sistemática, somada a fundamentações teleológicas:

> Em nossa opinião, o princípio da interpretação conforme à Constituição, que obriga o intérprete a tomar inclusivamente em consideração os princípios constitucionais na tarefa de interpretação de "toda e qualquer norma infraconstitucional, material ou procedimental", não constitui um corpo estranho na metodologia jurídica, apresentando-se como simples concretização da interpretação sistemático-teleológica. O seu fundamento último confunde, portanto, com o próprio fundamento deste elemento da interpretação.[247]

Correlaciona-se com esse entendimento a circunstância de que a interpretação de uma disposição legal não pode ser feita isoladamente, devendo considerar todo o ordenamento. Há de se buscar uma coerência intrínseca do ordenamento. "Perante um problema a resolver, não se aplica, apenas, a norma primacialmente vocacionada para a solução: todo o Direito é chamado a depor".[248]

É reiterada a propagação do conhecimento de que a interpretação conforme tem fundamento na necessidade de "unidade do ordenamento jurídico" e na "presunção de constitucionalidade da lei", premissas reiteradas na doutrina. Nessa senda, a racionalidade do instituto estaria na superioridade da norma constitucional, que se imporia a orientar a interpretação do ordenamento jurídico. Ou seja, o fundamento passaria pela unidade do ordenamento, cotejado com a superioridade da Constituição e a presunção de legitimidade da lei.

Quanto à primazia ou superioridade da Constituição, como bem salientado por Rui Medeiros, esta teria duplo significado: regra de colisão e critério de interpretação ou instrumento hermenêutico.[249] Em sentido amplo, a interpretação conforme, ancorada na primazia da Constituição, não significaria apenas

---

[246] *Ibidem*, p. 297.
[247] *Ibidem*, p. 295-296.
[248] *Ibidem*, p. 296.
[249] *Ibidem*, p. 289.

que "entre duas interpretações possíveis da mesma norma se há de necessariamente optar por aquela que a torna compatível com a Constituição", mas, também, se justificaria nos casos em que "nenhuma das interpretações possíveis da lei conduz à sua inconstitucionalidade". Fala-se, nesse sentido, em "interpretação orientada para a Constituição".[250] Escolhe-se aquela interpretação que melhor atenda ao sentido da norma constitucional. Daí que, para o autor, a interpretação conforme constitui um princípio-regra de aplicação da lei em geral.[251]

Em relação aos principais fundamentos da interpretação conforme, pode-se citar o dogma da presunção de constitucionalidade das leis. Em caso de dúvidas sobre a interpretação da lei, presume-se que a vontade do legislador estaria em conformidade com o sentido da norma constitucional. Contudo, esse fundamento, por si só, seria insubsistente para salvaguardar a interpretação conforme, por acentuar sua importância na "vontade do legislador", aderindo, à primeira vista, a teses subjetivas em matéria de interpretação da lei,[252] e, também, porque não explica a admissibilidade de uma interpretação da lei anterior em conformidade com uma nova Constituição.

Também se pode citar como fundamento o princípio da conservação dos atos jurídicos, isto é, a chamada interpretação benigna, ou interpretação conservadora,[253] até pelo fundamento da busca por uma economia jurídica, traduzido na interpretação conforme à Constituição, conforme apontado por Rui Medeiros, citando Jorge Miranda.[254] Assim, tanto quanto possível, deveria ser trazido o sentido da norma ao campo constitucional, de modo que não se alargue o campo da inconstitucionalidade. Há ressalvas de se admitir esse fundamento como conclusivo para sustentar a interpretação conforme. Com efeito, admite-se esse recurso defronte mais de uma interpretação possível, que não seja – nenhuma delas – inconstitucional. Para Rui Medeiros, "o princípio da interpretação

---

[250] *Ibidem*, p. 290.
[251] *Ibidem*, p. 290.
[252] *Ibidem*, p. 291-292.
[253] *Ibidem*, p. 292-293.
[254] *Ibidem*, p. 293.

conforme a Constituição é mais um princípio de prevalência normativo-vertical ou de integração hierárquico-normativa do que um simples princípio de conservação de normas".[255]

Ademais, a defesa irrestrita do princípio da conservação das normas, como apto a orientar a interpretação conforme, tem potencial de conduzir a um possível desvirtuamento desta como princípio de interpretação ou hermenêutica, aproximando-a do instituto de controle normativo da constitucionalidade e transformando-se em um instrumento de redução ou conversão da lei inconstitucional.[256]

3.2 Interpretação conforme à Constituição intercambiável entre o método da interpretação sistemática e a técnica interpretativa decisória: admissibilidade, pressupostos, limites e desafios

> *A lei estabelecida para dirimir o primeiro conflito foi interpretada de duas maneiras, e gerou novo conflito.*
>
> Carlos Drummond de Andrade, em "Aforismos"

Nada escapa à interpretação. Por ser o direito uma ciência instituída e constituída pela linguagem, o texto normativo, as frases, as expressões, as palavras não podem se recusar à interpretação.

A interpretação da linguagem pelos sujeitos interpretantes pode ser vista como uma disputa do melhor sentido, isto é, do significado mais aproximado à equivalência com a verdade que se busca, continuamente, pela ciência jurídica. Não se olvide, o direito trabalha em suas áreas metodológicas com a busca da verdade

---

[255] *Ibidem*, p. 294-295.
[256] Ainda, como ressaltado por Jorge Miranda: "A interpretação conforme à Constituição não consiste então tanto em escolher entre vários sentidos possíveis e normais de qualquer preceito o que seja mais conforme com a Constituição quanto em discernir – na fronteira da inconstitucionalidade – um sentido que, embora não aparente ou não decorrente de outros elementos de interpretação, é o sentido necessário e o que se torna possível por virtude da força conformadora da Lei Fundamental. E são diversas as vias que, para tanto, se seguem e diversos os resultados a que se chega: desde a interpretação extensiva ou restritiva à redução (eliminando os elementos inconstitucionais do preceito e do ato) e, porventura, à conversão (configurando o ato sob a veste de outro tipo constitucional" (MIRANDA, Jorge. *Manual de direito constitucional*. 2. ed. Coimbra: Coimbra Editora, 1983. p. 264-265. v. 2).

(mesmo que inatingível), da realidade, da correspondência do que já ocorreu, em um vai e vem ao passado, com a pretensão de regular o futuro, e dar-lhe alguma previsibilidade.

São pretensões ambiciosas, é verdade. Em todas, é inescapável a interpretação da linguagem do texto e da letra da lei, e, também, dos fatos e mundo da vida, que são vertidos ao sistema jurídico pela linguagem.

Não se pretende trabalhar adiante sobre a filosofia da linguagem. A pretensão desta abordagem é para defender que nada escapa da interpretação.

Nessa linha de raciocínio, quando se defende como pressuposto da interpretação conforme a presença de polissemia de sentidos de um ato normativo, talvez não se tenha por bem demarcada a epistemologia desse instituto. Afinal, se tudo deve ser interpretado, é porque, em tese, nada está pronto e se apresenta ao mundo como tal. Sempre há a demanda de algum trabalho e esforço cognitivo, que é a interpretação.

Mesmo na arena de dado sentido certo e seguro da linguagem, pode haver uma disputa da metalinguagem entre os interpretantes, em que seja necessária uma negociação metalinguística, conforme explanado por Plunkett e Sundell, para quem se faz importante a descoberta de qual sentido é melhor da palavra quando relacionada a um contexto. Os autores consideram o exemplo extraído de Peter Ludlow,[257] em que este descreve um debate se Secretariat (famoso e recordista cavalo de corrida americano que dominou as competições da década de 1970) deveria ser colocado na lista dos maiores atletas do século XX. Afinal, seria Secretariat um atleta ou não? A disputa travada não é sobre os fatos e títulos sobre Secretariat, mas sobre a forma mais apropriada do uso do termo "atleta", sendo uma disputa própria da metalinguística.

Alguns interpretantes significam coisas diferentes sobre o termo "atleta".[258] Há o falante que usa o termo de tal modo a incluir animais não humanos e, também, o que usa o termo de modo a não incluir animais não humanos. Em ambos os casos, as sentenças não

---

[257] PLUNKETT, David; SUNDELL, Tim. Disagreement and the Semantic of Normative and Evaluative Terms. *Philosopher's Imprint*, v. 13, n. 23, p. 14-15, 2013.
[258] Cf. PLUNKETE; SUNDELL. *Op. cit.*, p. 16.

são inconsistentes, uma vez que uma afirmação não nega ou conflita com a outra, já que o conteúdo literal do termo "atleta" é diferente. No entanto, parece haver um desacordo genuíno entre os falantes sobre qual seria o uso mais apropriado do termo "atleta". Como afirmam Plunkett e Sundell, cada falante defende uma proposição verdadeira, dado o conceito que ele de fato expressa através de seu termo. Assim, sua disputa metalinguística reflete um desacordo genuíno sobre como usar a palavra "atleta". Desacordo, para Plunkett e Sundell, seria a presença de um "conflito de conteúdo".[259]

O direito está repleto de palavras que podem ensejar um "desacordo" entre os interpretantes. Nos textos legais, em rigor, também há expressões e palavras que conduzem a esse conflito de conteúdo, não necessariamente por erro ou desídia do legislador, mas pela natureza e pela forma com que se apresentam no mundo. Citam-se como exemplos as seguintes palavras e expressões linguísticas, amplamente utilizadas nos textos legais:

- A "dignidade humana", uma garantia irrenunciável do estado de constitucionalidade, verte-se em uma linguagem impregnada de variação de conteúdo e sentido, a depender do contexto, do momento e do tempo em que estiver demarcado o processo hermenêutico.
- A "tortura" do período ditatorial pode ter um sentido, mas também pode tê-lo em um outro ângulo, não se olvide, para obtenção de uma leniência ou delação.
- A definição de "ato obsceno" está aberta à discussão, e seu conhecimento irá depender de quem aplicará a regra do tipo penal e de seu juízo subjetivo e experiências pessoais.
- O significado da "violação moral", outrossim, é aberto, variando de tempo em tempo, sendo substancialmente alterado na era da inteligência artificial e tecnológica.
- Para o próprio significado de "vida", que impacta o debate do aborto, devem ser buscados critérios para estabelecer o que é vida e morte.

A tudo se soma o contexto dos fatos e da realidade em que se deve empreender a interpretação, conforme já exposto nesta

---

[259] *Ibidem*, 2013, p. 17.

obra, em especial amparando-se nas apropriações teóricas de Konrad Hesse e Friedrich Müller sobre a realidade e sua influência no processo de revelação da norma jurídica, pela interpretação jurídica. Em tempos de inteligência artificial, já se antevê o esforço interpretativo de sentido de expressões linguísticas dado como remansoso...

A palavra "privacidade" demanda uma interpretação pelos sujeitos. Acrescentando o aspecto espacial e da realidade, isto é, a "privacidade" daqueles que participam de um programa televisivo nos moldes do *Big Brother Brasil* e daqueles que são reclusos e reservados na esfera da vida pública e privada, decerto haverá um embate de significados do que seja "privacidade".

Portanto, a indeterminação semântica do texto legal pode ser um critério de admissibilidade da interpretação conforme, mas não é aquele que confere a necessária segurança à utilização desse método de hermenêutica ou dessa técnica de decisão. Sim, a interpretação conforme, em especial se consideradas a jurisprudência e parte da doutrina, pode ser vista ora como método, ora como técnica decisória e, por que não, sempre um princípio, porquanto no marco do Estado Democrático de Direito toda a interpretação da ciência normativa se faz na ambiência e substância da Constituição.

À indeterminação semântica – critério de admissibilidade da interpretação conforme –, que compreende quase a totalidade de textos normativos, mormente quando postos à interpretação a par da realidade e da faticidade, impõe-se o reconhecimento da finalidade da interpretação conforme, que funciona como uma espécie de "trava" interpretativa e pode ser entendida por uma "entidade", um "princípio" e um "fim" da interpretação conforme, que é o interpretar de acordo com e sob comando do sentido da norma constitucional.

Mesmo diante do "espaço de interpretação" do texto normativo, não há liberdade ampla do sujeito interpretante. A interpretação conforme, mesmo entendida como método ou técnica, impõe-se de acordo com a norma constitucional (que também deve ser conhecida e alcançada, por sua vez, pela hermenêutica constitucional).

Quanto aos limites da interpretação conforme, notadamente para diferenciá-la das decisões modificativas e da inconstitucionalidade sem redução de texto, propaga-se na doutrina e na jurisprudência que o texto da lei se afigura em um limite intransponível. Ou seja, toda a interpretação conforme deve se limitar aos aspectos semânticos de dado texto normativo, devendo ser considerados os sentidos literais possíveis da lei como limite da interpretação conforme a Constituição.

Rememore-se o exposto sobre a interpretação gramatical, a qual, inclusive, mencionou-se dever ser tratada como "interpretação linguística". Por esse método, seria possível conhecer o sentido da norma nos precisos limites da linguagem, embora já se tenha argumentado, reportando-se a Müller, que esse método não seria suficiente, já que o texto poderia ser "driblado".[260] Contudo, mesmo não sendo um método autossuficiente, deve ser considerado como condutor para se chegar ao sentido da norma jurídica.

Com efeito, não se pode rechaçar a lei tipificada para o conhecimento da norma jurídica, até porque sua existência, em regra, é marcada pela democracia genuína, porquanto feita por um parlamento eleito pelo voto popular.

Portanto, elege-se a interpretação gramatical como o ponto de partida para esse revelar da norma jurídica de acordo com a Constituição Federal.

Nessa linha de raciocínio, os postulados da conservação das normas, da prevalência da Constituição e da presunção de constitucionalidade da lei não são transformadores a ponto de alterar dada disposição legal para caber em alguma interpretação normativa.

A demarcação do texto da norma como limite estabelece que deve haver a exclusão da interpretação, mesmo que em consonância com a Constituição, caso seja *contra legem*. Nesse caso, é a decisão de inconstitucionalidade que salvará o ordenamento jurídico, excluindo dada disposição legal que não se amolde, nos limites de seu texto, ao sentido da norma constitucional.

A interpretação conforme seria um instrumento de constitucionalização dos textos infraconstitucionais; todavia, não se concebe defender uma interpretação que não se apresenta possível pelo texto de lei.

---

[260] MÜLLER. *Op. cit.*, p. 145.

Rui Medeiros defende que o princípio da interpretação conforme seria a concretização da interpretação sistemático-teleológica, sendo que seu elemento último confunde-se com o próprio fundamento desse elemento da interpretação.[261]

De fato, conforme já se sustentou, há uma equivalência lógica entre interpretação sistemática e interpretação conforme. O ato normativo objeto de interpretação deve ter uma compatibilidade com as demais normas, tanto do plano horizontal normativo quanto do vertical, notadamente com a norma constitucional. Com a defesa da interpretação conforme na racionalidade de uma interpretação sistemática, não se defende a completude do sistema ou a vedação de aporias e lacunas no sistema que devessem ser sanadas e preenchidas a qualquer custo, principalmente quando se estiver com um argumento de "autoridade", que é interpretar de tal maneira e sentido porque assim manda a Constituição.

O texto legal, pela sua literalidade, que recuse uma interpretação sistemática e em conformidade com a Constituição, deve ser extirpado do sistema jurídico, mesmo se por conta da nulidade declarada pela inconstitucionalidade da lei revelar-se um vazio constrangedor ou aporia do sistema. Do contrário, o sistema conviverá com uma violência simbólica do sentido do texto da lei, praticamente "forjado", porquanto não respaldado pela interpretação gramatical ou linguística.

Um outro limite à utilização da interpretação conforme é a interpretação teleológica. O fim e a razão de ser do preceito tem um lugar de destaque em matéria de hermenêutica jurídica. Para Rui Medeiros, a interpretação jurídica possui uma natureza essencialmente teleológica, pelo que destaca a "inadmissibilidade de uma interpretação *stricto sensu* conforme à Constituição que, embora compatível com a letra do preceito, contrarie a intenção claramente reconhecível do legislador ou o sentido inequívoco da lei".[262]

Em tópico específico desta obra, defendeu-se tratar-se de um dogma que o encontro da "vontade do legislador", mesmo a objetiva, com a hermenêutica teleológica afigure-se em método suficiente

---

[261] *Ibidem*, p. 296.
[262] MEDEIROS. *Op. cit.*, 1999, p. 311.

para demarcar a interpretação conforme, embora se trate de um instrumento de conhecimento do conteúdo normativo, em especial quando essa intenção seja claramente reconhecida e de inequívoco sentido. Tanto em uma linha subjetivista como objetivista, aquilo que o legislador quis claramente e como querido o declarou pode ser tomado como conteúdo da sua regulamentação.[263]

Entende-se, como já exposto, que o critério "vontade do legislador" indique um potencial limite de possibilidade hermenêutica. No entanto, trabalhar com a intenção, mesmo objetiva, no momento da criação normativa, remete a uma primazia do historicismo na construção de sentido da norma. Ademais, a vida e a realidade que venha a representar estão em constante alteração, não se revelando adequado, racionalmente, que dada intenção legislativa regule um momento diverso da história e da realidade.

Afora essas questões, o ponto que se mostra sensível é quando se conhece a finalidade da norma, bem como a vontade do legislador, e esta é inconstitucional. Adiante, será enfrentado se a interpretação conforme poderia tutelar esse vício de motivação da norma.

Conclusivamente, para a utilização da interpretação conforme a Constituição, além do conhecimento primevo do sentido da norma constitucional, categoria de logicidade que orientará toda a interpretação jurídica, deve-se superar o seguinte:

Critério de admissibilidade da interpretação conforme

a) Indeterminação semântica – que se entende ampla, em especial quando se considera que a interpretação e o alcance do sentido não prescindem da realidade e da facticidade.

Limites da interpretação conforme

b) Aspectos semânticos de dado texto normativo, devendo ser considerados os sentidos literais possíveis da lei como limite da interpretação conforme a Constituição

Possibilidades jurídicas da interpretação conforme

c) Método literal.
d) Método sistemática.
e) Método teleológica ou finalidade e intenção da lei.
(E outros métodos possíveis.)

---

[263] *Ibidem*, p. 312.

Natureza do instituto
x) Método de interpretação.
y) Técnica decisória.
z) Princípio de hermenêutica.

Tanto em relação ao critério de admissibilidade quanto a seus limites, aponta-se um considerável grau de imprecisão sobre seu alcance. O esquema acima, deveras singelo, não tem pretensão de encerrar nenhuma conclusividade quanto aos pressupostos e elementos da interpretação, servindo apenas para fins metodológicos. Nem mesmo pretende esgotar as "possibilidades jurídicas" da interpretação conforme, mas começar a trabalhar a partir de alguma demarcação.

Passando-se pelo critério de admissibilidade da interpretação conforme (a) e encontrado o espaço de interpretação, demarcado, mesmo que de forma um tanto quanto impreciso, pelos limites "provisórios" da interpretação conforme (b), bem como as possibilidades jurídicas quanto aos métodos da interpretação (literal, sistemático e teleológico), (c), (d) e (e), é que se depreenderá que se estará diante de um método de interpretação (x), uma técnica decisória interpretativa (y) ou um princípio de hermenêutica (z).

Aliás, desde já se ressalte poder ser qualificada a interpretação conforme, sobretudo, por um princípio de hermenêutica. Como já se defendeu, nenhuma interpretação jurídica foge do sentido normativo da Constituição Federal nem pode ser dela dissonante ou divorciada.

3.2.1 Considerações sobre o método hermenêutico e a técnica de decidir relacionados à interpretação conforme. Em um ou outro, a crítica como método

Se de um lado a interpretação conforme pode ser entendida como um princípio jurídico, por outro, a depender do espaço de interpretação e da decidibilidade dele advinda, é que sua epistemologia será marcada ora como método, ora como técnica de decidir.

Desde já se sobreleva que a "técnica de decidir" é instrumentalizada por um método. Ou seja, não é porque o instituto da interpretação conforme eventualmente seja considerado uma técnica de decidir que não se prescinde de um método para a construção da interpretação da norma jurídica.

Um método de hermenêutica, como pode ser considerada a interpretação conforme, é compreendido em similitude a uma interpretação sistemática do ordenamento jurídico. A quase todo momento, o intérprete da norma o utiliza. Ao interpretar o direito ou o texto legal, o raciocínio necessariamente é escalonado (ou deveria ser), de forma a vedar uma interpretação da lei que colida com a norma constitucional. O método organiza e orienta a racionalidade da interpretação.

Poder-se-ia exemplificar alguns métodos, para além do sistemático, utilizados na ciência jurídica: o método da observação, o indutivo, o dedutivo, o probabilístico, o tópico. São vários deles que indistintamente são utilizados pelos atores jurídicos, em especial pelo sujeito interpretante.

O método pode ser instrumento de dominação (a exemplo da dominação dos corpos, denunciada na biopolítica de Foucault)[264] ou de libertação e passagem para um mundo melhor. Trabalhar com a crítica como método confere a possibilidade dessa passagem, espera-se.

No marco do racionalismo crítico popperiano, adotado neste livro, o método que se está a trabalhar é o método científico da crítica. Eis um salto importante para se apreender o alcance do sentido da norma jurídica, que rompa com o conhecimento pressuposto, autoritário, dominador e perpetuador de injustiças e negação do processo emancipatório humano.

Conforme elucida Monteiro de Barros, reportando-se a Miller, a crítica como método trata-se de um operador lógico da democracia jurídica. No racionalismo crítico, não se defende propriamente que as teorias sejam racionais, mas o método com que se lida com essas teorias pode ser, já que a racionalidade é uma questão de método e,

---

[264] Citam-se: FOUCAULT, Michel. *Microfísica do poder*. Tradução e organização de Roberto Machado. Rio de Janeiro: Graal, 1979; FOUCAULT, Michel. *Nascimento da biopolítica*. Tradução: Eduardo Brandão. São Paulo: Martins Fontes, 2008.

se o método equivale à crítica, o caminho que se deve adotar para lidar com as teorias e crenças é o da crítica.[265]

A técnica, por sua vez, é considerada um conjunto de procedimentos, em uma relação meio-fim, buscando-se determinados resultados úteis, na definição de Rosemiro Pereira Leal. Para o autor, a ciência racionalizaria a técnica, sendo a ciência a atividade produtora de esclarecimentos do conhecimento ou conjunto de conhecimentos esclarecidos e fundamentados.[266] Ainda, a técnica seria a atividade humana que abrange a capacidade de conjunção do mundo da realidade com o mental, para em um segundo estágio, através das situações criadas com esses dois mundos, estabelecer-se "o mundo dos objetos de pensamentos possíveis: o mundo das teorias em si mesmas e de suas relações lógicas, dos argumentos em si mesmos e das situações de problemas em si mesmas", isto é, a expressão de pensamentos organizados sobre o contexto dessa realidade.[267]

Transpondo essas noções à interpretação conforme, pode-se depreender que a demanda de um juízo sobre a interpretação constitucionalmente adequada do texto ou a escolha daquela melhor, entre outras, que mais materialize o sentido da Constituição conduz à aplicação do método crítico, que deva operar na interpretação sistemática da norma constitucional, defronte a norma legal.

Dessa interpretação, que não deixa de ser sistemática (adotando-se a crítica como método), reitere-se, pode haver uma busca de "resultados" na atividade intelectiva que é a interpretação. Tais resultados consubstanciam a interpretação conforme de dada norma jurídica, com a consequente exclusão tácita de algum sentido da norma, por se entender ser inconstitucional. Exclusão, inclusive, de eventual sentido que se amolde à intenção do legislador ou à finalidade da norma, por se compreender por sua inconstitucionalidade.

Também dessa interpretação sistemática, como equivalente da interpretação conforme, poderá haver um resultado de "correção" ou modificação da lei, tal qual ela se apresenta no ordenamento jurídico, isto é, talvez seja necessário aclarar o sentido de determinada palavra do texto.

---

[265] MILLER, David. *Out of Error*: Further Essays on Critical Rationalism. Aldershot (UK): Ashgate, 2006 *apud* BARROS. *Op. cit.*, p. 176.

[266] LEAL. *Op. cit.*, 2021, p. 118.

[267] *Ibidem*, p. 56-57.

Nessas hipóteses, entende-se ser convertida a interpretação como método sistemático-crítico para a técnica de decidir (com a opção da crítica como método), isto é, na hipótese de haver um entendimento pela inconstitucionalidade, mesmo que implícita, de dada interpretação normativa ou haver uma "manipulação" do sentido do texto da norma, ao se proceder à interpretação conforme.

Quanto à possibilidade jurídica de a interpretação conforme conformar em uma técnica decisória, é importante consignar alguns argumentos.

A Lei nº 9.868/99, em seu art. 28, parágrafo único, dispõe que "a declaração de constitucionalidade ou de inconstitucionalidade, inclusive a interpretação conforme a Constituição e a declaração parcial de inconstitucionalidade sem redução de texto" teriam eficácia geral e efeito vinculante. Por uma "interpretação linguística e sistemática" do dispositivo, depreende-se que o legislador posicione em um mesmo *status*, quanto à produção de efeitos e eficácia, as ações de inconstitucionalidade e constitucionalidade e a interpretação conforme.

Ademais, como já se mencionou, a admissibilidade e os limites da interpretação conforme são imprecisos, sendo que, por uma boa persuasão e argumentação, podem ser manejados no sentido de ser admitida uma interpretação conforme corretiva da lei ou que, de forma implícita, afaste dada interpretação porquanto dissonante da norma constitucional.

Rui Medeiros entende que a interpretação conforme, ou o "apelo à Constituição", em sede hermenêutica, poderia desempenhar quatro funções: a primeira, a função de apoio ou de confirmação de um sentido da norma já sugerido pelos restantes elementos de interpretação; a segunda, uma função de escolha entre várias soluções que não se mostrem incompatíveis com a letra da lei; a terceira, a função de correção dos sentidos literais possíveis; e a quarta, a função de revisão da lei através da atribuição à Constituição de um peso decisivo, determinante e superior aos demais elementos tradicionais de interpretação.[268]

Sem dúvida, há uma significativa resistência na doutrina em se admitir a função corretiva da lei, atribuída à interpretação conforme. Justifica-se esse entendimento na necessidade de se distinguir a decisão interpretativa da decisão de inconstitucionalidade

---

[268] MEDEIROS. *Op. cit.*, 1999, p. 301.

e, também, o potencial risco de se legislar, em usurpação às competências do Poder Legislativo.

Em um caráter provisório (na lógica da verdade objetiva em Popper), entende-se que a interpretação conforme não teria a função corretiva da lei – poder atribuído, genuinamente, ao legislativo e competência das decisões de inconstitucionalidade –, mas se reconhece que o exercício pleno das funções da interpretação conforme teria potencial para corrigir, aditar e suprimir sentido, bem como afastar interpretação tida por inconstitucional. A correção da lei, destarte, poderia ocorrer na interpretação conforme como consequência – e não finalidade primeva – da técnica decisória.

Na esteira de Larenz e Canaris, o desenvolvimento do direito corretivo da lei não está, em geral, vedado ao operador jurídico.[269] Ademais, até quando se está diante de uma interpretação uníssona, em tese, deve-se considerar a concepção de que importa mais o fim e a razão de ser do preceito do que o respectivo sentido literal.[270] Os limites literais possíveis da lei, por um argumento persuasivo, podem ser alterados, em nome de se atender à finalidade da lei – é preciso reconhecer essa possibilidade.

Cotejando-se a metodologia de interpretação literal ou gramatical com a interpretação teleológica, poder-se-ia admitir um espaço de decisão interpretativa corretiva do preceito. Por evidente, o destaque para a interpretação teleológica, à qual já se empreenderam algumas críticas, que faz considerar o teor literal demasiado estreito ou abrangente, para fins de uma interpretação conforme (mas em verdadeira função corretiva), poderia conduzir à construção do sentido corretivo na ambiência de uma mais adequada técnica decisória, que seriam as ações de inconstitucionalidade.

Mas nem sempre a realidade se apresenta dessa forma. No próximo tópico, será indicada a jurisprudência do Supremo Tribunal Federal sobre a matéria, que possibilita a compreensão da imprecisão sobre os limites, a função e a natureza da interpretação conforme e que demonstra o grau de dificuldade em se precisar a decisão interpretativa

---

[269] LARENZ, Karl. *Methodenlehre der Rechtswissenschaft*. Berlin-Heidelberg-New York: Springer Verlag, 1969. p 299.
[270] MEDEIROS. *Op. cit.*, 1999, p. 305.

da de inconstitucionalidade, com as correspondentes adequações metodológicas entre os institutos postos no ordenamento jurídico.

Retoma-se que a solução provisória para o problema dessa indefinição, desde a concepção dos limites e pressupostos da interpretação conforme até seu potencial para reconhecer a inconstitucionalidade de dada interpretação, bem como a correção da lei de forma intelectiva, sob a autoridade da superioridade constitucional, será pela instituição de uma processualidade que garanta a democratização e, portanto, a constitucionalização da construção de sentido normativo.

Por ora, demarcam-se alguns dos problemas que se pretende resolver com a instituição do processo na ambiência da interpretação conforme enquanto técnica decisória: cabimento da interpretação conforme, ao revés da declaração de inconstitucionalidade sem redução de texto; garantia do quórum para a decidibilidade da interpretação conforme; democratização da interpretação e, portanto, a construção da própria norma jurídica; constitucionalização de eventual correção da lei, pela interpretação conforme; garantia da supremacia da Constituição sobre a hermenêutica jurídica; e tutela das competências do parlamento.

3.3 A interpretação conforme na jurisprudência do Supremo Tribunal Federal: um recorte da realidade da utilização do instituto

Diante da exposição dogmática, faz-se relevante expor como tem sido utilizada e entendida a interpretação conforme a jurisprudência do Supremo Tribunal Federal, desde os primeiros acórdãos que a enfrentaram até os recentes julgamentos que se utilizam ora desse método de interpretação, ora dessa técnica decisória.

Sem pretensão de alcance de uma verdade extreme de questionamentos, é importante constatar como a interpretação conforme tem sido manejada pelo Supremo Tribunal Federal (o recorte deste trabalho é a jurisdição constitucional). A cognição decisória, instrumentalizada pela interpretação conforme, tem afastado, de forma implícita ou não, interpretações normativas consideradas inconstitucionais, fixando aquela que se amoldaria sistematicamente à Constituição, levando a uma verdadeira declaração de inconstitucionalidade sem redução do texto. Tem, também, infirmado a interpretação da lei de acordo com a Constituição, mesmo que em dissonância com a literalidade do texto normativo. Algumas vezes, aplica-se a interpretação conforme, mesmo ausente qualquer polissemia na interpretação da norma.

Nessa linha, rememora-se que não se trata de uma mera atividade intelectiva de interpretar a lei, isto é, de conhecer-se o que ela diz, mas de um próprio processo de construção da norma jurídica.

Não cuida, portanto, de alarde infundado a cautela do intérprete nessa atividade. A interpretação jurídica cria o direito e estabiliza, de certa forma, o sistema jurídico. O intérprete deve se ater, por força das competências e prerrogativas de cada uma das instituições democráticas, ao determinado – democraticamente, é verdade – pelo fruto do processo legislativo, que é a lei democrática.

Por isso, não faz sentido fantasiar que a sensibilidade do tema não exista, ou que o problema se resolveria com a aplicação dos dogmas da unidade do ordenamento, ou mesmo de que, em nome da supremacia da Constituição, legitimada qualquer interpretação, desde que conforme a Constituição.

3.3.1 Os primeiros acórdãos do Supremo Tribunal Federal

> (...) declarada, com força normativa de interpretação autêntica, a interpretação conforme à Constituição, salva-se a lei, mas, simultaneamente, se veda a sua aplicação inconstitucional. (Rp 1.417, STF)

O paradigma de uma decisão interpretativa, na lógica da interpretação conforme, foi a Representação nº 1.417,[271] cujo acórdão foi assim ementado:

> (...) O princípio da interpretação conforme a Constituição (*Verfassungskonforme auslegung*) é princípio que se situa no âmbito

---

[271] Questionava-se a constitucionalidade do §3º do art. 65 da LC nº 35/79, diante dos arts. 57, II, e 200 da Constituição de 1969. A LC autorizava a concessão de adicionais pelos tribunais estaduais aos magistrados. Todavia, essa autorização violaria reserva de lei específica dos chefes de Poder Executivo, prevista na Constituição.

do controle da constitucionalidade, e não apenas simples regra de interpretação. A aplicação desse princípio sofre, porém, restrições, uma vez que, ao declarar a inconstitucionalidade de uma lei em tese, o STF – em sua função de Corte Constitucional – atua como legislador negativo, mas não tem o poder de agir como legislador positivo, para criar norma jurídica diversa da instituída pelo Poder Legislativo. Por isso, se a única interpretação possível para compatibilizar a norma com a Constituição contrariar o sentido inequívoco que o Poder Legislativo lhe pretendeu dar, não se pode aplicar o princípio da interpretação conforme a Constituição, que implicaria, em verdade, criação de norma jurídica, o que é privativo do legislador positivo (...).
(Rp 1417, Relator(a): MOREIRA ALVES, Tribunal Pleno, julgado em 09/12/1987, DJ 15-04-1988 PP-08397 EMENT VOL-01497-01 PP-00072)

Esse caso foi levantado pela primeira vez em uma representação interpretativa[272] e de inconstitucionalidade. O Supremo Tribunal, na lógica do voto do Ministro Moreira Alves, enfrentou a questão de a interpretação conforme a Constituição corresponder a uma pronúncia de inconstitucionalidade, quando fixada no âmbito abstrato de normas. Destaque-se que no acórdão o Supremo Tribunal Federal posicionou-se dogmaticamente, no sentido de que a interpretação conforme a Constituição não seria um simples princípio de interpretação, mas sim uma modalidade de decisão do controle de normas, equiparável a uma declaração de inconstitucionalidade sem redução de texto.

Esse acórdão é particularmente especial, porque da leitura de seus fundamentos é possível apreender o cuidado do relator, Ministro Moreira Alves, com o tema da interpretação conforme, por suscitar desfechos previsíveis, em que o Supremo Tribunal Federal poderia vir a se tornar potencialmente um legislador positivo caso extrapolasse os limites impostos pela interpretação conforme. Concorde-se ou não com seus termos, houve rica fundamentação decisória. Ademais, depreende-se um cotejo de doutrinas do direito comparado para possibilitar o enfrentamento da interpretação conforme de forma primeva no Tribunal brasileiro. Narra-se a lógica argumentativa desse caso, tido como um dos primeiros em

---

[272] A representação interpretativa não foi incorporada na Constituição de 1988. Introduzida pela Emenda Constitucional nº 7, de 1977, era de titularidade exclusiva do Procurador-Geral da República (CF de 1967/69, art. 119, I, l).

que se enfrentou a interpretação conforme, na jurisprudência do Supremo Tribunal.

O voto condutor cita Lúcio Bittencourt[273] para proceder à demarcação das raízes da interpretação conforme, com base nos clássicos americanos, como Coaley e Willoughby, e na jurisprudência secular da Suprema Corte. Se a lei for suscetível razoavelmente de duas interpretações, sendo uma delas inconstitucional e a outra válida, deveria a Corte adotar aquela construção que salve a lei do vício da inconstitucionalidade (187 US 197): *"if the statute is reasonably susceptible of two interpretations, by one of which it be unconstitutional and by Other valid, it is our plein duty to adopt that construction wich will save the statute from constitutional infirmity"*.

Reporta-se ao direito alemão, em especial ao defendido por Friesenhahn,[274] segundo o qual o Tribunal Constitucional "deve presumir que uma lei seja compatível com a lei fundamental e o princípio expresso nessa presunção requer, na dúvida, uma interpretação conforme à Constituição".

Já na Itália, o problema teria sido objeto de profusas discussões doutrinárias, a propósito das *sentenze interpretative di rigetto* da Corte Constitucional, que estaria recusando a declaração de nulidade sempre que fosse possível dar à lei uma interpretação que a conciliasse com a norma constitucional. Nesse sentido:

> (...) a tese de Luigi Montesano (Norma e Formula Legislativa nel Giudizio Costituzionale, na Riv. Dir. Processuale, 1958/524, 534), segundo a qual deveria a Corte declarar ilegítima a lei, não somente quando o seu significado normativo lhe parecesse inconstitucional, mas também quando o seu texto não assegurar aplicação constantemente conforme à Constituição – *"ma nche quando il texto presenti comunque difficoltà per applicazioni constantemente conformi ala Carta fundamentale"*.

Pondere-se que nesse acórdão houve menção à lentidão do processo legislativo, bem como das consequências de uma ausência de norma sobre a matéria, decorrente da declaração de nulidade,

---

[273] BITTENCOURT, Lúcio. O Controle Jurisdicional da Constitucionalidade das Leis. *Revista de Direito Administrativo*, Rio de Janeiro, v. 16, p. 93, 1949.
[274] FRIESENHAHN, Ernst. *La Giurusdizione Costituzionale nella Republica Federale Tedesca*. Milano, Itália: Giuffrè, 1973. p. 92.

como fundamento para a adoção da interpretação conforme, o que se denominou "razões de ordem prática" – *"ammasestramenti dell especienza"*, segundo Jaegguer, e, ainda, a frequente imprecisão técnica da lei até a consideração da vocação dialética dos práticos do direito e de sua capacidade *"di escogitare sempre nuovi modi di interpretazione delle norme meglio redatte"* (buscar sempre novas formas de interpretação das normas mais bem redigidas).

A convicção teórica da força determinante dos preceitos constitucionais sobre a interpretação de todas as outras normas do ordenamento jurídico também pesou positivamente para a aplicação conforme. Esse fundamento alinha-se à racionalidade da unidade do ordenamento jurídico e da interpretação sistemática.

Nesse sentido, Gustavo Zagrebelsky[275] sustentaria que as sentenças interpretativas de rejeição seriam expressões do princípio de unidade do ordenamento, "no sentido de que, dada a unidade sistemática deste, às leis deve dar-se significado que lhes permita a integração harmônica em um sistema que deve ter os seus fundamentos na Constituição" – "que deve i ousi cardini nella Costituzione".

Similar seria o defendido pela doutrina espanhola "La Supremacia Constitución sobre todas las normas y su caracter central em la construcción y en la validez del ordenamento em su conjunto", em que Eduardo Garcia[276] defende:

> *obligan a interpretar éste em cualquier momento de sua aplicación (...) en el sentido que resulta de los princípios e reglas constitucionales, tanto los generales como los específicos referentes a la matéria de que se trate (...) Es, en efecto, el princípio de la unidad del ordenamento, supoeta su estrutura hierárquica y le situación del ordenamento entero y, por lo tanto, em su interpretación, como operación previa a cualquier aplicación del mismo.*

Ainda, poder-se-ia estar diante de uma "sentença condicional", como defendido por Cappelletti, em que, diante da pluralidade de significações possíveis da lei, incidiria a fórmula de uma sentença condicional, na qual, simultaneamente, declararia a Corte que a lei comporta a interpretação y e, portanto, seria constitucional, mas,

---

[275] ZAGREBELSKY, Gustavo. *La Giustizia Costituzionale*. Bologna, Itália: Il Mulino, 1977. p. 188.
[276] GARCÍA, Eduardo. *La Constitución como Norma y el Tribunal Constitucional*. Madrid: Thomas Reuters, 1981. p. 95.

dado que a ambiguidade do texto poderia gerar a convicção de que fosse correta, ao contrário, a interpretação x, poderia a Corte declarar que, assim interpretada, a lei seria inconstitucional.

O acórdão tido por "precursor" da interpretação conforme no Supremo Tribunal Federal também cita o então Procurador da República, Gilmar Ferreira Mendes (Parecer na Rp. 1.305), ao observar que a interpretação conforme o texto constitucional, "quando verificada em ação direta, parece implicar, no nosso sistema, autêntica conversão da representação por inconstitucionalidade em representação interpretativa (...), sendo aplicável, pois, a regra do art. 187, do RI STF (efeito vinculante da interpretação)".

Observa-se que, à época, a Constituição Federal de 1969 (introdução pela Emenda Constitucional nº 7, de 1977) previa representação interpretativa, a cargo exclusivo do Procurador-Geral. Nesse contexto, enfrentou-se a questão dos efeitos da interpretação conforme, debate que pode ser apropriado aos dias atuais, notadamente diante do disposto no art. 28 da Lei nº 9.868/99.

Entendeu-se, no julgamento da representação, que a formulação, no mesmo processo, do pedido alternativo de declaração de inconstitucionalidade ou interpretação normativa permitiria que a decisão proferida alcançasse, em qualquer hipótese, efeitos vinculantes *erga omnes*: seja ela no sentido de inconstitucionalidade do texto legal questionado, seja no da sua constitucionalidade, porque dada à lei interpretação conforme à Constituição.

Considerou-se que, perante o Supremo Tribunal Federal, a interpretação conforme poderia ser um "meio" e um "fim", enquanto nas cortes constitucionais europeias, "*l'interpretazione è um mezzo e non um fine dela sua attività*".[277] "Meio" em relação ao julgamento de sua constitucionalidade, mas, também, eventualmente, um "fim", enquanto objeto do pedido de sua declaração, com a mesma eficácia geral que teria a declaração de sua inconstitucionalidade.

Em tom de conclusividade, demarcou-se que "o princípio da interpretação conforme à Constituição é, na verdade, um princípio que se situa no âmbito do controle de constitucionalidade, e não apenas uma simples regra de interpretação".

---

[277] PIERANDREI, Franco. *Corte costituzionale*. Milano, Itália: Giuffrè, 1962. p. 984.

Nesse sentido, reportou-se a Jorge de Miranda,[278] segundo quem a interpretação conforme à Constituição seria mais que uma regra de interpretação. Seria um procedimento ou regra própria da fiscalidade da constitucionalidade, que se justificaria em nome de um princípio de economia do ordenamento ou de máximo aproveitamento dos atos jurídicos, e não da presunção de constitucionalidade da norma.

Quanto aos limites da interpretação conforme, rememorou-se Gomes Canotilho,[279] que, ao analisar a natureza e as restrições da interpretação conforme à Constituição, apontou a aplicação do princípio da conservação de normas, que orienta não dever a norma ser declarada inconstitucional quando, observada sua finalidade, ela puder ser interpretada em conformidade com a Constituição e cotejada com o princípio da exclusão da interpretação conforme a Constituição, mas *"contra legem"*, que veda ao aplicador de uma norma contrariar a letra e o seu sentido através de uma interpretação conforme, mesmo que através dessa interpretação consiga uma concordância entre a norma infraconstitucional e as normas constitucionais.

Ainda sobre os limites da interpretação conforme, destacam-se a doutrina e a jurisprudência constitucionais alemãs, como em Zippelius,[280] que advertiria o reiterado entendimento da Corte Constitucional Federal, no sentido de declarar que uma interpretação conforme a Constituição tem dois limites: "o sentido literal da lei e o objetivo que o legislador perseguiu inequivocadamente com sua regulamentação". No mesmo sentido, em Schlaich e Korioth,[281] duas seriam as restrições que a jurisprudência da Corte Constitucional Federal alemã tem imposto à interpretação conforme a Constituição: o sentido literal do preceito e as determinações fundamentais do legislador, as apreciações e os objetivos das regulamentações legislativas. "Não pode a uma lei clara ser dado um sentido oposto nem pode o objetivo do legislador ser falseado ou elidido num ponto essencial."

---

[278] MIRANDA. *Op. cit.*, 1983, p. 232-233.
[279] CANOTILHO. *Op. cit.*, p. 164.
[280] *In*: BAND, Erster. *Bundesverfassungsgericht und Grundgesetz*. Tübinger, Alemanha: Mohr, 1976. v. II. p. 115.
[281] SCHLAICH, Klaus; KORIOTH, Stefan. *Das Bundesverfassungsgericht*. Munique: C. H. Beck, 1985. p. 188.

Contudo, a restrição da "vontade do legislador" não teria por decisivo o querer subjetivo do legislador. Nessa senda, reportou-se a Hesse, para quem "ao contrário, a interpretação conforme a Constituição não é possível contra a letra e o sentido, nem contra o fim visado pelo legislador. A vontade subjetiva do legislador não deve ser decisiva; trata-se de manter o máximo do que ele quis".[282]

Portanto, no acórdão primevo do Supremo Tribunal Federal, em que se enfrentou a interpretação conforme, então manejada via representação interpretativa, declaradamente se reconheceu que esta poderia assemelhar-se ou imiscuir-se a uma modalidade de inconstitucionalidade parcial sem redução de texto, na hipótese de a Corte declarar inconstitucional uma interpretação de uma lei, isto é, de o Tribunal eliminar (atuando como um legislador negativo, portanto) uma interpretação inconciliável com a Constituição.

Destaque-se que se demarcou um claro limite da interpretação conforme: o sentido da literalidade do texto da lei e, também, da "gênese legislativa inequívoca" ou o objetivo perseguido pelo legislador de forma inequívoca. Fixou-se, portanto, o alerta de o Supremo Tribunal Federal não poder atuar como legislador positivo, ou seja, não poderia criar uma norma.

Nesse contexto de debate e aplicação da interpretação conforme no Supremo Tribunal Federal, registra-se também o julgamento da ADI nº 491,[283] de relatoria do Ministro Moreira Alves,

---

[282] HESSE, Konrad. *Grundzüge des Verfassungsrechts der Bundesrepublik Deutschland*. Heidelberg: C. F. Müller, 1993. p. 32.

[283] Tratou-se de discussão sobre a constitucionalidade do art. 86, parágrafo único, da Constituição do Estado do Amazonas, que previa as seguintes normas:
"Art. 86. Lei Orgânica, de iniciativa facultativa do Procurador-Geral de Justiça, disporá sobre a organização e o funcionamento do Ministério Público, observando em relação aos seus membros. (...)
Parágrafo único. Aplicam-se, no que couber, aos membros do Ministério Público os princípios estabelecidos no art. 64, I, II e IV a XIII, desta Constituição".
O art. 64 da Constituição estadual, ao qual faz remissão expressa a disposição impugnada, dispunha:
"Art. 64. A Magistratura Estadual terá seu regime jurídico estabelecido no Estatuto da Magistratura instituído por lei complementar de iniciativa do Tribunal de Justiça, observados os seguintes princípios:
(...)
V – os vencimentos dos magistrados serão fixados com diferença não superior a dez por cento de uma para outra das categorias da carreira, não podendo, a título nenhum, exceder os dos Ministros do Supremo Tribunal Federal".

em que foi utilizada a técnica da declaração de inconstitucionalidade sem redução de texto, fazendo-se menção à "interpretação conforme", intitulando-a, outrossim, de "técnica":

> (...) impõe-se a utilização da técnica de concessão da liminar "para a suspensão da eficácia parcial do texto impugnado sem a redução de sua expressão literal", que, se feita, abarcaria normas autônomas, e, portanto, cindíveis, que não são atacadas como inconstitucionais.
> Essa técnica se inspira na razão de ser da declaração de inconstitucionalidade "sem redução do texto" em decorrência de este permitir "interpretação conforme à Constituição".
> Ora, esta Corte, ao julgar, afinal, a ação direta de inconstitucionalidade, pode – utilizando-se da técnica da "interpretação conforme à Constituição" – declarar que a norma impugnada só é constitucional se se lhe der a interpretação que este Tribunal entende compatível com a Constituição Federal, o que implica dizer que as demais interpretações que se lhe queiram dar serão inconstitucionais. É por isso que, na técnica da Corte Constitucional alemã, quando ela se utiliza da "interpretação conforme à Constituição" julga a arguição de inconstitucionalidade parcialmente procedente, pois há procedência quanto à inconstitucionalidade das interpretações que não a admitida pelo Tribunal (há, aí, uma declaração de inconstitucionalidade sem redução de texto atacado, pois o que se reduz é o seu alcance, que fica restrito ao decorrente da interpretação admitida como constitucional).
> (...)
> No caso, embora a possibilidade de declaração de inconstitucionalidade "sem redução do texto" não resulte de exclusão de aplicação dele com interpretações admissíveis mas inconstitucionais, e isso porque ela decorre da exclusão pleiteada de uma das remissões implícitas em expressão abrangente de outras não atacadas, há identidade de razão para se adotar técnica semelhante à que decorre da "interpretação conforme à Constituição".

O Relator asseverou a alteração da técnica do enunciado da decisão, em que até então se adotava a "interpretação conforme", passando a entender que, no caso, se declararia a inconstitucionalidade parcial do dispositivo impugnado em todos os sentidos que não aquele que ela entende que se concilia com

---

O Supremo Tribunal Federal, após reconhecer que a inconstitucionalidade arguida visava apenas à extensão de vantagens ao Ministério Público, contida implicitamente na referência aos incisos "IV a XIII" do art. 64, ao revés de aplicar a técnica da "interpretação conforme", optou por suspender – sem redução de texto – a aplicação do parágrafo único do art. 86 da Constituição estadual no que concerne à remissão ao inciso V do art. 64 dela constante.

a Constituição: "devemos, aqui, adotar essa nova técnica quanto aos dispositivos que, em meu voto, dei interpretação conforme à Constituição". Ponderou-se, favoravelmente, a técnica da declaração de inconstitucionalidade, na medida em que a interpretação conforme integraria a fundamentação, mas não o dispositivo,

Quanto à ADI nº 319,[284] após a fundamentação do acórdão, em que se estabeleceu uma interpretação conforme dos dispositivos em questão, houve um interessante aditamento do voto ao se registrar a propriedade da declaração de inconstitucionalidade sem redução, ao revés de se aplicar a "interpretação conforme". Nesse sentido, discutiu-se se não seria melhor consignar no dispositivo (e não apenas na fundamentação) os dispositivos declarados inconstitucionais.

Reportando-se a Gilmar Mendes e Paulo Gonet, a decisão proferida na ADI nº 491 pareceu indicar um afastamento da orientação anterior, proferida na Representação nº 14.171, que equiparava a interpretação conforme à declaração de nulidade parcial sem redução de texto. Também na ADI nº 939, essa foi a opção da Suprema Corte.[285]

Portanto, houve uma declarada opção pela técnica da inconstitucionalidade parcial sem redução de texto, em especial por razões de contar a declaração de nulidade da interpretação no dispositivo do acórdão, e não apenas na fundamentação do acórdão, muito embora, nesses paradigmas, o Supremo Tribunal Federal trate a "interpretação conforme" como técnica de decidir, e não como método de hermenêutica ou princípio.

3.3.2 A jurisprudência contemporânea

Ao longo da construção jurisprudencial sobre a aplicação da interpretação conforme, houve um certo distanciamento

---

[284] Na ADI nº 939, questionou-se a cobrança do IPMF, tendo o Supremo Tribunal Federal declarado a inconstitucionalidade sem redução do texto dos arts. 3º, 4º e 8º da Lei Complementar nº 77/93, nos pontos em que determinou a incidência da exação sobre as pessoas jurídicas de Direito Público e as demais entidades ou empresas referidas nas alíneas a, b, c e d do inciso VI do art. 150 da Constituição.

[285] MENDES; BRANCO. Op. cit., p. 721.

metodológico e dogmático com a declaração de nulidade sem redução de texto. Em um recorte de tempo mais recente, o Supremo Tribunal Federal tem tratado a "interpretação conforme" como um princípio de interpretação – embora não de forma declarada e uníssona. Esse tratamento traz algum desconforto, justamente porque, em alguns casos, ao se aplicar o que se intitula de princípio ou método de interpretação, acaba-se por proferir, em rigor, uma decisão de inconstitucionalidade de dada interpretação. Igualmente, em alguns recortes, pode ocorrer de o Supremo Tribunal Federal decidir que a interpretação conforme possa derivar em uma decisão interpretativa corretiva da lei, mesmo que de forma não confessa.

Passa-se a destacar algumas decisões da Suprema Corte, pós-Constituição Federal de 1988, em um contexto em que deixou de ser prevista a representação interpretativa. Em alguns desses julgados, não se implementou o enfrentamento crítico sobre os limites da interpretação conforme e sua diferenciação teórica em relação à declaração de inconstitucionalidade sem redução de texto.

Nesse sentido, em julgado do ano de 2004, na ADI nº 3324/DF, decidiu-se ser possível a formulação, em inicial de ação direta de inconstitucionalidade, do pedido de interpretação conforme. Na hipótese, declarou-se que a constitucionalidade do art. 1º da Lei nº 9.536/97, viabilizador da transferência de alunos, pressuporia a observância da natureza jurídica do estabelecimento educacional de origem, a congeneridade das instituições envolvidas – de privada para privada, de pública para pública –, mostrando-se inconstitucional a interpretação que resulte na mesclagem – de privada para pública (Relator Ministro Marco Aurélio, Julgado em 16.12.2004 e publicado no DJ de 05.08.2005).

No mesmo ano de 2004, foi julgada a ADI nº 3.046. Nela, o Ministro Relator Sepúlveda Pertence refutou o parecer da Procuradoria-Geral para conferir uma interpretação conforme ao diploma legal (Lei nº 19869/2001, do Estado de São Paulo) declarando sua inconstitucionalidade, julgando procedente a ação direta. No voto condutor, consignou-se que não seria a interpretação conforme adequada ao caso. É que a lei questionada visava converter cada integrante da Assembleia Legislativa em fiscal solitário e independente da Administração Pública, lógica inconciliável com a Constituição Federal. Todavia, "a "interpretação conforme" encontra limite de sua utilização no raio das possibilidades hermenêuticas de extrair do texto uma significação normativa harmônica com a Constituição". No caso, essa interpretação do texto não se faria possível (Ação julgada em 15.04.2004, publicada no DJ de 28.05.2004)

Na ADI nº 2.652, julgada em 2003, conferiu-se uma interpretação conforme ao parágrafo único do art. 14 do CPC, na redação dada pela Lei nº 10.358/2001, na parte em que ressalva "os advogados que se sujeitam exclusivamente aos estatutos da OAB" da imposição de multa por obstrução à Justiça. Sustentou-se uma discriminação em relação aos advogados vinculados a entes estatais, que estão submetidos a regime estatutário próprio da entidade. Deu-se interpretação conforme ao dispositivo e se declarou que a ressalva contida em sua parte inicial alcança todos os advogados, com esse título atuando em juízo, independentemente de estarem sujeitos também a outros regimes jurídicos. É interessante notar que, no voto condutor desse acórdão, para se chegar à interpretação conforme, houve um enfrentamento da própria gramática do texto impugnado:

> A expressão é, portanto, explicativa, e para que atinja tal finalidade, sem pairar dúvida, deveria estar entre vírgulas, em termos tais como, ressalvados os advogados, que se sujeitam exclusivamente a Estatuto da OAB, a violação ao (...). A ausência de pontuação, porém, deu ao texto uma acepção restritiva de modo a permitir a compreensão objeto da preocupação da inicial, de que apenas os advogados de particulares, é que se sujeitam ao Estatuto da OAB, e que, por isso mesmo, estariam excluídos da penalidade. (ADI nº 2652, Relator(a): Maurício Corrêa, Tribunal Pleno, julgado em 08.05.2003, DJ 14.11.2003)

A ADI nº 1.946, cujo mérito foi julgado em 2003, também foi solucionada pela interpretação conforme. Nela, questionava-se o art. 14 da Emenda Constitucional nº 20, em especial sua incidência defronte os direitos da mulher gestante materializados no art. 7º, XVIII, da Constituição, já que por esse dispositivo a Previdência estaria vinculada ao limite fixado pela norma, referente ao benefício do auxílio de licença-maternidade, sendo que o restante do valor, considerando-se a remuneração total da mulher, deveria ser, por conseguinte, pago pelo empregador. A ementa do acórdão bem traça a lógica da interpretação conforme aplicada, em um voto inclusive paradigmático aos direitos das mulheres:

EMENTA: – DIREITO CONSTITUCIONAL, PREVIDENCIÁRIO E PROCESSUAL CIVIL. LICENÇA-GESTANTE. SALÁRIO. LIMITAÇÃO. AÇÃO DIRETA DE INCONSTITUCIONALIDADE DO ART. 14 DA EMENDA CONSTITUCIONAL Nº 20, DE 15.12.1998. ALEGAÇÃO DE VIOLAÇÃO AO DISPOSTO NOS ARTIGOS 3º, IV, 5º, I, 7º, XVIII, E 60, §4º, IV, DA CONSTITUIÇÃO FEDERAL. 1. O legislador brasileiro, a partir de 1932 e mais claramente desde 1974, vem tratando o problema da proteção à gestante, cada vez menos como um encargo trabalhista (do empregador) e cada vez mais como de natureza previdenciária. Essa orientação foi mantida mesmo após a Constituição de 05/10/1988, cujo art. 6º determina: a proteção à maternidade deve ser realizada "na forma desta Constituição", ou seja, nos termos previstos em seu art. 7º, XVIII: "licença à gestante, sem prejuízo do empregado e do salário, com a duração de cento e vinte dias". 2. Diante desse quadro histórico, não é de se presumir que o legislador constituinte derivado, na Emenda 20/98, mais precisamente em seu art. 14, haja pretendido a revogação, ainda que implícita, do art. 7º, XVIII, da Constituição Federal originária. Se esse tivesse sido o objetivo da norma constitucional derivada, por certo a E.C. nº 20/98 conteria referência expressa a respeito. E, à falta de norma constitucional derivada, revogadora do art. 7º, XVIII, a pura e simples aplicação do art. 14 da E.C. 20/98, de modo a torná-la insubsistente, implicará um retrocesso histórico, em matéria social-previdenciária, que não se pode presumir desejado. 3. Na verdade, se se entender que a Previdência Social, doravante, responderá apenas por R$1.200,00 (hum mil e duzentos reais) por mês, durante a licença da gestante, e que o empregador responderá, sozinho, pelo restante, ficará sobremaneira, facilitada e estimulada a opção deste pelo trabalhador masculino, ao invés da mulher trabalhadora. Estará, então, propiciada a discriminação que a Constituição buscou combater, quando proibiu diferença de salários, de exercício de funções e de critérios de admissão, por motivo de sexo (art. 7º, inc. XXX, da C.F./88), proibição, que, em substância, é um desdobramento do princípio da igualdade de direitos, entre homens e mulheres, previsto no inciso I do art. 5º da Constituição Federal. Estará, ainda, conclamado o empregador a oferecer à mulher trabalhadora, quaisquer que sejam suas aptidões, salário nunca superior a R$1.200,00, para não ter de responder pela diferença. Não é crível que o constituinte derivado, de 1998, tenha chegado a esse ponto, na chamada Reforma da Previdência Social, desatento a tais consequências. Ao menos não é de se presumir que o tenha feito, sem o dizer expressamente, assumindo a grave responsabilidade. (...) 5. Reiteradas as considerações feitas nos votos, então proferidos, e nessa manifestação do Ministério Público federal, a Ação Direta de Inconstitucionalidade é julgada procedente, em parte, para se dar, ao art. 14 da Emenda Constitucional nº 20, de 15.12.1998, interpretação conforme à Constituição, excluindo-se sua aplicação ao salário da licença gestante, a que se refere o art. 7º, inciso XVIII, da Constituição Federal. 6. Plenário. Decisão unânime. (ADI nº 1946, Relator(a): SYDNEY SANCHES, Tribunal Pleno, julgado em 03.04.2003, DJ 16.05.2003 PP-00091 EMENT VOL-02110-01 PP-00123)

Interessante que uma das fundamentações do acórdão foi o objetivo da norma constitucional derivada, inclusive com argumentos afetos à vontade e à pretensão do legislador. Todavia, as casas legislativas, Câmara e Senado, posicionaram-se contrariamente ao entendimento de inconstitucionalidade da norma, inclusive manifestando-se em relação à constitucionalidade da incidência do dispositivo questionado, em relação ao auxílio-maternidade.

Na ADI nº 2.596, no enfrentamento da transição de um para outro modelo constitucional, adotou-se a "técnica da interpretação conforme", estabelecendo-se que deveria prevalecer uma interpretação que viabilizasse a implementação mais rápida do novo ordenamento. Assim, foi dada interpretação conforme ao dispositivo questionado da Constituição do Pará para estabilizar o sentido de que, nas primeiras vagas ocorridas para o Tribunal de Contas do Estado, a partir da vigência da Constituição de 1988, "a serem providas pelo chefe do Poder Executivo, a preferência deve caber às categorias dos auditores e membros do Ministério Público especial".[286]

Já a ADI nº 1127, em que houve a impugnação a vários dispositivos da Lei nº 8.906/1994, especificamente em relação ao art. 50, a ação foi julgada procedente para, sem redução de texto, dar interpretação conforme, de modo a compreender a palavra "requisitar" como dependente de motivação, compatibilização com as finalidades da lei e atendimento de custos da requisição, ressalvados os documentos sigilosos.[287]

Registre-se que, no curso dos votos, considerou-se a literalidade do direito de "requisitar" do advogado, tal qual expresso nos exatos termos do art. 50, como inconstitucional: "Neste caso julgo inconstitucional o termo 'requisição', mas mantenho o dispositivo

---

[286] ADI nº 2596, Relator(a): Sepúlveda Pertence, Tribunal Pleno, julgado em 19.03.2003, DJ 02.05.2003.
[287] Relator(a): Min. Marco Aurélio, Redator(a) do acórdão: Min. Ricardo Lewandowski, Julgamento: 17.05.2006, Publicação: 11.06.2010, DJe-105 DIVULG 10.06.2010 PUBLIC 11.06.2010.

neste sentido, ou seja, há necessidade de devida motivação e, eventualmente, de que o advogado ou a Ordem arque com os custos".

No caso da ADI nº 1.642, julgada em 2008, questionava-se o dispositivo da alínea d do inciso XXIII do art. 62 da Constituição do Estado de Minas Gerais, que condicionava o provimento de cargos de presidentes das entidades da administração pública indireta estadual à aprovação da Assembleia Legislativa. Pela interpretação conforme, procedeu-se à distinção entre empresas estatais que prestam serviço público e empresas estatais que empreendem atividade econômica em sentido estrito, na medida em que o §1º do art. 173 da Constituição não se aplicaria às empresas públicas, sociedades de economia mista e entidades (estatais) que prestam serviço público. Haveria, portanto, intromissão do Poder Legislativo no processo de provimento das diretorias das empresas estatais. O pedido foi julgado parcialmente procedente para dar interpretação conforme a Constituição à alínea "d" do inciso XXIII do art. 62 da Constituição do Estado de Minas Gerais, para restringir sua aplicação às autarquias e fundações públicas, dela excluídas as empresas estatais, todas elas.[288]

O emblemático julgamento da ADPF nº 54, ocorrido no ano de 2012, de Relatoria do Ministro Marco Aurélio, que discutia a constitucionalidade da criminalização de aborto de fetos anencéfalos, alçou a interpretação conforme a uma "técnica" de decidir. Em tese, houve uma atuação "criativa" do Supremo Tribunal Federal, que acrescentou mais uma excludente de punibilidade – no caso dos fetos anencefálicos – ao crime de aborto.

Nesse julgamento, a pretensão final direcionou-se no sentido do reconhecimento de que somente o feto com capacidade potencial de ser pessoa pode ser sujeito passivo do crime de aborto. O pedido deduzido, portanto, foi de interpretação conforme a Constituição dos arts. 124, 126, *caput*, e 128, I e II, do CP, em especial tendo como paradigma o *caput* do art. 5º da Constituição Federal e o conceito de vida que se extrai desse dispositivo, reconhecendo-se à gestante portadora de feto anencefálico o direito subjetivo de submeter-se

---

[288] ADI 1642/MG, Relator(a): Min. Eros Grau, Julgamento 03.04.2008, Publicação 19/09/2008, DJe-177 DIVULG 18-09-2008 PUBLIC 19-09-2008 EMENT VOL-02333-01 PP-00001 RTJ VOL-00207-01 PP-00194.

ao procedimento médico adequado, sendo suficiente sua própria vontade para a interrupção da gravidez.

Ao decidir o mérito da ação assentando a sua procedência e dando interpretação conforme aos dispositivos do Código Penal, o Tribunal proferiu uma típica decisão manipulativa com eficácia aditiva em matéria penal.

A advertência entre o que se estaria a decidir nesse julgamento histórico foi bem lançada pelo Ministro Gilmar Mendes, que "tocou na ferida" do instituto que verdadeiramente deveria amparar a decisão do Supremo: a construção decisória deveria se dar com base na técnica da interpretação conforme ou de uma decisão manipulativa. É que não se poderia olvidar: essa decisão acabaria por adicionar um conteúdo normativo à matéria penal, criando uma típica decisão manipulativa com eficácia aditiva.

No curso do voto, fez-se o registro de que o Tribunal teria admitido, ao rejeitar a questão de ordem levantada pelo Procurador-Geral da República, a possibilidade de, ao julgar o mérito da ADPF nº 54, atuar como verdadeiro legislador positivo, acrescentando mais uma excludente de ilicitude ao crime de aborto e, adiante, de que "não se pode negar que o Supremo Tribunal Federal está a se livrar do vetusto dogma do legislador negativo e, nesse passo, alia-se à mais progressiva linha jurisprudencial das decisões interpretativas com eficácia aditiva, já adotadas pelas principais Cortes Constitucionais europeias". Também se registrou que a atuação criativa do Tribunal poderia ser conclusiva para a solução de problemas relacionados à inconstitucionalidade por omissão e, também, sobre a importância de se adotar uma nomenclatura correta, é dizer, um termo técnico adequado à solução do impasse:

> Em verdade, é preciso deixar claro que a prolação de decisões interpretativas com efeitos aditivos não é algo novo na jurisprudência do STF. Poder-se-ia, inclusive, atestar que se trata apenas de uma nova nomenclatura, um novo (e mais adequado) termo técnico para representar formas de decisão que o Tribunal costuma tomar quando realiza a conhecida interpretação conforme a Constituição e, com isso, acaba por alterar, ainda que minimamente, os sentidos normativos do texto legal. Tornou-se algo corriqueiro mencionar a jurisprudência da Corte italiana sobre o tema para, num exercício de direito comparado, defender a "introdução" de novas técnicas de decisão no controle abstrato no Brasil. Não obstante, atente-se para o fato de que os problemas solucionados

pela Corte italiana por meio de sentenças aditivas são muitas vezes idênticos àqueles enfrentados pelo Supremo Tribunal Federal quando aplica a técnica da interpretação conforme a Constituição. Portanto, ainda que se queira denominar a decisão tomada nesta ADPF como interpretação conforme, ela não deixará de ser, consoante a nomenclatura tecnicamente mais adequada, uma decisão interpretativa (manipulativa) com efeitos aditivos.

Portanto, tal como vivenciado na realidade italiana, não seria incorreto considerar a possibilidade de que, também entre nós, o Supremo Tribunal Federal, ante a premente necessidade de atualização do conteúdo normativo do art. 128 do Código Penal de 1940, venha a prolatar uma decisão com efeitos aditivos para admitir que, além do aborto necessário (quando não há outro meio de salvar a vida da gestante) e do aborto no caso de gravidez resultante de estupro, não se deve punir o aborto praticado por médico, com o consentimento da gestante, se o feto padece de anencefalia.

(...) Faço, no entanto, uma imprescindível ressalva: é que as decisões manipulativas de efeitos aditivos, como essa que se propõe, devem observar limites funcionais claros, isto é, elas devem submeter-se à liberdade de conformação do legislador, que poderá, a qualquer tempo, editar norma sobre o tema. Desse modo, é preciso reconhecer que a decisão desta Corte não impedirá o advento de legislação sobre o assunto, devendo antes servir de estímulo à atuação do legislador.

Por entender que a interpretação conforme imporia limites, o que impediria a atuação do Tribunal como legislador positivo, o Ministro Ricardo Lewandowski votou pela improcedência da ação:

> Destarte, não é lícito ao mais alto órgão judicante do País, a pretexto de empreender interpretação conforme a Constituição, envergar as vestes de legislador positivo, criando normas legais, ex novo, mediante decisão pretoriana. Em outros termos, não é dado aos integrantes do Poder Judiciário, que carecem da unção legitimadora do voto popular, promover inovações no ordenamento normativo como se parlamentares eleitos fossem.

Já na ADI nº 2859, decidiu-se conferir interpretação conforme ao art. 6º da Lei Complementar nº 105/2001, para compreender que a obtenção de informações nele previstas não prescinde de processo administrativo devidamente regulamentado por cada ente da federação, em que se assegure o mínimo de garantias legais, que se encontram na legislação federal que regulamenta a temática do sigilo fiscal. Embora o Ministro Relator Dias Toffoli não tenha feito menção à interpretação conforme, esta foi levantada pelo Ministro Luís Roberto Barroso, ao argumentar que o dispositivo em questão seria aplicável às três esferas da federação, em âmbito municipal e estadual, pelo que a regulamentação própria deveria observar garantias mínimas constitucionais e legais.

Na Medida Cautelar na ADI nº 5498, requereu-se a interpretação conforme, para imposição de ordem alfabética ou, alternativamente, de votação simultânea, por meio de painel eletrônico, no que tange ao recebimento do processo de *impeachment* na Câmara de Deputados. A partir de referido pedido, o Supremo conferiu interpretação conforme, a fim de determinar que a interpretação conferida pelo Presidente da Câmara de Deputados ao Regimento Interno do Órgão, nesse ponto, seja compatível com a Constituição. Constou no corpo do acórdão que se deveria operar a interpretação conforme, pois fora verificada a melhor interpretação à luz da Constituição, devendo ser excluídas as outras. O Ministro Barroso inclusive ressaltou que "ela existe para que o Tribunal afirme uma determinada interpretação e exclua outra interpretação, sempre que uma norma infraconstitucional se preste a sentidos diferentes".

No conhecido julgamento da ADO nº 26, em que se enquadraram imediatamente as práticas de homofobia e de transfobia, mediante interpretação conforme, no conceito de racismo previsto na Lei nº 7.716/89, constou no comando do acórdão:

> d) dar interpretação conforme à Constituição, em face dos mandados constitucionais de incriminação inscritos nos incisos XLI e XLII do art. 5º da Carta Política, para enquadrar a homofobia e a transfobia, qualquer que seja a forma de sua manifestação, nos diversos tipos penais definidos na Lei nº 7.716/89, até que sobrevenha legislação autônoma, editada pelo Congresso Nacional, seja por considerar-se, nos termos deste voto, que as práticas homotransfóbicas qualificam-se como espécies do gênero racismo, na dimensão de racismo social consagrada pelo Supremo Tribunal Federal no julgamento plenário do HC 82.424/RS (caso Ellwanger), na medida em que tais condutas importam em atos de segregação que inferiorizam membros integrantes do grupo LGBTI+, em razão de sua orientação sexual ou de sua identidade de gênero, seja, ainda, porque tais comportamentos de homotransfobia ajustam-se ao conceito de atos de discriminação e de ofensa a direitos e liberdades fundamentais daqueles que compõem o grupo vulnerável em questão;

e e) declarar que os efeitos da interpretação conforme a que se refere a alínea " d" somente se aplicarão a partir da data em que se concluir o presente julgamento, nos termos do voto do Relator

Considerou-se que a noção conceitual de "raça" que compõe a estrutura normativa dos tipos penais incriminadores previstos na Lei nº 7.716/89 mereceria múltiplas interpretações, tendo conteúdo polissêmico. Seria possível, portanto, a configuração do crime de racismo quando o delito resultar de discriminação ou de preconceito dirigido à vítima em razão de sua orientação sexual ou de sua identidade de gênero. Assim, autorizada estaria a utilização da interpretação conforme, no que se refere ao conceito de "raça".

Registre-se a observação do Ministro Marco Aurélio de que aquele julgamento seria "a primeira vez em que se parte na própria ação direta de inconstitucionalidade por omissão para interpretação conforme". Em seu voto, o ministro defendeu que a ADO é meramente declaratória, não implicando efeitos constitutivos, para se posicionar contrariamente à pretensão de criminalização da homofobia, ancorando-se no princípio da reserva legal para justificar seu voto, defendendo que a competência de criação de leis penais é exclusiva do Congresso Nacional. O Ministro Ricardo Lewandowski entendeu, nessa linha, que, a despeito da "repugnância" de atos derivados de preconceito, "é certo que apenas o Poder Legislativo pode criminalizar condutas, sendo imprescindível lei em sentido formal nessa linha" e que não se poderia ir muito além de julgar a omissão inconstitucional, tratando-se de ADO, votando pela procedência parcial do pleito e reconhecendo somente a mora legislativa.

Por sua vez, o Ministro Gilmar Mendes demarcou que a matéria se tratava de pedido de adoção de sentença de efeitos aditivos, para que se procedesse à criminalização das "ofensas, homicídios, agressões e discriminações motivadas pela orientação sexual e/ou identidade de gênero". Nessa lógica, defendeu a postura "ativa", e não ativista da Corte, em especial diante da mora do Congresso ao enfrentamento da questão.

A despeito da defesa de decisão de efeitos aditivos, ao revés de uma interpretação conforme, manifestou-se o então decano, Ministro Celso de Mello:

Inacolhível, portanto, a alegação de que a decisão do Supremo Tribunal Federal a ser proferida no caso presente qualificar-se-ia como sentença aditiva, conforme sustenta o Senado Federal, pois, na realidade, está-se a utilizar o modelo de decisão de caráter estritamente interpretativo, sem que se busque reconstruir, no plano exegético, a própria noção de racismo, cujo sentido amplo e geral já foi reconhecido pelo Supremo Tribunal Federal em relevantíssimo precedente ("caso Ellwanger"), que observou, na espécie, o próprio sentido que emergiu dos debates travados no seio da Assembleia Nacional Constituinte, como enfatizou o eminente Ministro Nelson Jobim, em passagem por mim anteriormente referida – e realçada – neste voto.

Expostos alguns acórdãos, muitos deles emblemáticos, proferidos pelo Supremo Tribunal Federal, pode-se apreender o tensionamento entre o juízo de adequação e cabimento da interpretação conforme e de inconstitucionalidade e, também, o uso da interpretação conforme de forma enquanto técnica de decidir, muito embora ainda se defenda tratar-se de um princípio hermenêutico ou um método de interpretação.

3.4 Apontamentos da interpretação conforme a Constituição na Corte Constitucional Alemã

Gilmar Ferreira Mendes expõe à comunidade jurídica um substancioso estudo comparativo sobre a jurisdição constitucional brasileira e a alemã,[289] o qual ora se reporta, notadamente, para apontar alguns aspectos dogmáticos e jurisprudenciais dessa modalidade de decisão do *Bundesverfassungsgericht*, que é a interpretação conforme à Constituição. Por ela, na lógica do direito brasileiro, o Tribunal declara qual interpretação, dentre as possíveis, revela-se compatível com a Lei Fundamental.

A interpretação conforme pode ocorrer sempre que determinada disposição legal ofertar diferentes sentidos interpretativos, sendo alguns, potencialmente, incompatíveis com a Constituição.[290]

---

[289] MENDES. *Op. cit.*, 2014.
[290] SHLAICH, KORIOTH. *Op. cit.*, p. 184; GUSY, Christoph. *Parlamentarischer Gesetzgeber und Bundesverfassungsgericht*. Berlin: Duncker und Humblot 1985. p. 214 (*apud*, MENDES. *Op. cit.*, 2014, p. 327).

Mendes observa que, pela interpretação conforme, não raro se veem excluídas possibilidades de interpretação da norma, por ser considerada a sua inconstitucionalidade. Também, o Tribunal se valeria desse método para colmatar lacunas, como exemplo de uma otimização constitucional (*verfassungsrechliche Optimierung*),[291] ocorrendo uma construção em conformidade com a Constituição, pela analogia, redução ou derivação de premissas normativas constitucionais.[292]

Quanto à admissibilidade, destaque-se o argumento do princípio da unidade da ordem jurídica (*Einheit der Rechtsordnung*), que considera a Constituição superior a todas as outras normas.[293] Tal qual o direito brasileiro, as demais normas devem ser interpretadas em conformidade com a Constituição, configurando, sob esse ângulo, uma subdivisão da interpretação sistemática.[294] Soma-se a esse argumento o da presunção de constitucionalidade da lei, que importa, na dúvida, a aplicação de uma interpretação em conformidade com a Constituição. Observa-se, ainda, o reconhecimento da atuação do legislador, na concretização e realização da Constituição.[295]

Os limites da interpretação conforme, em uma perspectiva jurídico-funcional, embasam-se no princípio da autolimitação judiciária. O *Bundesverfassungsgericht* reconhece como limites da interpretação conforme a expressão literal e os propósitos perseguidos pelo legislador.[296] É importante ressaltar que, pela literalidade do texto normativo, deve-se extrair a presença de eventual plurissignificatividade, base que permite separar a interpretação em conformidade daquela incompatível com a Constituição. A expressão literal também se constituiria em limite para a interpretação conforme. Diante de um sentido inequívoco, não se pode conferir uma significação contrária nem mesmo falsear os objetivos quistos pelo legislador.[297]

---

[291] GUSY. Op. cit., p. 214
[292] MENDES. *Op. cit.*, 2014, p. 328
[293] GUSY. *Op. cit.*, p. 30 (*apud* MENDES. Op. cit., 2014, p. 329).
[294] MENDES. *Op. cit.*, 2014, p. 329.
[295] MÜLLER, Friedrich. *Juristische Methodik*. Berlin: Duncker und Humblot, 1971. p. 87 (*apud* MENDES. *Op. cit.*, 2014, p. 329).
[296] BVerfGE 2, 282 (298); 4, 351; 8, 28; 34, 41; 9, 200; 10, 80; 18, 111; 19,247 (253); 20, 218; 21, 305, 25, 305; 38, 49 (*apud* MENDES. *Op. cit.*, 2014, p. 329-330).
[297] MENDES. *Op. cit.*, 2014, p. 329-330.

Há de se ter cuidado em alterar o conteúdo da lei, corrigindo-a mediante o uso disfarçado da interpretação conforme. Note-se uma advertência similar à doutrina brasileira, quanto aos limites da interpretação conforme, para não haver uma invasão na competência legislativa.

Nessa linha de raciocínio, é importante reconhecer que, da interpretação conforme, poderia se encontrar a definição da interpretação que alcance o sentido da norma constitucional, bem como daquela que exclua o sentido da interpretação considerada inconstitucional. Aliás, essa situação jurídica, deveras sensível, é enfrentada pela doutrina brasileira e pela jurisprudência do Supremo Tribunal Federal. Isso porque o reconhecimento de inconstitucionalidade de dada interpretação se ajustaria ao instituto da declaração de nulidade sem redução de texto,[298] e, definitivamente, não se trata de institutos equivalentes.

Nesse sentido, é interessante o posicionamento da doutrina alemã, no sentido de que a coisa julgada da decisão que exclui a interpretação considerada inconstitucional não impediria a aplicação dessa interpretação tida por inconstitucional em um momento posterior, o que faz constatar que a interpretação conforme faltaria a seus objetivos primevos.[299] Com efeito, a declaração acerca da interpretação conforme não significa ser essa a única interpretação possível nem uma censura de outras interpretações.

Portanto, a censura de determinada interpretação ante sua inconstitucionalidade é mais adequada na pronúncia da declaração de nulidade parcial sem redução de texto. Identificar essa técnica com a interpretação conforme seria equivalente a considerar esta última não como regra de hermenêutica, mas como destinada a preservar leis inconstitucionais.[300]

---

[298] SKOURIS, Vassilios. *Teilnichtigkeit von Gesetzen*. Berlin: Duncker und Humblot, 1973. p. 108 (*apud* MENDES, 2014, p. 333).

[299] VOGEL, Klaus. Rechtskraft und Gesetzeskraft der Entscheidungen des Bundesverfassungsgerichts. *In*: BAND. *Op. cit.*, p. 607 (*apud* MENDES. *Op. cit.*, 2014, p. 333).

[300] BRYDE, Brun-Otto. *Verfassungsentwicklungm Stabilität und Dynamik im Verfassungsrecht der Bundesrepublik Deutschland*. Baden-Baden, Alemanha: Nomos, 1982. p. 411 (*apud* MENDES. *Op. cit.*, 2014, p. 334-335).

CAPÍTULO 4

PELA CONSTRUÇÃO DE UMA EPISTEMOLOGIA DA INTERPRETAÇÃO CONFORME PELA VIA DA PROCESSUALIDADE DEMOCRÁTICA: O ESPAÇO PROCESSUAL, OS SUJEITOS INTERPRETANTES E O JUIZ

4.1 Espaço de decidibilidade do processo de interpretação conforme

Como já declarado, esta obra, adotando o marco teórico do falsificacionismo de Karl Popper, tem como proposta o desenvolvimento de uma epistemologia da interpretação conforme, sustentada na construção da interpretação jurídica pela processualidade democrática.

Entende-se ser por demais impreciso o critério eleito de admissibilidade da interpretação conforme, que seria a indeterminação semântica do texto legal. Outrossim, não seriam claros e bem marcados os limites da interpretação conforme, tal qual os sentidos possíveis pelos aspectos semânticos do texto; a possibilidade de se proceder a uma interpretação lógica sistemática entre algum sentido do texto da lei e a norma constitucional; ou o encontro da interpretação teleológica ou finalidade e intenção da lei em relação ao texto da lei a ser interpretada.

Enfim, desconhece-se alguma metodologia segura para construção de uma interpretação conforme enquanto técnica de decidir, e a preocupação com essa ausência de método não se justifica apenas para possibilitar a busca de uma decisão tecnicamente correta, mas, sobretudo, para democratizar o instituto da interpretação conforme e o encontro da norma jurídica, fruto da atividade intelectiva, que é a interpretação do texto da lei.

No propósito de processualizar a interpretação conforme, em capítulo específico, já se refutou a instituição de um processo, para construção do sentido normativo, pautado em uma lógica da instrumentalidade processual, própria de uma relação processual entre partes e juiz, e de centralidade da prova na figura deste, o que inviabilizaria a isonomia ou a "interpretação isomênica" da norma, entre os sujeitos processuais e aqueles afetados pela norma jurídica a ser interpretada.

Uma vez superado o pressuposto de admissibilidade da interpretação conforme, que seria a possibilidade semântica de mais de uma interpretação possível, demarca-se o espaço de decidibilidade do processo hermenêutico. Este deve ser compreendido como o espaço dos limites possíveis para empreender a interpretação em conformidade com a Constituição. Nesse sentido:

> [espaço de interpretação] = possíveis sentidos do
> texto de lei e de seus aspectos semânticos

Caso a interpretação da lei não se ajuste aos espaços demarcados – imprecisos, é verdade –, deve-se refutar a possibilidade de utilização da interpretação conforme, optando-se pela declaração de inconstitucionalidade ou constitucionalidade, com ou sem redução de texto.

Assim, os métodos de interpretação literal, sistemático e teleológicos, para fins da interpretação conforme, devem atuar nos limites possíveis do espaço de interpretação.

Portanto, conforme já se conjecturou, institui-se a processualidade da interpretação conforme, enquanto técnica decisória, caso sejam respondidas afirmativamente as seguintes questões (não exaustivas):

- Pelas disposições e indeterminações semânticas, a Lei X comporta mais de uma interpretação possível?
- Uma das interpretações possíveis da Lei X tem potencial de ser compatível com a norma constitucional?

- Uma das interpretações é potencialmente dissonante da norma constitucional; todavia, há outra interpretação possível em conformidade com a Constituição?
- Do texto da Lei X, submetida à interpretação em conformidade com a Constituição, poderia haver, por consequência, o efeito corretivo da Lei X ou o afastamento de uma interpretação potencialmente considerada inconstitucional?

Essas formulações hipotéticas demarcam o espaço de decidibilidade processual da interpretação conforme.

É verdade, trata-se de um espaço elástico de possibilidades hermenêuticas, mas importa destacar que não se prescinde do texto da lei e de ser condicionada uma interpretação conforme à existência desse texto e em suas possibilidades semânticas.

Não se pode conceber uma interpretação conforme, mesmo que entendida como técnica de decidir, que traia o texto da lei ou que se sustente em alguma interpretação do texto não dito expressamente, na estrutura linguística da lei.

Portanto, quando se admite o efeito corretivo da lei, pela interpretação conforme, não se quer defender a possibilidade de ser preenchida alguma lacuna do ordenamento, agindo o Tribunal como um legislador positivo. Necessariamente, o efeito corretivo se revela, no contexto da interpretação conforme, com a construção de uma interpretação orientada à norma constitucional, necessariamente revelada pelo texto da norma.

4.2 A interpretação conforme no sistema aberto e democrático. Quais são os legitimados a interpretar a norma jurídica?

É compreensível o debate acerca de quem seriam os legitimados a interpretar a norma jurídica em conformidade com a Constituição Federal, em especial quando se ousou referir à adjetivação de "qualificada" quanto à participação dos legitimados na atividade intelectiva da interpretação.

É que se defende que o espaço processualizado da interpretação conforme, instituído perante o Supremo Tribunal Federal ou em qualquer outro Tribunal, compatibilize-se com a noção de um sistema aberto aos intérpretes da Constituição, como em Peter Häberle, na sua sociedade aberta dos intérpretes da Constituição.

Nesse sentido, a abertura aos interpretantes não poderia ser dogmática ou retórica. Há de ser factível no processo em que se construirá a interpretação jurídica e que também (re)construirá a realidade vivida e acontecida. A interpretação da norma não prescinde dessa realidade nem tampouco de, a partir dela, ambicionar um futuro melhor, no que se refere ao grau de emancipação do sujeito de direitos e da fruição de direitos fundamentais.

Há uma expressão conhecida, de Franco Modugno, sobre a "aristocracia do saber",[301] particularmente sobre o saber inato do Tribunal Constitucional e da jurisdição constitucional.[302]

É compreensível que o entendimento de ser o Tribunal Constitucional um sistema fechado de interpretantes remeta a um paralelo com o governo dos sábios de Platão, porquanto entregue àqueles detentores de saber e intelectualidade pressupostas. Na república de Platão, a própria democracia seria sacrificada, em prol de se destinar a governabilidade somente aos sábios, como se fossem inconciliáveis as figuras de um doutor e um tirano.

Existe uma mistura de percepções neste tema: impõe-se destinar ao Supremo Tribunal Federal a apreciação de demandas objetivas, com notória repercussão geral, que deveras mudam e dão um giro em pautas fundantes ao Estado Democrático de Direito. Essa decidibilidade recai sobre os Ministros dessa Suprema Corte: "os onze" Ministros, cujas mãos, saberes e compromissos irrenunciáveis com a Constituição direcionam a atividade intelectiva que é a interpretação jurídica da norma, mas a defesa do monopólio da interpretação da norma constitucional aos ministros importa na instituição, mesmo que de forma tácita, de um sistema fechado e centrado na subjetividade desses onze ministros, tratando-se do Supremo Tribunal Federal.

---

[301] Segundo Franco Modugno, "Uma aristocracia do saber e, em particular, do saber jurídico-constitucional, representada pelo Tribunal Constitucional, pode bem constituir, mais do que um simples travão ao alastramento de toda a demagogia, um ponto firme para o desenvolvimento racional da sociedade atual, uma ilha da razão no caos das opiniões" (MODUGNO, Franco. L'invalità delle legge. Milano, Itália: Giuffrè, 1970. p. X-XI. v. 1).

[302] MEDEIROS. Op. cit., 1999, p. 177.

A pergunta que se faz é como conciliar a abertura do sistema, defronte essa sacralidade da Corte Constitucional? A abertura do sistema seria somente para aqueles intitulados sábios na comunidade jurídico-social? Os despatrimonializados, os destituídos de títulos acadêmicos, os invisibilizados, teriam ingresso nesse sistema de interpretantes? Poder-se-ia apropriar-se da teorização do *amicus curiae* para se inferir a legitimidade da participação no processo de interpretação?

Deveras, permeia-se nas Cortes Constitucionais o que J. J. Gomes Canotilho intitulou "metodologia sábia da Constituição".[303] Pelos traços específicos do Direito Constitucional e da competência da jurisdição constitucional, haveria uma complexidade inata da interpretação da Constituição, pelo que é razoável entender ser pouco aberta à pluralidade de intérpretes e "tenazmente defensora do monopólio de acesso à Constituição por parte dos Juízes".[304]

Se, por um lado, compreende-se o privilégio da Corte Constitucional em definir o sentido da norma constitucional, por outro entende-se (e não há qualquer contradição nisso) que inexiste qualquer monopólio ou competência cerrada e limitada quanto aos legitimados à interpretação constitucional. Melhor afirmando, como o fez Häberle: na interpretação constitucional, "intervêm, potencialmente, todos os órgãos do Estado, todos os poderes públicos, todos os cidadãos e grupos. Não há qualquer *numerus clausus* em matéria de interpretação de Constituição".[305]

Nesse sentido, os destinatários diretos dos efeitos da norma (sejam aqueles destinatários afetados em seu âmbito de existência ou de representação) podem ser considerados participantes ativos do processo hermenêutico.[306] A processualidade que se defende ser instituída no processo de interpretação autoriza que aqueles que sofram os efeitos da construção normativa, pela interpretação jurídica, possam dela influir, como propagado por Fazzalari, ao romper com a teoria da relação jurídica e conferir um novo *status*

---

[303] CANOTILHO, José Joaquim Gomes. Jurisdição constitucional e intranquilidade discursiva. In: MIRANDA, Jorge (org.) *Perspectivas constitucionais*: nos 20 anos da Constituição de 1976. Coimbra: Coimbra Editora, 1996. p. 880.

[304] *Ibidem*, p. 880

[305] HÄBERLE. *Op. cit.*, p. 13.

[306] *Ibidem*, p. 13-15.

aos sujeitos processuais na ambiência processual. Também poderia influir na interpretação jurídica aquela categoria que, mesmo não sofrendo diretamente os efeitos da interpretação jurídica, tenha conhecimento especializado sobre a faticidade ou o objeto, que se faz necessário trazer ao processo.

Nessa linha de pensamento, refuta-se o ideário, quase vertido em uma crença, de que a abertura do sistema de forma ilimitada conduziria à democratização da interpretação conforme, solucionando o impasse quanto à legitimidade e à produção de efeitos da norma jurídica interpretada. Portanto, adota-se uma posição moderada de quais seriam os legitimados a interpretar a norma jurídica, em determinado caso objetivo, em conformidade com a Constituição, e de quais seriam os sujeitos interpretantes ou os concernidos, como adiante serão indistintamente tratados os legitimados a interpretar a norma.

Daí que no curso desta obra falou-se em interpretantes "qualificados". Longe de se os atribuir dada sabedoria inata ou formação acadêmica consagrada, a pretensão de se qualificar os interpretantes justifica-se para não se anuir a um Tribunal de "falantes", comprometendo a prestação jurisdicional no seu tempo apropriado, sem excessos desnecessários ou que somente possam vir a corroborar, em um futuro, o fechamento do sistema de interpretação da norma.

Em tese, em um primeiro filtro, seria qualificado aquele interpretante que sofresse diretamente os efeitos da norma a ser interpretada em conformidade com a Constituição. Ou seja, estar-se-ia diante do interesse jurídico (que se aproxima de um interesse institucional) como condição de legitimidade a participar do processo de interpretação da norma em conformidade com a Constituição. Outro filtro seria a qualificação do interpretante que represente o setor ou a área diretamente impactada pelos efeitos da interpretação da norma. Também poder-se-ia considerar um filtro qualificado como interpretante aquele que, embora não sofra os efeitos da norma, tenha conhecimento especializado sobre determinado objeto, linguagem científica ou dada realidade ou faticidade, cujo conhecimento se faz necessário para o alcance do sentido normativo em conformidade com a Constituição. Outro filtro seria qualificar a ocupar espaço de dialeticidade os órgãos do Estado e as instituições públicas, porquanto seu interesse institucional na interpretação da norma é inclusive presumido.

Que se destaque: tratando-se da interpretação conforme processualizada no Supremo Tribunal Federal, é importante que se considere que não se está a falar de interesse jurídico na lógica de interesses subjetivos e econômicos, para se inferir a legitimação daquele habilitado a participar do processo de interpretação. Aliás, o interesse que se constitui em um filtro de habilitação aproxima-se de um interesse institucional e de alcance pelo Tribunal de um sentido da norma jurídica em conformidade com a Constituição e, por derradeiro, com os institutos do Estado Democrático de Direito, indo muito além e para além de qualquer interesse individual.

Pela natureza das ações constitucionais, é conclusiva a ausência de interesses individuais e subjetivos individualmente nelas considerados. Outrossim, o instituto do Recurso Extraordinário, ao exigir a repercussão geral como requisito de admissibilidade, impondo a presença de questões relevantes sob o aspecto econômico, político, social ou jurídico que ultrapassem os interesses subjetivos da causa, afasta qualquer interesse jurídico unicamente subjetivo e individual como critério de legitimação para ingresso no sistema aberto do processo de interpretação.

Para melhor enfrentar a matéria, rememora-se que a faticidade ou a realidade constituem um verdadeiro elemento que direciona a interpretação jurídica. Estas devem ser vertidas ao processo de interpretação por meio de uma linguagem dos interpretantes, que não deixa de espelhar uma interpretação da própria faticidade ou da realidade tal qual elas se apresentam ao mundo. Portanto, não se descura que no sistema aberto do processo de interpretação que se está a levantar deve ser considerado legítimo esse interpretante que tenha capacidade para trazer à ambiência do processo a linguagem da realidade e da faticidade.

Ademais, no processo de interpretação, há a criação de "realidades públicas", as quais podem ser alteradas, como defendido por Häberle, com a ampliação do círculo de intérpretes. Nesse sentido, os intérpretes em sentido amplo comporiam essa realidade pluralista,[307] possibilitando-se trazer ao processo de interpretação a pluralidade, as múltiplas visões e interpretações, o conhecimento não extraído de imediato do texto da norma.

---

[307] *Ibidem*, p. 24-30.

Esses sujeitos ou entes que (i) tenham interesse jurídico-institucional na interpretação, (ii) que tenham representação adequada de um grupo ou setor que venha a sofrer os efeitos diretos da norma a ser interpretada, (iii) que possuam conhecimento especializado sobre determinado objeto, linguagem científica ou dada realidade ou faticidade em que se insira o texto da lei a ser interpretado, (iv) os órgãos do Estado e as instituições públicas teriam, conclusivamente, na racionalidade do sistema aberto que é o processo de interpretação conforme a Constituição, a um só tempo, o direito subjetivo e o dever de contribuição com a interpretação normativa.

Já se conclamou que é pressuposto da interpretação conforme a indeterminação semântica. E não se pode olvidar que muito da indeterminação ou pluralidade de sentidos admitidos no texto normativo dá-se justamente pelo desconhecimento da linguagem de outras ciências ou campos do conhecimento, afora a ciência jurídica. Desde a noção de concepção de vida e de morte, até questões econômicas relacionadas à fruição de direitos ou mesmo a capacidade de o Estado prover algum serviço público, bem como concepções de fraudes em sistemas eletrônicos, somente para exemplificar, demandam a interpretação do texto da norma por interpretantes de áreas do conhecimento outras que não a jurídica.

Esses sujeitos interpretantes podem e devem adentrar ao sistema aberto do processo de interpretação, não como partes do processo, ativas ou passivas, mas como legitimados a interpretar a norma jurídica, em uma lógica colaborativa com a jurisdição constitucional.

Na lição de Gilmar Ferreira Mendes,[308] reportando à obra de Peter Häberle, o Tribunal deve desempenhar um papel de intermediário ou de mediador entre as múltiplas forças com legitimação no processo constitucional, em ordem a pluralizar, com a abertura material da Constituição, o próprio debate em torno da controvérsia constitucional, conferindo-se efetividade ao princípio democrático para não correr risco de se instaurar um indesejável "déficit" de legitimidade das decisões do Supremo Tribunal Federal, no exercício *"in abstracto"* dos poderes inerentes à jurisdição constitucional.

---

[308] MENDES, Gilmar Ferreira. *Direitos fundamentais e controle de constitucionalidade*. 2. ed. São Paulo: Saraiva, 1999. p. 503-504.

Para o autor, sobre a contribuição da abertura hermenêutica na interpretação constitucional:

> Vê-se, assim, que, enquanto órgão de composição de conflitos políticos, passa a Corte Constitucional a constituir-se em elemento fundamental de uma sociedade pluralista, atuando como fator de estabilização indispensável ao próprio sistema democrático. É claro que a Corte Constitucional não pode olvidar a sua ambivalência democrática. Ainda que se deva reconhecer a legitimação democrática dos juízes, decorrente do complexo processo de escolha e de nomeação, e que a sua independência constitui requisito indispensável para o exercício de seu mister, não se pode deixar de enfatizar que aqui também reside aquilo que Grimm denominou de "risco democrático" (...).
> É que as decisões da Corte Constitucional estão inevitavelmente imunes a qualquer controle democrático. Essas decisões podem anular, sob a invocação de um direito superior que, em parte, apenas é explicitado no processo decisório, a produção de um órgão direta e democraticamente legitimado. Embora não se negue que também as Cortes ordinárias são dotadas de um poder de conformação bastante amplo, é certo que elas podem ter a sua atuação reprogramada a partir de uma simples decisão do legislador ordinário. Ao revés, eventual correção da jurisprudência de uma Corte Constitucional somente há de se fazer, quando possível, mediante emenda.
> Essas singularidades demonstram que a Corte Constitucional não está livre do perigo de converter uma vantagem democrática num eventual risco para a democracia.
> Assim como a atuação da jurisdição constitucional pode contribuir para reforçar a legitimidade do sistema, permitindo a renovação do processo político com o reconhecimento dos direitos de novos ou pequenos grupos e com a inauguração de reformas sociais, pode ela também bloquear o desenvolvimento constitucional do País.
> (...)
> O equilíbrio instável que se verifica e que parece constituir o autêntico problema da jurisdição constitucional na democracia afigura-se necessário e inevitável. Todo o esforço que se há de fazer é, pois, no sentido de preservar o equilíbrio e evitar disfunções.
> Em plena compatibilidade com essa orientação, Häberle não só defende a existência de instrumentos de defesa da minoria, como também propõe uma abertura hermenêutica que possibilite a esta minoria o oferecimento de 'alternativas' para a interpretação constitucional. Häberle esforça-se por demonstrar que a interpretação constitucional não é – nem deve ser – um evento exclusivamente estatal. Tanto o cidadão que interpõe um recurso constitucional, quanto o partido político que impugna uma decisão legislativa são intérpretes da Constituição. Por outro lado, é a inserção da Corte no espaço pluralista – ressalta Häberle – que evita

distorções que poderiam advir da independência do juiz e de sua estrita vinculação à lei.[309]

Há uma aproximação, é evidente, com o instituto do *amicus curiae*. Apesar disso, aqui se defende a sociedade aberta do processo como direito do interpretante que tenha interesse jurídico-institucional no sentido da norma, de forma ampla, inclusive daquele que tenha representatividade reconhecida, em consonância com o art. 7º, §2º, da Lei nº 9.868/99, o qual permite, na condição de *"amicus curiae"*, o ingresso de entidades dotadas de representatividade adequada no processo de controle abstrato de constitucionalidade. Também a participação do interpretante seria possibilitada para aquele que tenha conhecimento técnico, em especial de outras áreas da ciência, sobre o objeto de enfrentamento teórico na interpretação conforme.

Ou seja, a legitimidade do interpretante defendida, para fins da interpretação conforme, seria mais extensa do que a noção teorética do *amicus curiae*, embora bem possa se aproximar do disposto no art. 138 do CPC, que autoriza:

> O juiz ou o relator, considerando a relevância da matéria, a especificidade do tema objeto da demanda ou a repercussão social da controvérsia, poderá, por decisão irrecorrível, de ofício ou a requerimento das partes ou de quem pretenda manifestar-se, solicitar ou admitir a participação de pessoa natural ou jurídica, órgão ou entidade especializada, com representatividade adequada, no prazo de 15 (quinze) dias de sua intimação.

Defende-se, nessa linha de raciocínio, que a interpretação conforme, enquanto técnica de decidir e que enseje uma "adição" do sentido da norma, com a escolha da interpretação que esteja em conformidade com a Constituição, admite o ingresso do sujeito interpretante no sistema aberto do processo de interpretação. A legitimidade, como já se demarcou, é ampla. Entende-se que, em todo processo de interpretação conforme, enquanto técnica decisória, tem relevância para fins de admissão do sujeito interpretante,

---

[309] MENDES, Gilmar Ferreira. Controle de constitucionalidade: hermenêutica constitucional e revisão de fatos e prognoses legislativos pelo órgão judicial. *Revista Jurídica da Presidência*, Brasília, v. 1, n. 8, p. 6-7, jan. 2000. Disponível em: https://revistajuridica.presidencia.gov.br/index.php/saj/issue/view/114/56. Acesso em: 10 fev. 2025.

circunstância que amplifica os limites do art. 138 do CPC e o art. 7º, §2º, da Lei nº 9.868/99. Em uma lógica colaborativa, podem contribuir com a interpretação pessoas naturais ou jurídicas, órgãos ou entidades especializadas e, também, os órgãos públicos e entes estatais, em especial o Poder Legislativo e as comissões responsáveis pela construção da lei objeto de interpretação.

E não se olvide que o ingresso do interprétante poderá se dar a seu pedido, no momento adequado de abertura do sistema – tema à frente enfrentado –, ou a requerimento do juiz, diante de um empasse sobre o significado da linguagem de dada ciência não dominada na arena jurídica.

Diante dessa natureza do instituto da participação do "sujeito interpretante" é que se adere a Häberle para rejeitar a existência de *numerus clausus* em matéria de intérpretes da constituição,[310] conquanto possa haver filtros para admissão desse intérprete no processo hermenêutico.

4.3 Afinal, qual é a posição subjetiva do sujeito interpretante admitido no processo de interpretação?

É importante reforçar que a técnica participativa deve ser compreendida como um complemento da representação democrática, isto é, uma forma de compensar um déficit da democracia, que se reconhece no sistema representativo.[311]

Processualizar a interpretação conforme anseia, sobretudo, a democratização da normatividade jurídica, enquanto fruto da atividade intelectiva que é a interpretação. Se há representação democrática, em seu viés primário, pela atuação do legislativo na feitura da lei, possibilita-se essa representação democrática na construção da norma jurídica.

---

[310] *Ibidem*, p. 182.
[311] Nesse sentido, conferir: AMARAL, Diogo Freitas do. *Curso de direito administrativo*. São Paulo: Almedina, 2015. v. 1. p. 726 e DUARTE, David. *Procedimentalização, participação e fundamentação*: para uma concretização do princípio da imparcialidade administrativa como parâmetro decisório. São Paulo: Almedina, 1996. p. 112.

Demarcando-se que o sujeito interpretante poderia ocupar o espaço aberto do sistema processual para colaborar, com seu conhecimento e compreensão sobre a matéria afeta ao texto da lei a ser interpretada, seriam legitimadas, exemplificadamente, na linha do explanado no tópico anterior, entidades que defendem dada concepção da vida ou da morte digna; que se dedicam ao estudo teórico da vacinação; que se debruçam no tema da inteligência artificial; as empresas e *big techs*, autoridades em matéria de algoritmos; as entidades das ciências econômicas, que informam o impacto e a viabilidade econômica sobre determinado serviço público; um exímio conhecedor sobre a segurança das urnas eletrônicas ou seu projetor intelectual; grupos minorizados alijados da esfera dos efeitos jurídicos de dada norma jurídica a ser interpretada; a entidade legislativa, para expor a *mens legis* do momento da edição da lei; os povos originários, para retratar a realidade que influencia a interpretação de norma relacionada a seus direitos; o SUS, para retratar a realidade e a faticidade dos serviços de saúde...

São inúmeros e inesgotáveis exemplos. Em todos, há um potencial auxílio ao julgador, pelos sujeitos interpretantes, sobre o sentido normativo.

Quer-se conferir um compromisso com o futuro, a partir da realidade posta, pela interpretação da norma em conformidade com a Constituição. O projeto, ao ter a Constituição como marco, é o alcance de um presente livre de violências simbólicas, escassez de direitos, sofrimento humano, sem perder de vista o compromisso com o progresso, notadamente com a emancipação plena e radical da pessoa humana, garantindo-lhe a fruição de direitos humanos e constitucionais já tutelados pela Constituição Federal.

Tentou-se fazer um *"distinguishing"* dessa participação do "sujeito interpretante" ao *amicus curiae*. Com efeito, todo *amicus curiae* pode ser considerado um "sujeito interpretante", embora o concernido ou o sujeito interpretante aqui defendido tenha uma concepção mais extensa, quanto à legitimidade, para colaborar e auxiliar, institucionalmente, no processo de interpretação.

A posição subjetiva do sujeito interpretante é de um colaborador, um auxiliar, um cooperador, um contribuinte. Ele doa seu conhecimento científico sobre o sentido semântico do texto normativo. Ele dispõe de seu conhecimento sobre a realidade ou a faticidade. Ele faz projeção do futuro sobre dado sentido possível da norma.

O sujeito interpretante aqui conjecturado não atua como um defensor apaixonado pelo sentido da norma que tem a pretensão de contribuir com a adição de sentido. Portanto, suas prerrogativas ajustam-se às de um doador de conhecimento intelectivo e objetivo sobre a linguagem do texto da lei a ser interpretado e da realidade e faticidade que o circunda.

Não se ignora que possa conviver com o interesse institucional, um interesse subjetivo da categoria ou pessoal do sujeito interpretante, não há ingenuidade quanto a isso, conquanto, para fins de admissão do sujeito interpretante na abertura do processo de interpretação, seja necessária uma atuação não como defensor ou apoiador de dada tese, mas, repita-se, como colaborador de um conhecimento objetivo, científico e crítico.

Conjectura-se, inclusive, a possibilidade de os sujeitos interpretantes que adentrem ao sistema interpretativo, seja a requerimento ou a pedido do magistrado, declararem eventual conflito de interesse,[312] por qualquer razão, e que racionalmente conduza à preferência por algum sentido do texto da lei. Esse conflito não vetaria a contribuição do sujeito interpretante, mas se caracterizaria como um instrumento de reafirmação de a contribuição do sujeito interpretante dever ser de forma objetiva e crítica.

Nessa linha de raciocínio, se o objeto de interpretação é o texto da lei, cuja semântica é imprecisa e que deva se orientar de acordo

---

[312] Como uma forma de governança do instituto da participação na interpretação. Nesse sentido, no Direito Comunitário, "'Governança' designa o conjunto de regras, processos e práticas que dizem respeito à qualidade do exercício do poder a nível europeu, essencialmente no que se refere à responsabilidade, transparência, coerência, eficiência e eficácia" (UNIÃO EUROPEIA. *Livro Branco da Comissão Europeia "A Governança Europeia"*, de 25 de julho de 2001. Disponível em: https://eur-lex.europa.eu/legal-content/PT/ALL/?uri=uriserv:l10109. Acesso em: 24 fev. 2025). Ainda, de acordo com Jorge Agudo González, a governança, entendida como organização de ação coletiva à luz do respectivo Livro Branco da Comissão Europeia, pode ser definida como "La capacidad de las sociedades para dotarse de sistemas de representación, de instituciones, de procesos y de cuerpos sociales, como instrumento de control democrático, de participación en las decisiones y de responsabilidad colectiva ("GONZÁLEZ, Jorge Agudo. La concertación con la administración: especial referencia a la concertación informal. *Opinión Jurídica*, Medellín, julio-diciembre de 2011, p. 17).

com a Constituição, entende-se que a contribuição dos sujeitos interpretantes deve se dar pela linguagem escrita, notadamente por meio de petição direcionada ao julgador que fará o acertamento da interpretação conforme, influenciado, de forma crítica e fundamentada, pela interpretação dos sujeitos interpretantes. Contudo, nada obsta que, a critério do juiz, possam ser realizadas audiências públicas, para debate científico sobre a interpretação da lei orientada à Constituição.

Seja como for, a figura do "sujeito interpretante" ora caracterizada convive com aquela do *"amicus curiae"*, harmonicamente, sendo a este destinados espaços processuais mais expansivos, conforme desenvolvimento teórico específico. Também convive, pacificamente, com as partes de eventual processo subjetivo ou objetivo, órgãos e entes públicos.

Trata-se de uma premissa absolutamente provisória, mas que se joga à refutação e à crítica: ser possível a participação ampla do sujeito interpretante, no processo de interpretação conforme, enquanto técnica de decidir, pela via da linguagem escrita, na posição subjetiva de colaborador de um conhecimento objetivo.

Dessa forma, possibilita-se conciliar, com a democratização e a abertura da interpretação, a necessária economia e a duração razoável do processo. Não é possível defender um projeto de construção democrática do procedimento, todavia, com demandas eternizadas pela burocracia procedimental, mesmo que em nome da legitimidade do provimento advinda com a participação democrática.

4.4 O processo de interpretação e o acertamento da linguagem da interpretação conforme pelo juiz. A influência da linguagem do sujeito interpretante na construção do sentido normativo. O juiz como operador do Mundo 3

A apreensão do sentido da norma jurídica, com o alcance de uma interpretação democrática, dar-se-ia pela estruturação de um processo, cujo espaço procedimental tenha a discursividade, efetiva, como uma de suas proposições. A interlocução feita até aqui se justifica para reafirmar que somente com a demarcação de uma epistemologia discursiva, aberta a todos os sujeitos legitimados, linguística e crítica processual que se pode, ao menos em uma tese provisória, alcançar a democracia do ato interpretativo e o conhecimento objetivo que tanto se almeja pela ciência jurídica.

Essa discursividade dá-se pela linguagem dos sujeitos interpretantes admitidos na abertura do processo de interpretação. Nessa linha de raciocínio, é inegável que as partes subjetivas do processo e demais sujeitos, como o *amicus curiae*, auxiliares diversos do juiz, peritos, também contribuem para a interpretação normativa. Contudo, tratando-se da processualidade da interpretação conforme, dar-se-á destaque à linguagem do "sujeito interpretante" ou do "concernido", eis que em uma demanda objetiva, perante o Supremo Tribunal Federal, conquanto ausente de interesses individuais específicos, ainda assim remanesceria a legitimidade jurídico-institucional desse sujeito que colabora com a construção de sentido da norma, em conformidade com a Constituição.

Portanto, a discursividade do sujeito interpretante materializa-se pela sua linguagem vertida no processo de interpretação, direcionada à contribuição com o conhecimento crítico do sentido do texto da lei, objeto da interpretação, ou mesmo com a retratação da realidade ou da faticidade, envolta nesse texto, que influenciará no significado constitucional da norma, sem se descurar de um olhar para o futuro.

Não se pretende a obtenção de consenso dos sujeitos. A lógica da pluralidade de interpretantes, admissíveis no sistema aberto do processo de interpretação, é justamente a contribuição com visões múltiplas do conhecimento, que podem ou não se alinhar em um mesmo sentido. É importante o conhecimento das minorias, das classes dominantes, dos invisibilizados, dos liberais, dos conservadores, de economistas ortodoxos, heterodoxos... de todas as pessoas civis e jurídicas, entidades profissionais e científicas, que congreguem a possibilidade e o interesse institucional em colaborar com a interpretação normativa.

A linguagem do "sujeito interpretante" seria o seu conhecimento sobre a matéria jurídica dita expressamente ou que se quis dizer no texto da norma. Ela será posta à testificação, à crítica incessante – contribuição popperiana ao alcance da "verdade" sobre o "objeto" investigado.

Ainda, essa linguagem insere-se no Mundo 3 de Popper, já que, pela proposta de processualização, a interpretação conforme é construída nesse mundo das teorias, do conhecimento objetivo, da crítica, não no mundo das pré-compreensões ou pré-julgamentos.

É no Mundo 3 que se encontra a linguagem das conjecturas e dos argumentos, em suas funções superiores (função descritiva e função argumentativa). Retomando o já exposto, nesse Mundo 3 é que emergiria o processo científico da interpretação conforme, que poderia ser descrito, em tese, no esquema $P^1 \rightarrow TT \rightarrow EE \rightarrow P^2$, em que P^1 seria um problema a ser solucionado, TT, uma teoria provisória sobre a solução desse problema, que será submetida a uma lógica de testificação e eliminação de erros (EE). Dessa atividade, novos problemas surgem (P^2) autonomamente, os quais devem ser enfrentados criticamente.

A solução do problema, quando resistente à crítica e à testificação, equivaleria à verdade – sempre provisória, porquanto novas críticas surgem com o tempo, bem como novas soluções a elas mais resistentes – ou a um conhecimento objetivo.

Do racionalismo crítico popperiano se apropria, para depreender que a interpretação constitucionalmente adequada, ou a melhor interpretação, dentre as possíveis, em conformidade com a Constituição, seria representada pelo conhecimento objetivo que revele uma verdade (a verdade da norma constitucional), mesmo que provisória. Nesse esquema proposto por Popper:

P^1 = o problema, demarcado no texto da norma, e suas possíveis interpretações, em conformidade com a Constituição.

TT = a tese provisória, que constitui a interpretação possível do texto da norma.[313]

EE = a eliminação de erro, entendida pela testificação e pela crítica incessante. Os sujeitos interpretantes e demais partes podem promover a testificação e a crítica das teses provisórias apresentadas, pela via da linguagem escrita. As partes subjetivas do processo, pelo

---

[313] Entende-se, provisoriamente, que a demarcação das teses provisórias a serem postas à falseabilidade devem ser construída no espaço-tempo processual a par com racional mapeamento de argumentos, tema não enfrentado nesta obra.

exercício do contraditório, também podem promover a testificação e a crítica das teses provisórias, contrárias àquelas de seu interesse e que se apresentam na ambiência processual.

P² = novos problemas que surgem, até de forma autônoma, com a atividade da testificação.

A "EE", isto é, a eliminação de erro, é "instrumentalizada" pela técnica da "falseabilidade" ou "refutabilidade". Falsificar é refutar, provar que algo está errado. Trata-se de um exercício racional deveras desconfortável. Não se tenta provar que alguma tese está correta, mas que, ao revés, está errada. Com efeito, é difícil "falsificar" algo e direcionar-se para afirmar que algo está errado. Todavia, sabe-se o que está errado com mais confiança do que se sabe do que está certo.[314] É que o encontro da "verdade" é mais aproximado por meio de instâncias negativas do que por verificação. Nesse sentido, pode-se encontrar confirmação para quase tudo nesta vida, ainda mais no tema da interpretação.

Portanto, em TT, formula-se uma conjectura (a interpretação possível da norma) acerca de P¹ e, a partir dela, em EE, começa-se a procurar argumentos críticos, refutações, elementos capazes de provar que TT está errada. Essa é uma alternativa à busca por confirmações.

No processo de interpretação, a linguagem que o marca, ofertada à crítica radical e à testificação incessante, será "acertada" pelo juiz. Eis a figura central do sujeito que – na proposta desta obra, ora exposta à refutação e à crítica – exercerá, com rigor crítico, o falseamento e a refutação das teses interpretativas propostas pelos sujeitos interpretantes.

Como se defendeu, a ciência, por ter sua essência na crítica, admite que todos os sujeitos tenham a prerrogativa da "EE", mas é o juiz que a exercerá em elementar substantividade, porquanto acertará a linguagem e declarará a interpretação da lei em conformidade com a Constituição, seu sentido e, se for o caso, as eventuais interpretações divorciadas da Constituição. É o juiz quem decretará qual é a tese mais resistente à crítica, que demarca o conhecimento objetivo, ou a verdade que se impõe ser provisória,

---

[314] TALEB. Op. cit., p. 93.

mas que, por ora, teve seu sentido estabilizado e conectado com o sentido da norma constitucional.

Nessa linha de raciocínio, levantam-se as relevantes contribuições de Fazzalari sobre a influência dos argumentos das partes no provimento judicial. É possível apropriar-se da noção de contraditório fazzalariano para defender a vinculação da linguagem dos sujeitos interpretantes, mesmo se for pela atividade do falseamento e refutação, na construção da decisão jurídica, precisamente na escolha da interpretação em conformidade com a Constituição.

Rememora-se que, no salto epistemológico da ciência processual pela teoria de Fazzalari, marcado pela superação da instrumentalidade processual, há a revisitação do contraditório, que deixa de ser retórico ou demonstrado pela retórica do dizer e do contradizer, mas sim de uma efetiva influência dos argumentos das partes na decisão jurídica.

O acertamento, pelo juiz, da linguagem dos sujeitos interpretantes deve ofertar uma efetiva democratização na construção da interpretação, com a garantia de influência dos argumentos das teses provisórias dos sujeitos e das correspondentes refutações e falseabilidades.

A motivação do acórdão estabiliza quais são as teses levantadas e refutadas, pela crítica e falseamento. Expõe, ainda, por que determinada tese padeceu com certos argumentos de refutação. O dispositivo do acórdão, por sua vez, estabiliza a tese mais resistente à crítica e que vincula o sentido da norma, interpretado de acordo com a Constituição.

CAPÍTULO 5

O PROCEDIMENTO DO PROCESSO DA INTERPRETAÇÃO CONFORME. O SANEADOR PROCESSUAL E AS TESES PROVISÓRIAS. CONJECTURAS E REFUTAÇÕES. A DEMOCRACIA DECISÓRIA

5.1 Marcando a abertura do procedimento pelo saneador metodológico: um juízo prévio e provisório sobre a admissibilidade e possibilidades da interpretação conforme

A seguir, propõe-se um arquétipo do procedimento da interpretação conforme, enquanto técnica decisória. A pretensão, ousada, é de jogar luz ao instituto do processo e da construção democrática que se vislumbra possível ser por ele ofertada.

Por processo, entende-se uma instituição constitucionalizada, constituída e constituinte de direitos fundamentais, notadamente pelo contraditório, ampla defesa e isonomia. O procedimento é a base de incidência do processo, sendo que o movimento seria sua condição estrutural, conforme enfrentado no item 1.7.1.

Em Fazzalari, processo é um procedimento em contraditório, em que a construção do provimento se dá de forma participada entre as partes, centrando-se no desenvolvimento de um devido processo legal.[315]

Para dar concretude à proposta de processualização da interpretação conforme, importa vislumbrar sua admissibilidade, no contexto dos processos instituídos, notadamente perante o Supremo Tribunal Federal.

Haveria a instituição de um processo (entendido como um procedimento em contraditório e constituidor e constituinte de direitos fundamentais) com a propositura de ações constitucionais objetivas, tal qual ADIN, ADC, ADPF, somente para exemplificar. Contudo, para decidir o mérito dessas ações pela aplicação da interpretação conforme, essa técnica decisória deveria ser processualizada, ou melhor, inserida no procedimento, base do processo que decorrerá na interpretação normativa.

Melhor expressando, uma vez admitidas e recebidas as ações objetivas, após o seu processamento, em compatibilidade com o devido processo (como o cumprimento das citações e intimações), para perfectibilização da relação processual e instituição do contraditório efetivo, um momento processual subsequente far-se-ia necessário – cogita-se: a *construção de teses* que orientarão, no curso do procedimento, a admissibilidade e as possibilidades jurídicas da interpretação conforme ou da interpretação normativa. Que desde já se demarque: *teses provisórias e vertidas no processo por uma linguagem autocrítica e não dogmática.*

Nessa lógica, o enfrentamento do cabimento – potencial, e não definitivo – da interpretação conforme não se daria no momento do voto ou do julgamento da ação pelo Tribunal. O debate jurídico sobre a sua admissibilidade, em tese, o precederia.

Ora, como se defender a abertura do sistema aos interpretantes ou a democratização da construção decisória sem uma metodologia racionalmente orientada à possibilidade jurídica dessa participação influente dos sujeitos interpretantes?

Propõe-se, portanto, um "saneador metodológico" ou um momento processual de fixação dos pontos controvertidos, entendido como o espaço-tempo adequado do procedimento, anterior

---

[315] FAZZALARI. *Op. cit.*, p. 93-94.

ao julgamento de mérito, em que se conjectura, previamente, por teses a admissibilidade e as possibilidades jurídicas de aplicação da técnica da interpretação conforme.

Não se defende o pré-julgamento da matéria, reitere-se, mas sim a propositura de um marco saneador no procedimento, em que ficam demarcadas provisoriamente as potenciais soluções do problema que será enfrentado (interpretação normativa). Citem-se, como exemplo, para fins de fundamentação do raciocínio proposto, as possíveis decidibilidades, no contexto das ações objetivas ou recurso com repercussão geral:

1. Inconstitucionalidade simples – declaração de nulidade.
2. Decisão manipulativa redutiva (declaração de nulidade sem redução de texto); decisão manipulativa aditiva; decisão manipulativa substitutiva.
3. Declaração de constitucionalidade.
4. Decidibilidade circunscrita à interpretação conforme à Constituição.
4.1. Efeito corretivo do texto da lei.
4.2. Declaração de inconstitucionalidade implícita de dado sentido da interpretação da lei.

(...)

Volvendo-se ao tema já enfrentado sobre o cabimento da interpretação conforme, neste momento procedimental proposto, o qual se intitula um "saneador metodológico", conjecturar-se-ia sobre a existência de uma indeterminação semântica afeta ao texto legal, que possibilitasse a interpretação conforme a Constituição. Ou, nesse mesmo momento procedimental, poder-se-ia conjecturar sobre os métodos de interpretação, que poderiam ser manejados pela técnica decisória da interpretação conforme (método literal, sistemático, teleológico), e as teses provisórias relacionadas a esses métodos. Também se poderia conjecturar, por teses, se a solução da interpretação potencialmente se resolveria pela utilização das técnicas manipulativas, com a declaração de nulidade, com ou sem redução do texto.

Também se enfrentaria, de forma provisória, no contexto da admissibilidade da interpretação conforme, qual seria o espaço de decisão demarcado pelo texto da lei a ser interpretada (decisões possíveis, de acordo com a linguagem da lei). Ou seja, pela semântica da lei, seus contornos e limites, conquanto imprecisa, analisar-se-iam as possibilidades de se conferir determinado sentido à interpretação ou se o texto não socorreria ao sentido da norma pretendido pela Constituição (em uma lógica interpretativa gramatical ou linguística).

Por evidente, seria possível demarcar nessa metodologia saneadora quais são os textos constitucionais ou os pontos controvertidos possíveis, cujo sentido se revela necessário apreender, para solução do mérito da ação interpretativa.

5.2 A metodologia saneadora: um marco do procedimento que possibilita a formação de teses provisórias a serem ofertadas à refutação

Sustenta-se, amparando-se na proposta de criação do "saneador metodológico", a possibilidade de formação de teses provisórias, que devem ser submetidas a refutação, falseamento e crítica.

As teses provisórias levantadas na metodologia proposta não guardam identidade com as teses julgadas pelo STF, tidas por proposições firmadas no julgamento de mérito de tema da repercussão geral. Conforme adiante será exposto, espera-se que as teses provisoriamente demarcadas, hábeis a serem refutadas e criticadas pelos concernidos, possam orientar, ao fim e ao cabo, a fixação das teses, no contexto do julgamento da matéria objetiva pela corte constitucional. Contudo, as teses aqui lançadas, no que se intitulou saneador metodológico, mais se aproximam das questões jurídicas a serem enfrentadas e debatidas no processo, isto é, os pontos controvertidos processuais.

Segundo Carnelutti, ponto seria o fundamento da pretensão ou da defesa tidas por incontroversas. Na medida em que há discussão estabelecida em torno do ponto, este se torna uma questão. Nesse sentido, questão seria o ponto controvertido, seja de direito processual ou material.[316]

---

[316] CARNELUTTI, Francesco. *Instituciones del processo civil*. 5. ed. Buenos Aires: Ejea, 1973. v. I. p. 33-34.

As teses provisórias, portanto, a serem demarcadas no processo de interpretação mais se assemelhariam aos pontos controvertidos de Carnelutti. Por adequação da linguagem, tendo em vista o marco adotado do racionalismo crítico popperiano, é que se adotou o raciocínio por teses provisórias, as quais se espera que orientarão a democratização da interpretação conforme.

Ainda, essas são as teses que serão conjecturadas pelos sujeitos interpretantes, pela abertura do procedimento de interpretação, podendo sê-las também pelas partes e demais sujeitos processuais. O debate racional-crítico é feito, nessa lógica, a partir das questões previamente formuladas pelas teses provisórias.

E o que se destaca, porquanto relevante: permite que o debate das teses seja feito por uma hipótese provisória, a qual será submetida ao falseamento popperiano, com a incessante crítica e refutação, de modo que os sujeitos interpretantes possam demonstrar, preferencialmente, por que determinada hipótese provisória estaria errada (lógica da falseabilidade), em uma linguagem autocrítica.

Na linha do tópico acima, poder-se-ia conjecturar pelas teses provisórias: a norma constitucional que possivelmente orientará a hermenêutica, assim como o seu sentido; o cabimento da interpretação conforme; o cabimento da decisão de nulidade; o cabimento da decisão manipulativa; a realidade e a faticidade que circunda a interpretação; determinado conhecimento técnico elementar para a interpretação da norma; as hipóteses de interpretação admitidas pelo texto da lei; a vontade do legislador; a interpretação sistemática adequada; a ocorrência de omissão do legislador insuportável; a presença de antinomia normativa; a necessidade do apelo ao legislador.

Trata-se de hipóteses de teses que, uma vez demarcadas, compreenderão a testificação do conhecimento, na pretensão de encontrar um conhecimento objetivo ou uma verdade provisória.

Ou seja, a partir da formulação de teses, no marco do despacho saneador, de forma a possibilitar o "fateamento" da decisão, permite-se o pensar jurídico problematizável, tornando o sistema jurídico – em rigor, aberto – uma instância de problematização dos enunciados, acessíveis aos sujeitos interpretantes ou aos concernidos.

5.2.1 Um "esquema geral" da interpretação conforme. A linguagem processual, conjecturas, refutações e o conhecimento objetivo

No item 1.8, expôs-se um "esquema geral" provisório da interpretação conforme. Retomando-o, ter-se-ia:

Uma hipótese a ser conjecturada: A interpretação conforme à Constituição da Lei X. Este é o problema a ser solucionado.

Pois bem, sendo cabível a ação que questiona a Lei X, após o seu processamento, com a prática dos atos legais, previstos no procedimento, passar-se-ia ao intitulado "saneador metodológico". Por ele, possibilitar-se-ia a construção de uma racionalidade amparada em teses provisórias (e, por evidente, não definitivas), a serem testificadas em um procedimento que siga a racionalidade do Mundo 3 de Popper. Nesse momento, o saneador adotado no procedimento admitiria algumas hipóteses iniciais, relacionadas ao cabimento da técnica decisória:

I) A Lei X comporta mais de uma interpretação possível.

II) Pode haver interpretação possível (nos contornos semânticos da lei) em compatibilidade com a norma constitucional.

III) Pode haver interpretação potencialmente dissonante da norma constitucional.

IV) A partir do texto da lei, haveria espaço para a construção de uma interpretação deste texto em conformidade com a Constituição.

V) Deveria haver uma correção da letra da lei, para compatibilidade da interpretação legal à norma Constitucional.

VI) Há algum sentido da norma que, ao ser interpretada conforme a constitucional, afasta outro sentido, por incompatibilidade com a norma constitucional.

VII) Encontram-se presentes os pressupostos para a instituição da interpretação conforme ou se trata de pressupostos da declaração de inconstitucionalidade.

VIII) Deveria apelar-se ao legislador.

Na hipótese de haver a admissibilidade da interpretação conforme, enfrentam-se os elementos do Mundo 1, a serem transportadas ao Mundo 3 (próprio da testificação pretendida):

I) Os fatos, a realidade política, social, econômica, os objetos físicos e estados físicos, que orientam a interpretação normativa.

Enfrentam-se, outrossim, as questões do Mundo 2, que também serão transportadas para o Mundo 3 do falseamento crítico:

II) Os estados mentais, da consciência, estados do "eu sei", "provavelmente", "é certo", "é lógico", os pré-julgamentos, o conhecimento pressuposto, as emoções decorrentes do Mundo 1, o senso comum, o historicismo, a pretensão de mudança do futuro. Logo, a percepção acerca da Lei X, para se saber se esta é confirmada ou não.

Quanto às teses relacionadas ao mérito da ação interpretativa, construídas no Mundo 3, e direcionadas ao conhecimento propriamente dito do sentido normativo, sua constitucionalidade possível, ou o necessário reconhecimento de sua inconstitucionalidade, podem-se estabelecer hipóteses sobre as quais se daria a interpretação democrática da Lei X. Nesse sentido, alguns exemplos:

I) O sentido da norma constitucional Y, Z, W, que conformará a interpretação da Lei X.

II) O sentido A da Lei X interpretada de acordo com o sentido Y, Z, W.

III) O sentido B da Lei X interpretada de acordo com o sentido Y, Z, W.

IV) O sentido C da Lei X em negação do sentido de Y, Z, W.

V) Para ser compatível com o sentido Y, Z, W, a Lei X deveria dizer D.

(...)

As teses estabelecidas no despacho saneador tratam das hipóteses que serão postas a testificação e interpretação pelos sujeitos, na abertura do procedimento.

Podem ser falseáveis as teses relacionadas ao cabimento, aos fatos (Mundo 1), ao conhecimento pressuposto (Mundo 2), na ambiência do Mundo 3, ou seja, do mundo da teorização crítica, do embate de teorias, do conhecimento objetivo.

É razoável que, da refutação das teses pelos sujeitos interpretantes, nasçam novas teses. Ora, nada garante que do despacho saneador esteja-se trabalhando com as teses corretas, que alcançarão a interpretação da lei em conformidade com a Constituição.

Assim, das teses provisórias fixadas no despacho saneador, importará que a própria linguagem autocrítica de todos os

interpretantes seja conjecturada, criticada, refutada pelo esquema
P¹ →TT → EE → P.

Nessa senda, no curso do procedimento de interpretação, é possível que ocorra o seguinte esquema de conjectura e refutação:

P¹ →TT → EE → P ➤ P¹ →TT → EE → P
→TTa → EEa → P2a
→ TTb → EEb → P2b
→ TTc → EEc → P2c
(...)

em que P¹ é o problema a ser solucionado, que constitui no texto da lei a ser interpretado; TT, uma das teses provisórias a serem demarcadas no despacho saneador; e EE, o falseamento dessa TT pelos sujeitos interpretantes, que podem decorrer em novas TT, ou seja, novas teses provisórias.

No momento do julgamento, são os juízes que acertarão a linguagem vertida no Mundo 3, pela identificação da tese mais resistente à crítica, ou seja, pela identificação do sentido da norma legal em compatibilidade da Constituição e, caso não seja possível obtê-lo pelo contorno do texto, pela condução de nulidade da lei, inclusive, optando-se ou não pelo apelo ao legislador.

5.2.2 Retomando o debate da legitimidade: a identificação dos sujeitos interpretantes pelas teses provisórias formuladas

A partir da demarcação das teses provisórias no despacho saneador, para além da possibilidade de se dar concretude ao falseamento teórico, também é possível identificar os sujeitos interpretantes que podem adentrar o sistema aberto da interpretação, contribuindo para a busca do sentido normativo em conformidade com a Constituição.

É que se possibilitará conhecer a natureza do debate jurídico, as áreas técnicas de interação com a linguagem jurídica e a qualificação daqueles que possam vir a ter conhecimento sobre a matéria que já fora provisoriamente conjecturada nas teses do despacho saneador.

A metodologia de reconhecimento desses sujeitos interpretantes desafia um estudo específico, não enfrentado nesta obra. Em princípio, poder-se-ia pensar em alguma verificação da condição de sujeito interpretante, relacionada à matéria a ser interpretada, tal qual ocorre em fase específica no processo coletivo das *class action for damages* do direito americano. Nessa fase, ocorreria a *certification*, a fim de se verificar a representatividade adequada da *class action*, que inclui a capacidade técnica.

Por ora, ratifica-se que o sujeito interpretante é amplo, devendo ser interpretado de forma extensiva; do contrário, tudo que se defendeu sobre a abertura do sistema e a democratização do provimento não passará de uma proposta retórica e dogmática.

O sujeito interpretante é aquele que colabora, contribui para seu conhecimento para a atividade interpretativa, mediante o falseamento das teses provisórias fixadas no despacho saneador. As partes e demais sujeitos processuais, inclusive os entes e as instituições públicas, podem ser considerados sujeitos interpretantes, embora a noção desses concernidos seja mais ampla e mais flexível.

Ainda, o sujeito interpretante adentra o sistema aberto a pedido ou pode ser chamado pelo juiz, porquanto reconhecidamente detentor do domínio dos fatos, da realidade ou mesmo da matéria técnico-científica, relacionada ao mérito da ação.

5.3 O modelo decisório do STF e o comprometimento da influência da linguagem dos concernidos no acórdão

A partir da decisão saneadora proposta, com a identificação das questões jurídicas (pontos controvertidos) e da formação de teses provisórias, postas à refutação, sustenta-se ser tempo de repensar o modelo de decisão do Supremo Tribunal Federal, conferindo-lhe uma racionalidade que permita, metodologicamente, a efetiva influência dos argumentos e fundamentos dos sujeitos interpretantes (e partes, bem como demais sujeitos) na construção do acórdão.

Em torno das teses provisórias e das questões jurídicas, então demarcadas, os concernidos estariam aptos a opor argumentos críticos, que devem influir na construção decisória. Em Carnelutti, a decisão seria obtida justamente resolvendo-se as questões de fato e de direito processual ou material discutidas (nesse modelo, que encampem as teses provisórias), razão pela qual os pontos controvertidos a serem resolvidos se convertem em razões da discussão, que, por sua vez, seriam as próprias razões da decisão.[317]

O processo decisório do Supremo Tribunal Federal, que tem o modelo deliberativo *seriatim*, não se mostra, em tese, o mais adequado para a testificação pretendida nem mesmo para o alcance de uma construção democrática do provimento, entendida como a necessária influência dos argumentos interpretativos dos sujeitos interpretantes.

O provimento que culmina com a interpretação do texto normativo ou a declaração de sua nulidade, como já se expôs, é compreendido como um ajustamento do direito pelo juiz, a partir das bases linguísticas construídas no processo. É o ajustamento, nesse sentido, da tese mais resistente à crítica e ao falseamento. Não se vislumbra que o modelo decisório atual do Supremo Tribunal Federal tenha permissão metodológica para o ajustamento proposto, não só para reconhecer a tese mais resistente à crítica, mas para falsear, fundamentalmente, as demais propostas pelos sujeitos interpretantes.

Nesse sentido, haveria um déficit deliberativo no modelo atual decisório, marcado pela individualidade dos votos dos ministros, sem o estabelecimento de debate e diálogo metodologicamente orientados entre eles. Não há espaço para a "construção participada" entre os ministros na formação da decidibilidade do acórdão. A decisão é tomada pela agregação dos votos, inexistindo confronto de argumentos entre eles e a possibilidade de se implementar o falseamento que se propõe, em uma lógica de conjecturas e refutações. Aliás, pelo somatório de votos, sequer há segurança acerca da identificação da *ratio decindendi* dos acórdãos, o que inviabiliza, em tese, o julgamento com a necessária vinculação e influência da linguagem dos sujeitos interpretantes, partes e demais sujeitos processuais, no contexto das teses postas ao falseamento.

Na obra *Repensando o processo decisório colegiado do Supremo Tribunal Federal*, Isabelle Almeida Vieira faz uma interessante correlação entre a democracia deliberativa e as decisões coletivas,

---

[317] *Ibidem*, p. 33-34.

que envolveriam uma necessária deliberação para o encontro de uma legítima tomada de decisão.[318] Destaca, ainda, que, não obstante esse ideário de democracia deliberativa, nem todas as decisões coletivas seriam necessariamente tomadas por meio de deliberação, podendo também ser tomadas pelo voto (agregação). Portanto, haveria uma diferenciação entre voto e deliberação, isto é, entre uma democracia agregativa e uma democracia deliberativa.[319]

É importante destacar o posicionamento do Ministro Gilmar Ferreira Mendes no sentido de a representação democrática dos tribunais constitucionais também dever ser centrada em uma deliberação racional. A jurisdição constitucional se legitimaria, democraticamente, pela reflexão e pela argumentação em consonância com uma racionalidade própria das normas e dos procedimentos que conduziriam os julgamentos.[320]

Defende-se que a representação democrática propagada tenha racionalidade amparada em uma organização do Tribunal Constitucional de forma colegiada. Com efeito, por colegialidade entende-se que devam ser tomadas as decisões por um grupo de julgadores, isto é, tomadas em conjunto, deslocando-se o agir individual para o agir coletivo. A decisão, nessa linha de raciocínio, seria da Corte, e não dos julgadores.[321]

Conclusivos seriam os fundamentos para defender esse modelo decisório. Conrado Hübner Mendes defende razões desde a despersonificação da decisão da pessoa do julgador; a prudência e a contenção do arbítrio individual; a possibilidade epistêmica e o reforço das chances de acerto; e, também, uma razão que bem se amolda ao presente tema, que seria a possibilidade de interpretação do direito e sua abertura a várias vozes e ao desacordo, próprio das múltiplas interpretações sobre dada matéria, deveras complexa.[322]

---

[318] VIEIRA, Isabelle Almeida. *Repensando o processo decisório colegiado do Supremo Tribunal Federal*. Londrina: Thoth, 2022. p. 37.

[319] Ibidem, p. 37.

[320] MENDES, Gilmar Ferreira. Controle de constitucionalidade e processo de deliberação: legitimidade, transparência e segurança jurídica nas decisões das cortes supremas. *Observatório da jurisdição constitucional*, Brasília, v. 1, n. 1, ano 4, 2010/2011. p. 12.

[321] Ibidem, p. 54-55.

[322] MENDES, Conrado Hübner. *Direitos fundamentais, separação de poderes e deliberação*. 2008. Tese (Doutorado em Ciência Política) – Departamento de Ciência Política da Faculdade de Filosofia, Letras e Ciências Humanas da Universidade de São Paulo, 2008. p. 63-65.

Com efeito, há uma relação entre colegialidade do tribunal e deliberação qualificada. Entende-se por qualificada a deliberação cujos fundamentos são debatidos, conjecturados e refutados pelos ministros, ao revés de se ter uma deliberação por mera agregação de votos individuais.

No marco do racionalismo crítico, quer-se trabalhar com teses provisórias. Entende-se que, demarcada a hipótese e aberto o sistema procedimental, às partes e aos sujeitos outorga-se o direito de interpretar, mas não seria suficiente o mero falar, argumentar, sustentar. A democracia participativa não se exaure com a possibilidade de fala ou de intervenção no procedimento. Em rigor, esses fundamentos, vertidos ao processo pela linguagem dos interpretantes, devem influenciar o provimento decisório. O acertamento do direito pelo juiz não seria solitário ou solipsista, na medida em que deve também se orientar pelos argumentos das partes e dos concernidos (sujeitos interpretantes).

Melhor destacando, a democracia na construção decisória não se revela com a participação apenas na ambiência do procedimento, dos sujeitos interpretantes. As teses por eles testificadas devem ser refutadas e falseadas por críticas suficientes, seja para derrotar a hipótese provisória, seja para compreendê-la como o perseguido conhecimento objetivo, uma vez resistente ao falseamento.

Adere-se, portanto, ao entendimento de o STF dever se apresentar como um tribunal de teses[323] (embora se defenda, consoante linhas à frente, que essas teses devem ser demarcadas em momento anterior ao próprio julgamento, e não no momento exato ou posterior a ele). De fato, deveriam ser aprovadas, conjectura-se, as teses que sintetizam a *ratio decidendi* de seus julgados, eis que não é raro verificar-se uma ausência de racionalidade comum entre os votos.

Sobre a dissonância verificada entre o resultado do julgamento e a *ratio decidendi* dos votos individualmente apresentados, contundentes são as críticas de Fredie Didier, que trata como perniciosa

---

[323] Nesse sentido, é o defendido pelo Ministro Luís Roberto Barroso e Patrícia Perrone Campos Mello em "Modelo decisório do Supremo Tribunal e duas sugestões de mudança". *In*: BARROSO, Luís Roberto. Prudências, ousadias e mudanças necessárias no STF. *Conjur*, 28 dez. 2010.

a prática de aglutinar os votos por dificultar ou impossibilitar a identificação da *ratio decidendi*.[324]

Decerto, ao se compulsar na atualidade um acórdão do STF, com primorosos votos, é verdade, pode-se constatar, em alguns casos, algum déficit de deliberação, na medida em que se nota, pela aglutinação de votos, que em certos casos não há apreciação pelo colegiado de questões constitucionais de sensível relevância ao Estado Democrático de Direito, mas apenas destaques, isolados, em um ou alguns votos individuais, comprometendo a racionalidade do julgado.

Interessante a conclusão de uma pesquisa empírica financiada pelo Conselho Nacional de Justiça (CNJ), "A força normativa do direito judicial: uma análise da aplicação do precedente no direito brasileiro e dos seus desafios para a legitimação da autoridade do Poder Judiciário", coordenada pelo professor Thomas da Rosa de Bustamante, realizada em dez tribunais, inclusive no STJ e no STF.[325] Eis algumas de suas constatações:

> Devido ao modelo de adjudicação colegiada previsto para o Supremo Tribunal Federal na legislação brasileira, no qual cada ministro elabora seu próprio voto de forma independente dos demais (modelo denominado *seriatim*), surge o grande problema de identificação da ratio decidendi ao final do julgamento. Como cada julgador tem autonomia para decidir e cada voto não precisa considerar em nada os demais, a contagem de votos pela inconstitucionalidade ou constitucionalidade da norma ao final da votação é tranquilamente verificável, mas a determinação da regra judicial não o é, diante da possibilidade de mesmo em um julgamento decidido em unanimidade, cada um dos onze ministros ter votado por razões completamente diversas.

Nessa linha de raciocínio, aponta-se que a crítica até aqui expendida sobre o modelo *seriatim*, utilizado pelo STF, pauta-se fundamentalmente no comprometimento ou na impossibilidade de

---

[324] DIDIER JR., Fredie. A ordem no processo dos tribunais no CPC-2015 e o sistema de precedentes: voto vencido, redação de acórdão e colheita de votos. *Revista Eletrônica da Procuradoria Geral do Estado do Rio de Janeiro* (PGE-RJ), Rio de Janeiro, v. 1, n. 1, p. 5, maio-ago. 2018.

[325] BUSTAMANTE, Thomas da Rosa et al. (org.) *A força normativa do direito judicial*: uma análise da aplicação prática do precedente no direito brasileiro e dos seus desafios para a legitimação da autoridade do Poder Judiciário. Brasília: Conselho Nacional de Justiça, 2015. Disponível em: www.cnj.jus.br/wp-content/uploads/2011/02/881d8582d1e287566dd9f0d00ef8b218.pdf. Acesso em: 10 fev. 2025.

se demarcar a *ratio decidendi* do julgado, o que põe em risco todo o modelo de precedentes adotado pelo próprio CPC. Mas, para fins desta obra, joga-se luz ao comprometimento da própria efetivação do contraditório e, portanto, da possibilidade de influência dos argumentos dos sujeitos interpretantes.

Ora, racionalmente, não se falsificam todos os argumentos dos sujeitos, de forma metodologicamente orientada, com a aglutinação dos votos. É necessário refutar a doutrina dogmática, que insiste em se solidificar em bases acríticas. Para que defender e teorizar sobre o sistema aberto do procedimento de interpretação se a linguagem ali apreendida não influenciará, necessariamente, do acertamento do direito? Com efeito, tem-se por improvável que, no modelo decisório atual do STF, possibilite-se a materialização das refutações e a falseabilidade das questões adotadas pelos sujeitos interpretantes.

Para corroborar essa constatação, cita-se uma constatação do estudo do CNJ, em relação à influência dos argumentos do *amicus curiae* nos processos em trâmite no STJ e STF:

> A principal constatação obtida nessa fase de análise dos processos é a de que o Superior Tribunal de Justiça raramente utiliza os argumentos aduzidos por terceiros para fundamentar suas decisões. Nos 50 acórdãos analisados, somente observaram-se duas menções claras aos argumentos trazidos ao processo por terceiros interessados. Dessa forma, com referência ao universo de análise considerado, a conclusão à qual se chega é a de que, apesar de provocados a apresentar seus argumentos no processo, a participação de terceiros parece ter pouca influência sobre a formação do precedente jurisprudencial da Corte.
> Pela observação que se pôde fazer no STJ e, também, embora sem os critérios metodológicos adotados nessa etapa, no STF, esse tipo de atitude em relação aos terceiros e *amici curiae* é comum em praticamente todos os tribunais superiores e deveria ser enfrentado pelo legislador. Não faz sentido, por exemplo, deixar de atribuir aos *amici curiae* uma legitimidade para apresentar, nesses casos, recursos como os Embargos de Declaração, de modo a garantir eficácia à obrigação dos tribunais de se manifestarem conclusivamente sobre os seus argumentos.[326]

Portanto, há um déficit democrático nas decisões do Tribunal constitucional, que, conquanto conduzida por brilhantes votos indi-

---

[326] *Ibidem*, p. 95.

vidualmente construídos pelos ministros, nem sempre enfrenta – por impossibilidade metodológica mesmo – a totalidade da linguagem das partes e dos sujeitos processuais. A manter integralmente esse modelo, corre-se o risco de se instalar uma Corte, cujo processo é aberto aos legitimados interpretantes, mas que pouco contribui, efetivamente, para a construção decisória.

E, voltando-se ao primeiro capítulo deste livro, importa considerar que interpretar uma lei é, em rigor, constituir o direito, então instituído no texto normativo. Nessa constituição da norma jurídica, com o acertamento do direito pelo acórdão, impõe-se a participação dos sujeitos, se a opção for de um direito efetivamente democrático.

5.3.1 Uma proposta de aprimoramento do modelo decisório que autorize o julgamento das teses previamente conjecturadas no processo de interpretação

Tratando-se dos modelos decisórios, o *per curiam* (pelo tribunal) é adotado pela maioria dos tribunais da Europa continental. Nele, os juízes deliberam colegiadamente, de forma secreta, para a construção de uma única opinião da corte em formato de texto único, não havendo, em regra, possibilidade de publicação de votos divergentes.

Já no *seriatim*, cuja origem é o sistema inglês e é adotado pelo Brasil, a deliberação ocorre de forma pública, havendo a agregação dos votos.

No modelo *majoritariam practice*, adotado pela Suprema Corte americana, a deliberação ocorre de forma secreta, aproximando-se do modelo *per curiam* nesse aspecto, embora nesse modelo seja apresentada uma decisão em formato de texto único, permitindo a apresentação de votos concorrentes e divergentes.[327]

Vieira propõe o aprimoramento do modelo do STF, não com a importação completa dos outros modelos, mas com a obtenção

---

[327] VIEIRA. *Op. cit.*, p. 88.

de determinados ganhos teóricos, ao se alterarem alguns aspectos do modelo atualmente adotado.[328]

Como bem apontou Virgílio Afonso da Silva, não é suficiente lidar somente com a Constituição, mas também com a realidade posta. Nesse sentido, "nem os tribunais constitucionais europeus, nem os juízes norte-americanos deparam-se com os problemas que existem no Brasil".[329]

Na proposta desta obra, de saneador metodologicamente orientado à formação de teses provisórias, entende-se dever ser adotado um modelo que se paute na qualificada deliberação interna das questões falseadas e refutadas pelos sujeitos interpretantes. Ou seja, a testificação dessas próprias teses constaria da fundamentação do acórdão, as quais seriam submetidas à votação.

Georges Abboud defende dever caminhar, mesmo que minimamente, para o modelo *per curiam*, assegurando-se a unidade do direito, por meio de uma hermenêutica integrativa.[330] Já André Rufino do Vale compartilha o entendimento de que esse modelo propiciaria a decisão por um texto único, favorecendo a construção de uma justificação unitária e, também, que a redação deveria primar pela clareza e pela concisão dos fundamentos decisórios. A proposta do autor é de adoção, em certa medida, de alguns aspectos do modelo *per curiam*, direcionando-se na produção de um documento único e explicativo das razões de decidir do tribunal.[331]

Como propostas de aprimoramento do modelo decisório do STF, há a indicação da fixação de teses jurídicas no momento do julgamento, em especial para se formar uma cultura de precedentes. Observe-se que, com a EC nº 45/2004 e a criação da necessária repercussão geral nos Recursos Extraordinários, o STF passou a firmar teses nesses julgamentos.

Destaca-se o entendimento do Ministro Luís Roberto Barroso no sentido de que antes da conclusão do julgamento deveria ser

---

[328] *Ibidem*, p. 215.
[329] SILVA, Virgílio Afonso da. O STF e o controle de constitucionalidade: deliberação, diálogo e razão pública. *Revista de Direito Administrativo*, v. 250, p. 219, 2009.
[330] ABBOUD. *Op. cit.*, p. 1170.
[331] VALE, André Rufino do. *Argumentação constitucional*: um estudo sobre a deliberação nos Tribunais Constitucionais. 2015. Tese (Doutorado em Direito) – Universidade de Brasília, Brasília-Alicante, 2015. p. 383.

submetida à Corte, pelo relator, a tese jurídica que constaria da ementa do julgado, conferindo clareza ao decidido e facilitando a compreensão pelos demais Tribunais do país sobre o que foi decidido em sede de ação objetiva ou recurso extraordinário com repercussão geral.[332] Portanto, tanto nas ações objetivas quanto nos Recursos Extraordinários, deveria haver essa prática de proposição da tese jurídica que serviu como premissa na decisão da Corte.

Conforme alertado por Isabelle Almeida Vieira, não obstante ter-se defendido que as teses jurídicas então elaboradas nos julgamentos pudessem produzir efeitos vinculantes, em um sistema de precedentes, o que vincularia seria a *ratio decidendi*, isto é, "a essência do raciocínio jurídico que embasou a decisão, e não a tese jurídica" e, ainda, não poderia essa razão de decidir ser compreendida exclusivamente como uma proposição jurídica, na forma em que se entendem as teses jurídicas, considerando-se a impossibilidade de ser desvinculada da questão de fato que lhe originou.[333]

De fato, há a potencialidade de a construção das teses no momento do julgamento, ou após este acontecer, não corresponder aos fundamentos utilizados pela maioria dos julgadores para fundamentar a decisão. Assim, muitas vezes, a tese jurídica poderia acabar restringindo, ampliando, destoando, mesmo que minimamente, das razões de decidir.[334]

Muito desse debate crítico centra-se na construção de teses vinculadas à formação de precedentes, seja na dificuldade de as teses vincularem-se aos debates que as originaram, seja mesmo na verificabilidade de que as teses dificilmente encampem a motivação essencial do precedente.[335]

Mesmo diante dessas constatações, a tese jurídica pode ser compreendida como uma etapa ao atingimento de uma cultura

---

[332] BARROSO, Luís Roberto. *Um outro país*: transformações no direito, na ética e na agenda do Brasil. Belo Horizonte: Fórum, 2018.

[333] *Ibidem*, p. 219.

[334] BARIONI, Rodrigo; ALVIM, Teresa Arruda. Recursos repetitivos: tese jurídica e ratio decidendi. *Revista de Processo*, v. 296, p. 183-204, out. 2019. p. 189-191.

[335] *Ibidem*, p. 224. Nesse sentido: "a quase totalidade das teses enunciadas ao término dos julgamentos de questões constitucionais com repercussão geral constitui-se de preceitos desvinculados de suas causas" (FERRAZ, Taís Shilling. Ratio decidendi x tese jurídica: a busca pelo elemento vinculante do precedente brasileiro. *Revista de Processo*, v. 265, p. 419-441, mar. 2017, p. 426).

de precedentes no Brasil. Não obstante, registre-se a posição de que o caminho necessário seria o de que essa fixação não fosse mais considerada necessária, uma vez que "são os fundamentos determinantes das decisões que devem se apresentar como o elemento mais relevante para a construção de soluções nos casos subsequentes, e não as teses jurídicas",[336] mas que se reitere, por relevante, que as teses jurídicas devam ser demarcadas em momento anterior ao julgamento, notadamente no despacho saneador proposto.

O aporte teórico que se propõe é que essas teses jurídicas, ou hipóteses decisórias, sejam fixadas, de forma provisória, na abertura do procedimento de interpretação normativa, notadamente da interpretação conforme, isto é, que sejam desde já conhecidas e enfrentadas.

Afigura-se sensível, no campo da efetiva democracia participativa e decisória, a compreensão de que dada tese jurídica ou certo fundamento determinante da decisão sejam conhecidos apenas no momento posterior ao julgamento e com a prolação dos votos.

Não se implementariam a conjectura e a refutação crítica, que se concebem como uma noção contemporânea e constitucional do contraditório e da participação democrática dos sujeitos interpretantes no processo de interpretação, sequer há comprometimento com esse projeto deliberativo democrático.

Ora, sem a fixação – provisória, registre-se – prévia de teses ou a demarcação de hipóteses decisórias, o fixado ou o demarcado pós-julgados são fruto, possivelmente, de circunstâncias fortuitas, que fogem à previsibilidade processual, que não são construídas em simétrica paridade ou por influência dos sujeitos tecnicamente habilitados, ou têm uma representação legítima para falar sobre a matéria posta a julgamento.

No falseamento popperiano, já se expôs quão mais fácil é fundamentar que algo está correto (onde as ciladas interpretativas se encontram). É possível atribuir uma justificativa para quase tudo neste mundo. Pode-se conjecturar que, para vários sentidos interpretativos, há bons e consistentes fundamentos em sua defesa,

---

[336] VIEIRA. *Op. cit.*, p. 225.

mas o almejado e perseguido conhecimento objetivo, compreendido como a interpretação em conformidade com a Constituição, seria alcançado com o falseamento incessante das hipóteses postas, provisoriamente. Citemos novamente:

$$P^1 \to TT \to EE \to P \Rightarrow P^1 \to TT \to EE \to P$$
$$\to TTa \to EEa \to P2a$$
$$\to TTb \to EEb \to P2b$$
$$(\ldots)$$

$$(\ldots)$$

$$\to TTc \to EEc \to TTc$$
(conhecimento objetivo)

A democracia decisória e, portanto, a possibilidade de acerto do provimento (considerando-se a aproximação do julgamento a um patamar elevado de fruição de direitos e garantias constitucionais) são concretizadas com a participação efetiva – e não retórica ou dogmática – dos sujeitos interpretantes. Participação que permita dizer e influir, pela linguagem vertida ao processo, porque determinadas hipóteses estariam erradas e seriam falseáveis, e que pudesse reconhecer aquela hipótese vencedora, porquanto resistente à crítica.

Dessas teses, provisórias, poderiam decorrer novos problemas, provisoriamente postos à refutação por novas teses, igualmente provisórias. Nessa lógica de conjectura e refutação nasceria o acertamento do direito – e da linguagem argumentativa e autocrítica – pelo juiz.

Portanto, não se trabalha com hipóteses ou teses construídas posteriores ao julgamento pelo tribunal. Um dos riscos é o já exposto em críticas de que nem sempre os fundamentos determinantes do acórdão seriam validados na tese jurídica, mas se dá destaque a um risco mais sensível: o comprometimento da pretensão de democratização do processo, de participação democrática, de realização do contraditório efetivo e, também, de possibilidade de alcance do conhecimento objetivo, obtido pela interpretação efetivamente em conformidade com a Constituição, e não dogmática ou retoricamente.

Fixar tese jurídica posteriormente ao julgamento é negar a crítica processual qualificada. Negar a crítica é fechar o acesso à pretensão de construção de uma ciência do direito livre de aporias, contradições performativas, ideologias, preconcepções.

Desde já se refuta um possível argumento de que a decidibilidade do julgamento ficaria comprometida, porquanto fixada no momento do saneador metodológico. A tese que se propõe fixar, a partir da qual se iniciarão os trabalhos e as contribuições de conjectura e refutação, é provisória. Popper não trabalha, em nenhuma teoria, com hipóteses definitivas. Sua verdade sempre é provisória, o conhecimento objetivo também o será. Popper fomenta, aliás, o embate de teses (propaga ser melhor as teses morrerem no lugar dos homens). Não há qualquer predileção às teses provisoriamente fixadas, aliás, alerte-se que preconcepções e pré-julgamentos, próprios do Mundo 2 de Popper, sejam enfrentadas teoricamente e vertidas ao Mundo 3 para serem falseadas (seção 1.7.3.1).

Uma vez fixadas provisoriamente, essas teses podem perfeitamente decorrer em novas teses, a par da linguagem autocrítica dos sujeitos interpretantes, partes, sujeitos processuais. O importante é que anteriormente ao julgamento (ou eventualmente no seu curso) conheçam-se as teses que serão decididas, seus fundamentos determinantes, as hipóteses interpretativas. Conheçam-se, também, os fundamentos (conjecturas e refutações) que essas teses venceram e sobreviveram à crítica.

Portanto, a decidibilidade do tribunal ou a interpretação conferida ao dispositivo normativo, em conformidade com a Constituição, decorrerão da testificação de uma tese previamente apreciada e enfrentada. Reitere-se: essa tese não seria originada do julgamento, de forma surpresa. Ela é anterior ou concomitante a este e afigura-se na mais resistente. É a vencedora depois de um embate incessante.

Por fim, é importante mencionar que a proposta desta obra difere da modalidade de julgamento por questão (*issue-by-issue*). Por esta, o tribunal contabiliza os votos de cada questão e matéria relevante para depois combinar os resultados, para fim de determinar claramente a *ratio decidendi*.

Marinoni esclarece que por *issue-by-issue* entende-se o modelo que obriga a discussão e a votação de cada questão em separado, sendo uma alternativa para evitar decisões plurais, em que o resultado prevalece, mesmo que alguns fundamentos tenham sido rejeitados pela maioria.[337]

Nesse modelo, portanto, podendo o objeto posto em julgamento ser decomposto em matérias distintas, vota-se cada uma delas de forma separada, evitando-se que haja a soma de votos sobre fundamentos distintos.

A diferença entre as propostas justifica-se, em especial, pelo momento da construção das teses provisórias, as quais devem ser conjecturadas e refutadas pelos sujeitos interpretantes.

A presente proposta, reitere-se, por relevante, tem por enfoque não só estabelecer a racionalidade decisória metodologicamente orientada nas teses provisórias, mas, sobretudo, garantir a abertura do sistema em patamar de efetividade, suprindo com o déficit democrático na construção da interpretação da norma jurídica, com a garantia de participação e influência dos argumentos e fundamentos dos concernidos (sujeitos interpretantes).

5.3.2 O relatório do voto do relator como um segundo saneador metodológico. Por uma nova demarcação das teses provisórias já conjecturadas e refutadas pelos concernidos

No geral, aponta-se que tanto no modelo americano quanto no europeu a deliberação decisória intrainstitucional não se implementa de modo instantâneo. Assim, a deliberação nos tribunais caminharia por diferentes meios, oral e escrito, até que ao final se condense em uma decisão publicizada.[338]

Pela realidade que se opera na jurisdição constitucional brasileira, no que se refere ao seu modelo decisório, entende-se que, seja por meio de uma promoção de práticas deliberativas de forma colaborativa ou mesmo pela instituição de uma deliberação

---

[337] MARINONI, Luiz Guilherme. *Julgamento nas cortes supremas*: precedentes e decisão do recurso diante do novo CPC. 2. ed. São Paulo: Revista dos Tribunais, 2017. p. 97.

[338] ZARONI, Bruno Marzullo. Julgamento colegiado e a transparência na deliberação do STF: aportes do direito comparado. *Revista de Processo Comparado*, v. 2, p. 58, jul.-dez. 2015.

prévia e interna, devem ser buscadas a racionalidade decisória e a construção de um ato que, metodologicamente, autorize a identificação das razões e dos fundamentos das teses afastadas e, por derradeiro, conheçam-se e compreendam-se, com rigor técnico, a tese vencedora e os fundamentos resistidos à crítica e que venham a amparar a interpretação em conformidade com a norma constitucional.

Não é recorte desta obra o aprofundamento do modelo decisório do tribunal nem mesmo o seu procedimento interno e institucional. A contribuição que se pretende submeter a crítica é de formação de teses provisórias no momento demarcado por um saneador metodológico, que autorize e viabilize a interpretação pelos concernidos, em um procedimento aberto, democratizando a construção da norma jurídica pela via do contraditório efetivo e não dogmático.

Mas, certamente, um modelo decisório estruturado na deliberação colegiada, que garanta a influência da linguagem dos interpretantes na decisão e, em especial, que se organize de forma a permitir a testificação das teses que se apresentam, culminando com o acertamento do direito pelos julgadores – e a apresentação da correspondente fundamentação resistente à crítica –, instrumentalizaria a construção democrática da interpretação, tão almejada no marco do Estado Democrático de Direito.

Esse projeto de processualização democrática da interpretação não prescindiria do ajustamento das teses, previamente conjecturadas no saneador metodológico já proposto, as quais devem ser ofertadas a crítica, refutação e falseamento pelos sujeitos interpretantes. Já se expôs o entendimento de que se trataria de teses de provisórias, porquanto não se pode conceber para onde caminha e caminhará o conhecimento quando se trabalha de forma rompida com prejulgamento e preconcepções (que, inclusive, sairiam do Mundo 2 em direção ao 3, no qual se reformularia em uma teoria a ser testificado).

Daí que se revela necessário construir um segundo marco saneador metodológico, situado após a manifestação escrita dos concernidos, mas que precederia ao julgamento pelo tribunal da matéria submetida à interpretação democrática. Mais uma vez, volta-se ao esquema:

$$P^1 \to TT \to EE \to P \Rightarrow P^1 \to TT \to EE \to P$$
$$\to TTa \to EEa \to P2a$$
$$\to TTb \to EEb \to P2b$$
$$\to TTc \to EEc \to P2c$$
$$(\ldots)$$

Esse marco, em tese, poderia ser identificado no relatório do voto do relator. Nessa lógica, TTa, TTb, TTc (...) se constituiriam nas teses a serem demarcadas pelo relator do processo, em seu relatório, que serão postas à testificação e ao falseamento em seu próprio voto, bem como orientarão o silogismo dos votos dos ministros no momento do julgamento. Elas são definidas de acordo com as conjecturas e as refutações de TT, realizadas pelos concernidos, partes e sujeitos processuais. TT pode ser idêntico ou não a TTa, TTb, TTc (...).

Observa-se que, se no primeiro marco saneador, "EE", metodologicamente orientado à crítica, será uma atividade dos concernidos (amplamente considerados, incluindo o *amicus curiae*) e partes, o segundo saneador "EE" é uma atividade de falseamento e crítica dos magistrados, que têm competência para o acertamento do direito.

O momento processual adequado desse saneador, sendo o relatório do voto do relator, deve admitir seu conhecimento de forma antecipada do julgamento. Seja pela adoção de mecanismos e práticas deliberativas, em uma lógica colaborativa entre os ministros, seja pela instituição de uma fase prévia ao julgamento, a ser tutelada em regimento interno do tribunal, é importante que haja a estabilização (sempre temporária) ou a demarcação das teses que serão enfrentadas no julgamento.

O relatório do voto do relator poderia ser considerado, portanto, como o segundo saneador das teses a serem efetivamente conjecturadas no julgamento da ação objetiva ou recurso com repercussão geral. Mais precisamente: poderia ser o momento em que as teses sejam estabilizadas, provisoriamente, após todo o procedimento de testificação pelos demais sujeitos, possibilitada com a abertura do processo.

Eis uma fase essencial da técnica decisória proposta: o relatório que estabiliza a linguagem das teses e a joga para a testificação por aqueles que farão o acertamento do direito – aliás, que identificarão a norma jurídica, dando-lhe o sentido constitucional. Diz-se estar diante de uma técnica decisória, porquanto se busca, pelo conjunto de procedimentos, um resultado (conhecer a interpretação democrática e criar a norma jurídica). Há um proceder ordenado, organizado. Conhecer as teses jurídicas a serem enfrentadas no julgamento se revela essencial para o esforço de testificação e alcance da interpretação conforme a Constituição.

O relatório do voto, portanto, também retrataria as questões jurídicas que se apresentam no Mundo 3, isto é, as teses a serem conjecturadas no julgamento propriamente dito, garantindo-se a possibilidade de influência dos argumentos dos interpretantes. Isso seria possível desde as teses relacionadas à realidade e à faticidade que circunda a matéria a ser julgada; as teses do conhecimento técnico-científico; as teses relacionadas ao sentido da norma constitucional e aquelas da interpretação democrática.

Esse relatório não revela a tese verdadeira defronte a falsa. Não se tutela o prejulgamento, no contexto do marco processual que ora se adota, do racionalismo crítico, mas se trata de um relatório saneador das teses que se estabilizaram (provisoriamente) e que serão "jogadas" à decidibilidade, sendo que a mais resistente vencerá. Por evidente, não se deve vedar que os demais julgadores acresçam outras teses que devam ser enfrentadas no decorrer do julgamento da matéria constitucional.

Marinoni entende que a corte deve definir o objeto da discussão antes do início do julgamento. Ainda, o relatório do voto deveria disciplinar a metodologia do julgamento a partir do que deverá ser decidido, eis que "a delimitação dos fundamentos que devem ser enfrentados garante a racionalidade do desenvolvimento da discussão (...) a prévia definição do objeto do julgamento tem importância quando se almeja uma *ratio decidendi* precisa (...)".[339]

Já há uma substanciosa defesa de que o relatório indique, em proposições, as matérias e questões jurídicas a serem submetidas a julgamento.[340] Contudo, como já se defendeu, entende-se que devam ser demarcadas de forma antecipada as teses jurídicas a serem enfrentadas no voto dos ministros, em uma relação de dependência

---

[339] MARINONI. *Op. cit.*, p. 357-394.
[340] Nesse sentido, cf. KOATZ, Rafael Lorenzo-Fernandez. Deliberação e procedimento no Supremo Tribunal Federal: propostas para um modelo de deliberação compatível com a Constituição de 1988. In: BAPTISTA, Patrícia; BRANDÃO, Rodrigo (org.) *Direito Público. Coleção Direito UERJ 80 anos.* Rio de Janeiro: Freitas Bastos, 2015. p. 457-458.

lógica com aquelas provisoriamente fixadas no momento da abertura do procedimento de interpretação.

Nessa linha de raciocínio, tem-se defendido um modelo misto ou bifásico de deliberação, com a realização de uma "deliberação antecipada" do colegiado, que possibilite o diálogo sobre as questões que serão postas sob apreciação.[341] Poder-se-ia, portanto, cogitar a criação de uma sessão específica interna de deliberação, prévia à sessão pública de julgamento, formalmente prevista no regimento interno e, também, a utilização do Plenário Virtual para troca de informações prévias, fomentando e direcionando o debate. "A ideia é que esse sistema eletrônico pudesse ser utilizado para iniciar um debate virtual, o qual seria posteriormente concluído durante a sessão de julgamento."[342]

Conjectura-se, na linha desta proposta, que esta sessão interna e prévia à sessão pública de julgamento, realizada no Plenário Virtual, poderia ter por atribuição o acertamento das teses provisórias, então falseadas pelas partes, sujeitos interessados e interpretantes, no curso do procedimento da interpretação conforme, e que devam constar do relatório do voto disponibilizado pelo relator. Ou seja, poderia se possibilitar a organização e demarcação das teses a serem enfrentadas no julgamento público, desde as relacionadas ao cabimento ou não da interpretação conforme quanto as relacionadas aos fatos e realidade, assim como a um projeto de futuro, e relacionadas à interpretação que melhor se compatibilize com o texto constitucional.

5.3.3 A importância do pioneiro voto conjunto dos Ministros Gilmar Ferreira Mendes e Luís Roberto Barroso. Um passo adiante: a publicização interna do voto pelo relator

Pelas proposições teóricas até aqui expostas, é importante se proceder à noção contemporânea do voto do relator. Mais do que

---

[341] CÂMARA, Alexandre Freitas; MARÇAL, Felipe Barreto. Repensando os dogmas da publicidade e do sigilo na deliberação na justiça brasileira. *Revista de Processo*, v. 299, p. 45, jan. 2020.

[342] VIEIRA. *Op. cit.*, p. 228-229.

um voto que congregue um relatório como marco das questões jurídicas a serem conjecturadas e que quase sempre é o protagonista do julgamento, na perspectiva teórica proposta, o voto do relator também deve significar uma proposta de convergência e de consenso possível entre os ministros. É um "convite" à adesão daqueles que fizeram o acertamento do direito em compatibilidade com a feita pelo voto do relator. É a abertura a acréscimos de fundamentos críticos que falseiam dada tese conjecturada, em um entendimento de que o voto do relator seria o "ponto de partida" da decidibilidade da corte.

Faz-se aqui uma observação de que, no marco do racionalismo crítico e do forte embate de argumentos falsificadores e falseáveis, a democracia é compreendida como a possibilidade de conflito teórico. Não se faz coro, portanto, à busca do consenso entre os julgadores, de modo ingênuo, idealizado e a qualquer custo, mas se busca que, a par da estabilização das teses a serem enfrentadas no relatório, o voto do relator falsifique cada uma delas e indique aquela resistente à crítica. A partir desse trabalho ordenado e organizado, são possíveis a máxima convergência e a divergência teórica, racionalmente adequada.

Tem-se sustentado que o STF deva criar e cultivar práticas deliberativas internas, que antecedem o julgamento público, visando à deliberação colegiada.[343] Quanto a esse posicionamento, destaque-se o recente e, sim, paradigmático voto em conjunto – porquanto foi a primeira vez que dois ministros apresentaram um só voto num julgamento – dos Ministros Barroso, então relator, e Gilmar Mendes, na Ação Direta de Inconstitucionalidade – ADI nº 7222, que cuida do "piso da enfermagem".[344]

Dá-se destaque a esse voto pioneiro apresentado em conjunto pelos ministros, cujos fundamentos foram didaticamente organizados, de forma a se estabelecer uma compreensão sobre a racionalidade decisória, destacando-se a demonstração metodológica da interpretação normativa proposta no voto.

---

[343] VALE. *Op. cit.*, p. 367-369.
[344] Cf. Superior Tribunal Federal. Voto Complementar Conjunto dos Senhores Ministros Luís Roberto Barroso (Relator) e Gilmar Mendes (Vistor). Disponível em: www.stf.jus.br/arquivo/cms/noticiaNoticiaStf/anexo/5800615.pdf. Acesso em: 24 fev. 2025.

Espera-se que esse voto em conjunto possa orientar uma experiência decisória vindoura e, também, uma alteração regimental, de forma a possibilitar a convergência de entendimentos em um único voto ou no menor número possível de votos. E, quem sabe, que os votos individuais sejam somente aqueles divergentes e vencidos, em um aporte parcial do modelo americano *majoritariam practice*. Nesse caso, poder-se-ia conjecturar, inclusive, a ampliação de teses jurídicas pelo voto divergente.

Nesse caso, como já se expôs, deveria o relator também disponibilizar, antes da sessão de julgamento, a íntegra de seu voto, justamente para possibilitar a convergência possível. Ademais, a disponibilização antecipada do voto permitiria um processo decisório mais discursivo e coletivo, promovendo um diálogo maior em torno das posições convergentes e divergentes que se apresentam e a formação da decisão da corte.[345]

Para Virgílio Afonso da Silva, a prática de circulação do voto do relator aos demais ministros aproxima o relator de um papel preponderante no desenvolvimento do processo decisório deliberativo. A deliberação teria um centro – o voto do relator –, e o processo decisório poderia deixar de ser a soma dos votos dos ministros que não dialogam entre si. Ainda, esse voto deveria indicar todos os argumentos que circundam o caso sob julgamento, inclusive aqueles em contrário ao fundamento adotado pelo relator.[346]

Registre-se o entendimento de Kornhauser, no sentido de que deveriam ser definidas pelo relator as questões a serem discutidas no colegiado, de forma integral e imparcial. Assim, para além dos fundamentos que amparem o seu entendimento, o relator deve oferecer ampla exposição aos demais fundamentos, possibilitando a busca de um consenso.[347]

---

[345] RÜBINGER-BETTI, Gabriel; BENVINDO, Juliano Zaiden. Do solipsismo supremo à deliberação racional. *Revista Direito, Estado e Sociedade*, Rio de Janeiro, n. 50, p. 165, jan./jun. 2017.
[346] SILVA, Virgílio Afonso da. "Um voto qualquer"? O papel do ministro relator na deliberação no Supremo Tribunal Federal. *Revista Estudos Institucionais (REI)*, Rio de Janeiro, v. 1, n. 1, p. 196-199, 2015.
[347] KORNHAUSER, Lewis A. Deciding Together. *Public Law Research Paper*, New York University School of Law, n. 13-65, 2013. p. 26.

A partir do recente voto apresentado em conjunto pelos ministros, entende-se ser tempo de a corte constitucional promover alterações no modelo de decisão, no papel do voto do relator e em sua disponibilidade prévia ao julgamento, para fruição de ganhos democráticos nas teses julgadas e na interpretação conferida à norma jurídica.

5.3.4 A estabilização do sentido da tese mais resistente à crítica no dispositivo do acórdão

Tratando-se do poder e do dever do juiz de acertar a linguagem dos sujeitos interpretantes, considera-se a necessidade de estabilização da interpretação conforme, mais resistente à crítica, a constar no disposto do acórdão.

Cita-se um interessante debate entre os então Ministros do Supremo Tribunal Federal, Cezar Peluso e Celso de Mello, no contexto da ADI nº 3510, que tratava da permissão da pesquisa e terapia com células-tronco embrionárias. Essa ação foi julgada, por maioria, improcedente.

O voto do ministro Gilmar Mendes, à época Presidente da Corte, enfrentou com rigor científico a interpretação do art. 5º da Lei nº 11.105/2005, com efeitos aditivos, considerando, até com fundamento no direito comparado, a deficiência da regulamentação da lei brasileira no tema das pesquisas com células-tronco. Contudo, considerou que a declaração de sua inconstitucionalidade, com a consequente pronúncia de sua nulidade total, poderia causar um indesejado vácuo normativo mais danoso à ordem jurídica e social do que a manutenção de sua vigência. Daí que a solução seria a preservação do texto do dispositivo, desde que fosse interpretado em conformidade com a Constituição, ainda que implicasse uma típica sentença de perfil aditivo.

Ressalvou-se a alternativa viável da interpretação conforme, de que há muito se vale o Supremo Tribunal Federal, sendo que o resultado da interpretação, normalmente, é incorporado, de forma resumida, na parte dispositiva da decisão. Na matéria julgada, propôs-se uma interpretação em conformidade com o princípio da responsabilidade, tendo como parâmetro de aferição o princípio da proporcionalidade como proibição de proteção deficiente. Assim, encaminhou-se o voto para declarar a constitucionalidade do art. 5º, com seus incisos e parágrafos, da Lei nº 11.105/2005, desde que fosse interpretado no sentido de que a permissão da pesquisa e terapia com células-tronco embrionárias, obtidas de embriões humanos produzidos por fertilização *in vitro*, deve ser condicionada à prévia autorização e aprovação por Comitê (Órgão) Central de Ética e Pesquisa, vinculado ao Ministério da Saúde.

Adiante no julgamento da matéria, foi proposto pelo Ministro Cezar Peluso que fosse conferida interpretação conforme, no sentido de tratar-se a CONEP do órgão último responsável pelo sistema em que se insere, e que, entre suas atribuições, estaria também a de aprovar ou rejeitar os nomes indicados para composição dos Comitês de Ética. Isso foi feito para não ficar dúvida nenhuma nos registros do acórdão.

Nesse momento, o Ministro Celso de Mello atentou para a circunstância de o provimento, indicado pelo Ministro Peluso, ser parcialmente procedente, e não improcedente, porque daria à regra legal impugnada interpretação conforme, eis que seria "da técnica do Supremo Tribunal Federal que a interpretação conforme resulte em declaração de inconstitucionalidade parcial". De sua manifestação extrai-se, ainda:

> Na realidade, Senhor Ministro CEZAR PELUSO, há seis votos que simplesmente rejeitam, sem quaisquer adições, sem quaisquer restrições, sem quaisquer condicionamentos, sem qualquer exortação, sem qualquer apelo as limitações às pesquisas científicas admitidas pelos cinco (5) eminentes Ministros que compõem a minoria. O fato é que a utilização – plenamente legítima – da técnica da interpretação conforme pode levar, sim, ao exercício concreto das três possíveis funções propiciadas por essa técnica de decisão:
> (1) função de escolha entre várias soluções, (2) função de correção dos sentidos literais possíveis da regra legal e (3) função de revisão da lei. No caso, com a declaração de improcedência – e há seis votos que compõem a maioria absoluta declarando a improcedência da presente ação direta –, não há que se cogitar de exortação ou de apelo, ao legislador, de correção, de revisão do texto legal ora em exame.

A técnica da interpretação conforme, ao estabilizar dado sentido da norma, para que na direção proposta seja considerada constitucional, conduz à alteração do provimento. A norma não seria incondicionalmente constitucional, mas apenas se interpretada no sentido construído pela interpretação conforme.

Quando se defende a estabilização do sentido da norma no dispositivo do acórdão, obtido pela técnica decisória da interpretação conforme a Constituição, não se trata apenas de expor de forma conclusiva a compreensão da norma, mas de conferir os efeitos jurídicos da interpretação conforme, enquanto técnica de decidir, que, ao dissipar a indeterminação semântica, quase que invariavelmente exclui algumas interpretações ou mesmo define o que o texto de lei quis dizer, mesmo se não expresso de forma facilmente apreensível.

A interpretação que deve constar no dispositivo do acórdão será aquela mais resistente às críticas e ao falseamento, conforme acertamento feito pelo juiz.

Entende-se, ainda, na linha do já defendido, que, na fundamentação do acórdão e dos votos dos Ministros, devem constar as "teses provisórias", expostas a críticas, pela linguagem dos sujeitos interpretantes. Esse é o dever e a garantia constitucional da fundamentação decisória, perfectibilizada pela necessária influência dos argumentos dos sujeitos interpretantes (e, também, das partes, do *amicus curiae* e demais sujeitos processuais), mesmo daquelas teses derrotadas pelo falseamento crítico.

5.4 Interpretação conforme e a exigência da reserva de plenário

Está-se a preconizar, em especial, o juízo de compatibilidade da lei à Constituição, em relação ao controle difuso, cujos efeitos atingem somente as partes em contrário.

A imprecisão sobre a utilização da técnica decisória da interpretação conforme e a declaração de nulidade sem redução de texto podem causar embaraços no que se refere à exigência procedimental do art. 97 da Constituição:[348] a cláusula de reserva de plenário. Por ela, o órgão fracionário de tribunal não pode afastar a constitucionalidade de lei, sendo necessária a submissão da questão à maioria absoluta dos seus membros ou daqueles do órgão especial do Tribunal.

---

[348] Art. 97, CF. Somente pelo voto da maioria absoluta de seus membros ou dos membros do respectivo órgão especial poderão os tribunais declarar a inconstitucionalidade de lei ou ato normativo do Poder Público.

É importante, para cumprimento da exigência constitucional, que haja uma diferenciação entre a interpretação conforme e as decisões manipulativas e, o que é mais sensível, uma identificação do juízo acerca da inconstitucionalidade, mesmo de forma implícita, de dada interpretação normativa, pela técnica decisória da interpretação conforme.

Havendo juízo de inconstitucionalidade (expresso ou tácito, explícito ou implícito, demarque-se), existe uma obrigatoriedade de submeter a questão à reserva de plenário. Diz-se estar-se diante de uma exigência, porquanto a súmula vinculante 10 reforça o entendimento da questão, no sentido de que: "viola a cláusula de reserva de plenário (CF, art. 97) a decisão de órgão fracionário de tribunal que, embora não declare expressamente a inconstitucionalidade de lei ou ato normativo do Poder Público, afasta sua incidência, no todo ou em parte".

Observa-se que o juízo acerca da constitucionalidade não conduz à exigência da cláusula da reserva de plenário. Contudo, nem sempre a questão se resolve na "solução" pronta de que a interpretação conforme seria um juízo de constitucionalidade e de acréscimo de sentido normativo, ao passo que a inconstitucionalidade parcial sem redução de texto seria uma decisão de inconstitucionalidade e, portanto, de supressão de sentido normativo. Deveras, como já se suscitou, há casos que, sob amparo da interpretação conforme, acabam por declarar a inconstitucionalidade de dado sentido normativo ou afastar certa aplicação da norma, por inconstitucionalidade, expressa ou implicitamente.[349]

No RE nº 482.090, de relatoria do Ministro Joaquim Barbosa, precedente representativo da Súmula Vinculante nº 10, a União se insurgiu em face do acórdão do STJ, proferido no REsp nº 709.805, que deixou de aplicar retroativamente o art. 3º da LC nº 118/2005, como determinam o art. 4º da mesma lei e o art. 106, I, do CTN, alterando essa incidência com fundamento na Constituição, sem seguir, todavia, o procedimento especial da reserva de plenário (art. 97 da CF). Segundo o acórdão do recurso extraordinário, "ao deixar de aplicar os dispositivos em questão por risco de violação da segurança jurídica (princípio constitucional), é inequívoco que

---

[349] Nesse sentido, mesmo sem expressa declaração de inconstitucionalidade, o STF entendeu dever haver o respeito à cláusula de reserva de plenário: RE nº 580.108; RE nº 432.884; AI nº 749.030; RE nº 544.246; RE nº 486.186.

o acórdão recorrido declarou-lhes implícita e incidentalmente a inconstitucionalidade parcial. (...)",[350] pelo que violada a necessária reserva de plenário, nos termos do art. 97 da CF.

Portanto, aplica-se a reserva de plenária disposta no art. 97 da CF, em consonância com a Súmula Vinculante nº 10, tanto nas decisões em que a Constituição é referenciada expressamente e se invalida e afasta lei ou ato normativo como também decisões em que não é aplicada ou não incide a lei, por inconstitucionalidade, ainda que de maneira não expressa ou de maneira implícita e tácita.

Dá-se destaque à Reclamação nº 14.872, de relatoria do Ministro Gilmar Mendes, em que se alertou pela aplicação de uma decisão de inconstitucionalidade disfarçada de interpretação conforme: "(...) observo que, por via transversa (interpretação conforme), houve o afastamento da aplicação do referido texto legal, o que não foi realizado pelo órgão do Tribunal designado para tal finalidade. (...)".[351]

Portanto, conhecer essas possibilidades jurídicas acerca da decisão de inconstitucionalidade é garantir o respeito da norma constitucional, no que se refere à cláusula de plenário.

Já se defendeu, sob censura de doutrina altamente qualificada, que, ao se utilizar a técnica da interpretação conforme, conferindo-se ao texto de lei a interpretação conforme a Constituição, casos há em que implicitamente pode-se afastar determinada interpretação, porquanto dissonante da Constituição. Por evidente, se o objeto da ação for o reconhecimento da inconstitucionalidade dessa interpretação normativa, a tutela tecnicamente adequada seria a da inconstitucionalidade parcial sem redução de texto.

Não obstante essa defesa ampla acerca do cabimento da interpretação conforme, rememora-se um limite tido por necessário à admissibilidade dessa técnica de decidir: o limite semântico do texto da lei. Ou seja, fora desse limite, não se há de falar em interpretação conforme, porquanto perde-se o objeto do instituto, que é a atividade intelectiva do texto da lei.

De toda forma, não se olvide, a imprecisão sobre a ocorrência da decisão de inconstitucionalidade pode ser mais bem desvendada

---

[350] STF, RE nº 482.090, voto do rel. min. **Joaquim Barbosa**, P, j. 18.06.2008, *DJE* 48 de 13.03.2009.
[351] STF, Rcl 14872 / DF, Relator(a): Min. Gilmar Mendes, Julgamento: 31/05/2016, Publicação: 29.06.2016, Segunda Turma, DJe-135 DIVULG 28-06-2016 PUBLIC 29.06.2016.

com a demarcação das defendidas teses provisórias, no despacho metodológico saneador. Como já se defendeu, as teses fixadas referem-se não só ao mérito ou sentido da interpretação, mas, também, a aspectos de cabimento sobre a técnica decisória adequada à solução da causa.

É importante registrar que todo o modelo do falseamento procedimental (fixação de teses provisórias em um saneador metodologicamente orientado) fora conjecturado na ambiência da jurisdição constitucional, e não sob a lógica do controle difuso.

Ora, nas demandas subjetivas, afetas ao controle difuso, cujos efeitos decisórios são afetos às partes, não se vislumbra a abertura do sistema de forma irrestrita, a ponto de admitir que os sujeitos interpretantes possam testificar hipotéticas teses provisórias.

Contudo, entende-se que deva ser aproveitada a proposta de construção de teses, em um marco anterior ao julgamento pelo tribunal, para fins de saneamento da questão relevante à definição da competência do colegiado, em razão da matéria.

Assim, no relatório a ser disponibilizado com antecedência pelo relator, poder-se-iam conjecturar teses, em especial aquelas afetas ao cabimento da interpretação conforme, enquanto técnica de decidir. Se da falsificação de determinadas teses resistirem, provisoriamente, respostas quanto ao potencial afastamento de norma, mesmo que implicitamente, por força de dispositivo constitucional, caso será de submissão da matéria ao pleno ou órgão especial do tribunal, em obediência à reserva de plenário disposta no art. 97 da CF.

5.4.1 Uma tese a ser conjecturada para identificar uma potencial decisão de inconstitucionalidade que atrai a reserva de plenário: o método de interpretação gramatical defronte o método de interpretação teleológico

Conforme defendido, o limite semântico do texto se afigura em uma condição de admissibilidade da interpretação conforme. Quando há silêncio, mesmo inaceitável, do texto da lei, não sendo possível indicar, por uma interpretação gramatical, dado sentido normativo, a técnica da interpretação conforme deve ser afastada.

Portanto, entende-se que a interpretação conforme não prescinde de uma interpretação possível da lei, pelo método gramatical, ao menos em uma análise inicial, na esfera de cognição quanto ao seu cabimento e a sua admissibilidade, mas, após esse estágio inicial, conforme já se apontou, outros são os métodos interpretativos que podem ser utilizados para o alcance do sentido normativo. Dá-se primazia ao método sistemático e teleológico para o revelar da norma em conformidade com a Constituição.

Nessa linha de raciocínio, aponta-se que se a decidibilidade da matéria se resolve pela aplicação do método literal ou gramatical, em que as palavras do texto são o elemento mais importante para a interpretação. É mais fácil perceber o afastamento de determinado significado literal do texto da lei em virtude de sua incompatibilidade com a Constituição.

Ao revés, se após a admissibilidade da técnica da interpretação conforme for feita uma interpretação teleológica do dispositivo, em que as palavras contidas no texto de lei não são os elementos mais relevantes para determinar o sentido normativo, mas sim a historicidade, o contexto social, econômico e constitucional, a motivação objetiva do legislador, entre outras questões, haverá uma potencial declaração da melhor interpretação em conformidade com a Constituição, com afastamento implícito de outro sentido normativo, por incompatibilidade com a norma constitucional, que exigiria a aplicação da regra de reserva do plenário.

Portanto, uma das teses que se suscitam para ser conjecturada, para fins da observância do art. 97 da CF, é se a solução da matéria exige o modelo decisório gramatical ou teleológico.

5.5 Um esquema ainda provisório... Teses, conjecturas e refutações. O direito construído pelo processo crítico democrático

No esquema proposto, pretendeu-se desenhar um modelo de processo, em contraditório efetivo e não dogmático, tendo a crítica como o método do procedimento de construção da interpretação conforme.

CAPÍTULO 5
O PROCEDIMENTO DO PROCESSO DA INTERPRETAÇÃO CONFORME. O SANEADOR PROCESSUAL...

Abertura do sistema

- Petição inicial (P^1)
  - Citação
  - Intimação
- Respostas
- **1º Saneador Metodológico**
- Teses provisórias:
  - TT
  - TT1
  - TT2
  - (...)

  - Tese: Sentido da norma constitucional
  - Tese: Admissibilidade (indeterminação semântica)
  - Tese: Construção da facticidade/realidade
  - Tese: Pré-julgamento/pré-compreensão
  - Tese: Limites possíveis da interpretação literal
  - Tese: Possibilidades jurídicas de interpretação (literal, sistemático, teleológico)
  - Tese: Interpretação possível que nega vigência à norma constitucional
  - Tese: Interpretação possível que altera sentido do texto literal
  - Tese: Interpretação conforme versus declaração de nulidade
  - Tese: Apelo do legislador
  - (...)

- Suspeitas interpretativas/ conceituais
- Manifestação/ Linguagem em escrita concernidos (EE)
  - Falseamento: conjecturas e refutações
    - EE
    - EE1
    - EE2
    - (...)
- Manifestação, partes, sujeitos processuais, *amicus curiae*...
- **2º Saneador Metodológico**
- Relatório do Voto
  - TT
  - TT1
  - TT2
  - (...)
  - Estabilização das teses
- Fase interna (pré-julgamento) Disponibilização da ação do voto do relator
- Fundamentação Influência da Linguagem
  - TT = EE − P1
  - TT1 = EE1 − P2
  - (...)
  - TT2 = EE2 − Tese vencedora (resistente)

Acertamento do Direito julgamento

- **Acórdão**
  - Todas as teses estabilizadas conjecturadas
  - Tese vencedora (resistente à crítica)
  - Proposta de voto:
  - Voto conjunto
  - Voto dissidente
  - Dispositivo do acórdão

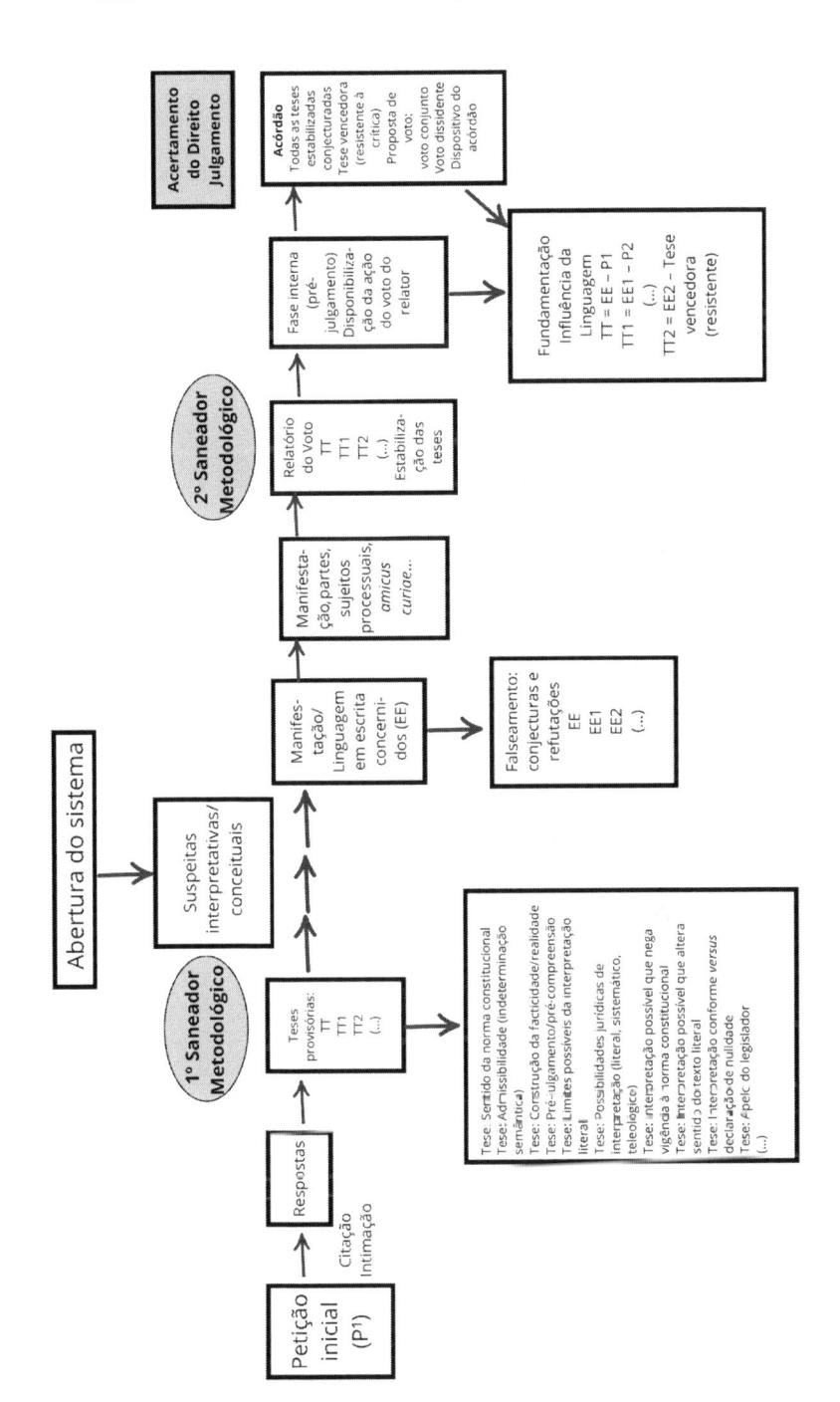

Este processo está inserido no Mundo 3 de Popper, mundo das conjecturas e das teorias. Os outros dois mundos são vertidos ao processo de interpretação pela linguagem autocrítica dos interpretantes, cujas conjecturas serão postas à refutação pelos sujeitos interpretantes.

A petição inicial é o recorte da causa de pedir e do pedido, embora se saiba do entendimento dominante do STF de que a causa de pedir é aberta nas ações objetivas,[352] mas, de certa forma, pela petição inicial surge o "problema" a ser solucionado, o "P¹" da "fórmula do falseamento". As respostas das partes e terceiros, após o processamento da inicial, para além de materializar o exercício do contraditório, conferem certa estabilidade à causa de pedir da ação objetiva, traçando seus principais contornos.

Propõe-se que, após as respostas, seja demarcada a abertura do sistema, na lógica defendida nesta obra (seções 1.3.2.3 e 1.6.1 e capítulo 4), amparando-se na proposta teórica de Häberle.

A abertura do sistema aos concernidos, interpretantes qualificados a contribuir com a interpretação da norma (seções 4.3 e 5.2.2), coincide com o que se intitulou de primeiro saneador metodológico. Nele, são demarcadas as teses provisórias, entendidas como hipóteses acerca da interpretação conforme à Constituição (ou a interpretação da norma jurídica), sua admissibilidade, cabimento, confirmações de pré-julgamentos, dados da realidade, possibilidades de atribuição de sentido normativo, entre outras hipóteses, as quais devam ser submetidas a refutação e falseamento pelos sujeitos interpretantes.

Arrisca-se a afirmar que essa seja uma sensível contribuição desta obra ao tema da interpretação conforme: conhecer antecipadamente as possíveis hipóteses do sentido normativo em conformidade com a Constituição e possibilitar a democratização da interpretação com uma radical contribuição daqueles que adentraram ao sistema aberto, construído no "Mundo 3" de Popper, isto é, no mundo das conjecturas e das teorias, e da submissão irrestrita à crítica das hipóteses normativas.

---

[352] Citem-se alguns acórdãos: ADI nº 3789 AgR, ADI nº 5749 AgR, ADI nº 1749.

Nesse primeiro saneador, são construídas as teses provisórias pelo magistrado relator, as denominadas "TTs", a partir de um mapeamento de argumentos (tema específico, a ser desenvolvido posteriormente, conjecturando-se suas bases epistemológicas com rigor científico). As "TTs" são ofertadas a crítica e refutação pelos sujeitos interpretantes, que contribuirão com seu conhecimento técnico e científico pela via da linguagem escrita. Por evidente, as partes e os terceiros, inclusive o *amicus curiae*, também são colaboradores da testificação das hipóteses normativas.

Após a testificação das teses provisórias (hipóteses normativas), apontou-se um segundo saneador metodológico. Nele, o relator indicará as hipóteses ou as teses provisórias (podendo, inclusive, indicar outras derivadas do trabalho incessante de falseabilidade pelos concernidos) que serão enfrentadas em seu voto. Metodologicamente, entendeu-se que o relatório do voto deve bem demarcar essas teses, na tentativa de estabilizá-las (provisoriamente), para encaminhamento ao julgamento colegiado.

As "TTs", nesse segundo saneador, serão submetidas à testificação pelos ministros, que, em uma racionalidade da crítica como método, falsearão as hipóteses da interpretação normativa para identificação daquela mais resistente à crítica.

Visando à deliberação efetiva e à construção democrática (e não só colegiada) da interpretação jurídica, o que se propõe é disponibilização do voto do relator, em momento anterior à sessão pública, para que se garanta o julgamento deliberativo, preferencialmente com a construção de um voto único, em que sejam enfrentadas todas as conjecturas e refutações desenvolvidas no processo de interpretação, pelas partes, pelos concernidos e pelos próprios julgadores.

Ao final, os julgadores identificação a hipótese vencedora, que decorra no conhecimento objetivo, e procederão ao acertamento da linguagem democrática que revele o sentido da norma jurídica, rompido com o conhecimento pressuposto, dogmático ou acrítico, demarcando, enfim, a verdade – provisória – do sentido da norma, porquanto se fez possível conhecer e alcançar o "código fonte" da Constituição Federal.

CONSIDERAÇÕES FINAIS

A hipótese inicial deste livro é de que a interpretação conforme a Constituição deva ser processualizada, para alcance do sentido democrático e autocrítico da norma constitucional. Jogou-se luz, portanto, ao instituto do processo, entendido como um sistema aberto aos sujeitos interpretantes (concernidos), cuja linguagem vertida ao procedimento influi no acertamento do direito pelo juiz, isto é, na constituição do sentido da norma jurídica.

O início da pesquisa proposta é marcado pelo rompimento com a teoria da instrumentalidade do processo, concebida de forma quase remansosa de ser o processo uma relação jurídica entre as partes, autor e réu, e na confiança inabalável de que ao juiz deve ser destinado o poder de encontrar a verdade, concretizando a justiça, em uma busca constante pelos escopos metajurídicos do processo, notadamente pela paz social. Entendeu-se que a instrumentalidade do processo reforça e legitima o exercício da autoridade da interpretação e o decisionismo judicial.

Fez-se necessário, portanto, demarcar qual seria a teoria do processo que deveria ser trabalhada, no esforço teórico crítico da proposta de processualização da interpretação conforme.

É que, para conhecer o sentido democrático da norma constitucional, pelo trabalho intelectivo que é a interpretação jurídica, não seria suficiente a utilização dos métodos tradicionais da interpretação. Ora, estes seriam entregues à esfera do subjetivismo do julgador, reforçando a noção de construção solipsista do sentido da norma, pela via da instrumentalidade do processo. Não que esses métodos devam ser afastados na interpretação conforme, mas devem ser utilizados na ambiência de um processo de interpretação que institua e constitua a norma jurídica.

Aliás, destacou-se, entre os métodos tradicionais, o sistemático, eis que a interpretação conforme muito se assemelharia a sua lógica. Nesse sentido, a interpretação sistemática se inseria em um sistema jurídico aberto – e não fechado – em que se reconheceria a existência de aporias, lacunas e contradições nesse sistema (e tudo bem). Aliás, o sistema jurídico, *locus* da interpretação conforme, seria aberto e materialmente qualificado como democrático, porquanto suas características autorizariam a concretização da isonomia interpretativa do sentido normativo, entre os sujeitos interpretantes, entendida como o igual direito de interpretação desses concernidos.

O fundamento de racionalidade do sistema jurídico – assim como da interpretação conforme – seria a norma jurídica, cuja base fundamental seria a lei democrática, criada pelo Poder Legislativo. Não se trabalha, nessa racionalidade sistêmica, com a norma pressuposta e inderrogável, tampouco com a norma destituída do texto legal.

Para se compreender a interpretação conforme e como esse instituto deve operar, passou-se a apontar alguns elementos necessários da interpretação jurídica, notadamente do revelar do sentido da norma jurídica, em conformidade com o sentido da norma constitucional.

Pelas apropriações teóricas, em especial de Konrad Hesse e Friedrich Müller, expôs-se a influência da realidade e da faticidade no processo de revelação da norma jurídica. Encará-los seria orientar-se honestamente quanto à complexidade do direito e das possibilidades hermenêuticas. Uma lei não existiria para ser compreendida historicamente, mas para ser concretizada em sua validade legal quando está sendo interpretada, sem se olvidar do futuro e de uma busca por um mundo melhor. Portanto, ao processo de interpretação, devem ser trazidos, pela linguagem, aspectos da realidade e da faticidade, os quais também devem ser postos à interpretação.

Não se olvidou de assumir o interpretante como um sujeito naturalmente subjetivo, não escapando de sua esfera cognoscente de pré-concepções e pré-julgamentos. Também se registrou a falácia que seria a pretensão de racionalidade plena de dado conhecimento. Justamente por isso, reforçou-se a busca de uma teoria que possibilite o encontro do significante normativo que mais se aproxime do conhecimento objetivo, reportando-se a Karl Popper e sua teoria do racionalismo crítico e o falsificacionismo.

Nesse marco, toda a construção teórica sobre a interpretação conforme, adiante empreendida, teria a crítica e a testificação da linguagem dos sujeitos interpretantes como elementos essenciais para a democratização da interpretação jurídica e para o alcance do conhecimento objetivo, compreendido como o sentido da norma em conformidade com a Constituição.

Assim, a norma, a ter seu sentido conhecido pela interpretação jurídica, pela via do processo, teria como racionalidade fundante a lei democrática (criada pelo processo legislativo). Contudo, fatos e realidade influenciariam nesse revelar do sentido. Esses elementos, assim como a (pré-)compreensão da norma, seriam vertidos ao processo de interpretação pela linguagem, a qual seria submetida à testificação e à crítica, em uma lógica popperiana de falibilidade de paradigmas e proposições postas em situação concorrencial.

Mas, afinal, as linguagens de quais sujeitos poderiam ser trazidas ao processo de interpretação, afora a das partes, e daqueles necessariamente intimados a se manifestarem em um processo objetivo, desenvolvido no contexto da jurisdição constitucional?

Reportando-se às contribuições teóricas de Häberle, todos os interessados pela concreção da norma poderiam ser legitimados à hermenêutica, por se tratar a interpretação constitucional de uma atividade aberta, em compatibilidade com a sociedade aberta dos legitimados a interpretar.

Mas toda a construção teórica haveria de ter possibilidade de se materializar no mundo vivido e acontecido. Não se pretendeu trabalhar somente com ideias ou retóricas. E, no curso do estudo, alguns problemas eram prementes de ser resolvidos, notadamente o de conhecer qual processo possibilitaria a construção do sentido normativo, em conformidade com a Constituição, pela hermenêutica isomênica, isto é, pela igual possibilidade de interpretação pelos concernidos, em um marco das conjecturas e das refutações do racionalismo crítico.

Sobre o processo a ser instituído, uma vez rompido com a teoria da relação jurídica, destacaram-se os ganhos teóricos do estruturalismo processual e do modelo constitucional do processo. Não obstante, entendeu-se que o processo que possibilita o alcance da interpretação democrática seria satisfatoriamente construído pelas bases da teoria neoinstitucionalista do processo, que fez a transposição teórica do racionalismo crítico de Popper para a ciência jurídica.

Ao se enfrentarem as bases epistemológicas do processo de interpretação, fez-se necessário conhecer os "mundos" trabalhados pelo racionalismo crítico popperiano, na construção do conhecimento objetivo ou da verdade provisória. Advertiu-se que todo o processo de interpretação fosse instituído no Mundo 3, do pensamento científico, que é aquele em que as teorias se desenvolvem e, pela crítica e pelo falsificacionismo, que fosse possível eleger aquela teoria mais resistente, identificando-a como um conhecimento objetivo.

Como se pretendeu, todo o conhecimento a ser obtido no Mundo 3, pelo desenvolvimento do processo de interpretação e a estruturação da linguagem a ser ofertada à crítica, identificada por "$P^1 \rightarrow TT \rightarrow EE \rightarrow P^2$", não prescindiria da participação dos sujeitos interpretantes. E mais, por ser a interpretação construída no Mundo 3 de Popper uma teoria do processo democrático, a racionalidade que se busca ao provimento (decisão sobre a interpretação conforme) não se ampararia em teorias dogmáticas (desprovida de crítica) ou de conhecimento pressuposto. De outro lado, as próprias pré-compreensões, historicidade e cultura, poderiam ser conjecturadas e refutadas no e pelo processo de interpretação. O conhecimento obtido, a ser lançado no "mundo da vida", com a interpretação conforme à Constituição, estaria apto a promover a mudança que se almeja, no marco da democracia e do alcance de um patamar civilizatório e de fruição de direitos constitucionais e humanos.

Quando se defendeu a fruição de direitos fundamentais e humanos, com a instituição da interpretação conforme, não se pretendeu defender o ativismo judicial ou a invasão de competência do legislativo pelo judiciário, mas se defendeu, sim, o reconhecimento do instituto da jurisdição constitucional no fortalecimento da democracia e pela efetiva garantia de direitos fundamentais. Aliás, pela jurisdição constitucional há a constituição do sentido da norma jurídica. Interessante notar que legislativo e judiciário se complementariam nesse projeto de construção de um sistema jurídico orientado em leis e normas jurídicas democráticas e que autorizem a passagem para uma sociedade de direitos e garantias fundamentais.

Nessa senda, a relação de contribuição entre os poderes também seria perceptível pela melhor posição em que os juízes estariam para proteger a sobrevivência das instituições democráticas e os direitos das minorias defronte o populismo da maioria. Seriam agentes mais independentes para conferir determinadas interpretações à lei, garantindo a fruição de direitos contramajoritários, os quais os responsáveis eleitos não teriam a segurança necessária para propor ou votar nessas matérias.

O papel da interpretação conforme é de destaque nesse contexto, corroborado pela jurisprudência do STF, que de forma acentuada tem se utilizado desse instituto ora como método de interpretação, ou mesmo princípio hermenêutico, ora como técnica de decidir. Inclusive, há sensíveis passagens da interpretação conforme, mesmo que de forma tácita, ao reconhecimento de inconstitucionalidade de dada interpretação, em potencial identidade com a técnica de inconstitucionalidade sem redução de texto ou mesmo em uma "função" corretiva da lei.

A interpretação conforme desempenharia, também, uma função instigadora de acompanhar, na jurisdição constitucional, a complexidade da vida e da realidade fluida, descrita por Baumann, que, de certa forma, sugere a insuficiência de um modelo binário de constitucionalidade e inconstitucionalidade da norma, dadas as múltiplas formas de se viver e de como se quer viver, seja em um espaço do indivíduo, em sua individualidade, ou em uma ação conjunta, isto é, em uma causa comum aos indivíduos, igualmente livres e titulares de direitos. Ou seja, haveria a superação do justo *versus* injusto; correto *versus* incorreto; legal *versus* ilegal; e, portanto, constitucional *versus* inconstitucional, impondo-se à ciência jurídica a definição e a aplicação de instrumentos mais complexos. Vislumbra-se que a interpretação conforme possa representar um dos institutos que atendam à complexidade da vida e da realidade fluida, tal qual se apresenta na contemporaneidade.

Diante dessas circunstâncias é que se optou por não definir a interpretação conforme como método ou técnica de decidir. Ela poderia ser, deveras, ora um método hermenêutico, notadamente identificado com a interpretação sistemática, ora uma técnica de decidir, ora um princípio hermenêutico e da interpretação constitucional (que, em rigor, deve orientar todo o sistema jurídico, porquanto toda interpretação impõe-se convergir ao sentido da norma constitucional). Seria a interpretação conforme intercambiável entre o método e a técnica decisória.

A indeterminação semântica do texto da lei afigurar-se-ia em um critério de admissibilidade da interpretação conforme. As possibilidades semânticas, por sua vez, tratar-se-iam do "espaço de interpretação" do texto normativo, conquanto não haja liberdade ampla do sujeito interpretante. A interpretação conforme, mesmo entendida como método ou técnica, impõe-se que seja de acordo com a norma constitucional. Aliás, quanto aos limites da interpretação conforme, notadamente para diferenciá-la das decisões modificativas e da inconstitucionalidade sem redução de texto, o texto da lei se afigura em um limite intransponível. Ou seja, toda a interpretação conforme deve se limitar aos aspectos semânticos de dado texto normativo, devendo ser considerados os sentidos literais possíveis da lei como limite da interpretação conforme a Constituição.

Nessa linha de raciocínio, se de um lado a interpretação conforme sempre pode ser entendida como um princípio jurídico, por outro, a depender da decidibilidade possível, é que terá sua epistemologia marcada ora como método, ora como técnica de decidir.

Um método de hermenêutica é compreendido em similitude a uma interpretação sistemática do ordenamento jurídico, em uma lógica de escalonamento, de forma a orientar a interpretação da lei de acordo com a norma constitucional. Assim, do juízo sobre a interpretação constitucionalmente adequada do texto ou a escolha daquela melhor, entre outras, que mais materialize o sentido da Constituição, estar-se-á diante da aplicação do método de interpretação conforme a Constituição.

Todavia, se dessa interpretação houver a exclusão tácita de um dado sentido da norma, por se entender ser inconstitucional, ou uma "correção" ou modificação da lei, tal qual ela se apresenta no ordenamento jurídico, entendeu-se que a interpretação conforme deve ser compreendida como uma técnica de decidir.

Dessa compreensão, defendeu-se a construção de uma epistemologia da interpretação conforme, pela via da processualidade democrática, retomando-se ao primeiro capítulo desta obra, em que se demarcou a teoria do processo que possibilite o alcance do sentido da norma jurídica democrático e não dogmático.

Mas como se implementar esse modelo de processo na jurisdição constitucional? Afinal, quem são os sujeitos interpretantes? A abertura da interpretação defendida não conduziria à demora desmedida na prestação jurisdicional? Qual é a contribuição, afinal, do falsificacionismo de Karl Popper e como materializá-lo no processo de interpretação?

Para enfrentar essas questões, seria necessário "transpor" ao Mundo 3 de Popper a jurisdição constitucional, isto é, o Tribunal Constitucional deveria operar esse mundo do pensamento científico. À primeira vista, pode parecer teórico demais e impraticável, mas, no desenvolvimento deste livro, posto a todo momento à testificação, identificaram-se algumas proposições, a rigor, provisórias, que poderiam dar concretude à noção de democratização da interpretação conforme, pela via da processualidade democrática. Ei-las:

1) A interpretação será empreendida pela via da processualidade democrática. Assim, no processo objetivo de constitucionalidade ou no subjetivo, com repercussão geral, em que se demanda a interpretação em conformidade com a Constituição, esta deverá ser construída pela via do processo a ser instituído, e não entregue à esfera de subjetivismo do julgador.

2) O processo é um instituto linguístico-autocrítico, desenvolvido em contraditório efetivo, isto é, a linguagem dos interpretantes influirá, necessariamente, o provimento.

3) Esse processo deve garantir a isonomia hermenêutica, compreendido como o igual direito de interpretação.

4) O processo de interpretação comporta limites, que seriam o espaço de decidibilidade da interpretação conforme e que não prescinde do texto da lei, que condiciona a interpretação a existência desse texto e de suas possibilidades semânticas.

5) O procedimento do processo de interpretação deve compreender a abertura aos sujeitos interpretantes que não seja dogmática ou retórica. Não se busca uma "aristocracia do saber", mas a abertura a todos os legitimados a interpretar. Deve haver um "filtro" para se identificar aqueles habilitados (daí que se falou em interpretantes qualificados); do contrário, configurar-se-ia uma "assembleia de falantes".

6) Não haveria uma relação taxativa dos qualificados a interpretar. Embora se possam citar os destinatários diretos dos efeitos da norma a ser interpretada, bem como a categoria que, mesmo não sofrendo diretamente os efeitos da interpretação jurídica, tenha conhecimento especializado sobre a faticidade ou o objeto, que influi na atividade intelectiva da interpretação, também poder-

se-ia considerar um filtro ser qualificado como interpretante aquele que, embora não sofra os efeitos da norma, tenha conhecimento especializado sobre determinado objeto, linguagem científica, cujo conhecimento se faz necessário para o alcance do sentido normativo em conformidade com a Constituição. Outro filtro seria qualificar a ocupar espaço de dialeticidade os órgãos do Estado e as instituições públicas, porquanto seu interesse institucional na interpretação da norma é inclusive presumido.

7) Esta obra trabalhou fundamentalmente com a jurisdição constitucional, valendo o registro de que não se falou de interesse jurídico na lógica de interesses subjetivos e econômicos, para se inferir a legitimação daquele habilitado a participar do processo de interpretação. Assim, o interesse que se constitui em um filtro de habilitação aproximou-se de um interesse institucional e de contribuição e colaboração ao alcance pelo Tribunal de um sentido da norma jurídica em conformidade com a Constituição.

8) Evidente que se reconhece que muitos sujeitos interpretantes teriam interesse individual em dado sentido normativo, mas não se deve vedar essa contribuição na presunção de que, por essa circunstância, não haveria contribuição na interpretação. Até se cogitou de o sujeito interpretante declarar algum conflito de interesse, conquanto, repita-se, esse fato não o destitua de habilitado a interpretar.

9) O *amicus curiae* pode ser considerado um interpretante qualificado, embora, pela natureza do processo aqui desenvolvido, o sujeito interpretante não se limite às suas possibilidades jurídicas.

10) A posição subjetiva do sujeito interpretante é de um colaborador, um auxiliar, um cooperador, um contribuinte. Ele doa seu conhecimento científico sobre o sentido semântico do texto normativo. Ele dispõe seu conhecimento sobre a realidade ou a faticidade. Ele faz projeção do futuro sobre dado sentido possível da norma. Portanto, ele não atua como um defensor apaixonado pelo sentido da norma que tem a pretensão de contribuir com a adição de sentido.

11) Provisoriamente, entendeu-se que, se o objeto de interpretação é o texto da lei, cuja semântica é imprecisa, a contribuição dos sujeitos interpretantes deveria se dar pela linguagem escrita, notadamente, por meio de petição direcionada ao julgador que fará

o acertamento da interpretação conforme, influenciado, de forma crítica e fundamentada, pela interpretação dos sujeitos interpretantes.

12) Não se trabalhou com a pretensão de obtenção de consenso dos sujeitos. Quis-se materializar as possíveis contribuição com visões múltiplas do conhecimento: das minorias, das classes dominantes, dos invisibilizados, dos liberais, dos conservadores, de economistas ortodoxos, heterodoxos... de todas as pessoas civis e jurídicas, entidades profissionais e científicas, que congreguem a possibilidade e o interesse institucional em colaborar com a interpretação normativa.

13) Adotando-se como marco o racionalismo crítico popperiano, foi necessário trabalhar com teorias, com hipóteses, com conjecturas. Talvez uma contribuição trazida seria a formulação prévia de teses provisórias pelo julgador (pontos controvertidos de direito material e processual), em um saneador metodológico, a serem expostas à testificação e à crítica pelos sujeitos interpretantes.

14) Pela construção de teses provisórias pelo julgador, em um marco proposto do saneamento metodologicamente orientado e com a abertura do procedimento aos sujeitos interpretantes, possibilitar-se-ia a instituição do Mundo 3 de Popper, com a linguagem das conjecturas e dos argumentos, em suas funções superiores (função descritiva e função argumentativa), e a concretização do processo científico da interpretação conforme, descrito no esquema $P^1 \rightarrow TT \rightarrow EE \rightarrow P^2$, em que P^1 seria um problema a ser solucionado e TT, uma teoria provisória sobre a solução desse problema, que será submetida a uma lógica de testificação e eliminação de erros (EE). Dessa atividade, novos problemas surgem (P^2), autonomamente, os quais devem ser enfrentados criticamente.

15) A solução do problema, quando resistente à crítica e à testificação, equivaleria à verdade – sempre provisória, porquanto novas críticas surgem com o tempo, bem como novas soluções a elas mais resistentes ou a um conhecimento objetivo. O julgador identificaria a tese mais resistente à crítica e faria o acertamento do direito (da interpretação conforme à Constituição). Esse acertamento, pelo juiz, da linguagem dos sujeitos interpretantes, ofertará uma efetiva democratização na construção da interpretação, com a garantia de influência dos argumentos das teses provisórias dos sujeitos e das correspondentes refutações e falseabilidades.

16) Pelo marco do procedimento, compreendido pelo saneador metodológico, poder-se-ia conjecturar a formação de teses quanto ao cabimento e à admissibilidade da técnica decisória da interpretação conforme, ou se, ao revés, devesse ser enfrentada a questão pela técnica de inconstitucionalidade; também poderiam ser conjecturadas teses quanto à faticidade e à realidade, bem como acerca das pré-compreensões sobre o objeto a ser interpretado, os estados mentais, o projeto de futuro e, por evidente, quanto às teses relacionadas ao mérito propriamente dito da interpretação.

17) Tendo em vista o intuito desta obra de estabelecer premissas para a democratização da interpretação, vislumbrou-se ser necessário ir além da adoção do saneador metodológico e da fixação de teses provisórias a serem falsificadas e testificadas pelos sujeitos interpretantes: é importante que se conjecture um modelo decisório do STF que se comprometa quanto à influência da linguagem dos concernidos.

18) Nesse sentido, é importante o estabelecimento de uma relação entre colegialidade do tribunal e a deliberação qualificada, entendida esta como a deliberação cujos fundamentos são debatidos, conjecturados e refutados pelos ministros, ao revés de se ter uma deliberação por mera agregação de votos individuais. Assim, as teses provisórias refutadas e falseadas pelos sujeitos interpretantes também o seriam pelos julgadores (embora se entendeu que nada impediria ao relator a formação de novas teses a serem refutadas no momento do julgamento). Indicou-se, inclusive, que o relatório do voto seja um segundo marco metodológico para fixação das teses a serem refutadas e falseadas no julgamento pelo colegiado.

19) Racionalmente, não é possível falsificar todos os argumentos dos sujeitos, de forma metodologicamente orientada, com a aglutinação dos votos. Por isso, registrou-se o paradigmático voto em conjunto dos ministros Gilmar Ferreira Mendes e Luís Roberto Barroso, propondo-se alterações no modelo de decisão da Suprema Corte, com aportes teóricos do modelo *per curiam* (pelo tribunal), adotado pela maioria dos tribunais da Europa continental, *seriatim*, cuja origem é o sistema inglês e é adotado pelo Brasil, e *majoritariam practice*, adotado pela Suprema Corte americana.

20) O acórdão deve encampar em seu corpo as teses falseadas e criticadas no processo de interpretação. O voto do relator seria

orientador da lógica decisória, com o acertamento do direito, isto é, da interpretação conforme resistente à crítica testificada. O voto dissidente se somaria a ele, ampliando o espectro de teses provisórias enfrentadas no julgamento.

21) Ao final, esboçou-se um arquétipo do modelo de processo de interpretação em conformidade com a Constituição, que constitua a norma jurídica democrática, no marco do racionalismo crítico.

REFERÊNCIAS

ABBOUD, Georges. *Processo constitucional brasileiro*. 5. ed. São Paulo: Thomson Reuters, 2021.

ALBERT, Hans. *Tratado da razão crítica*. Tradução: Idalina Azevedo da Silva e outros. Rio de Janeiro: Tempo Brasileiro, 1976.

ALMEIDA, Andréa Alves de. *Espaço jurídico processual na discursividade metalinguística*. Curitiba: CRV, 2012.

AMARAL, Diogo Freitas do. *Curso de direito administrativo*. São Paulo: Almedina, 2015. v. 1.

AMARAL JUNIOR, José Levi. Intepretação conforme a Constituição e declaração de inconstitucionalidade sem redução de texto. *In*: BONAVIDES, Paulo; MIRANDA, Jorge; AGRA, Walber de Moura (org.) *Comentários à Constituição Federal de 1988*. Rio de Janeiro: Forense, 2009.

ANDOLINA, Ítalo; VIGNERA, Giuseppe. *Il modello constituzionale del processo civile italiano*. Torino, Itália: G. Giappichelli, 1990.

BALDANM, Édson Luis. *Intertipicidade Penal*. Tipo Penal: Linguagem e Discurso. São Paulo: Almedina, 2014.

BAND, Erster. *Bundesverfassungsgericht und Grundgesetz*. Tübinger, Alemanha: Mohr, 1976. v. II. p. 115.

BARACHO, José Alfredo de Oliveira. *Direito Processual Constitucional*: aspectos contemporâneos. Belo Horizonte: Fórum, 2008. p. 14-15.

BARIONI, Rodrigo; ALVIM, Teresa Arruda. Recursos repetitivos: tese jurídica e ratio decidendi. *Revista de Processo*, v. 296, p. 183-204, out. 2019.

BARROS, Vinícius Diniz Monteiro de. *O conteúdo lógico-objetivo do princípio da inocência*: uma proposição segundo a teoria neoinstitucionalista do processo e o racionalismo crítico. Belo Horizonte: D'Plácido, 2020. Disponível em: www.editoradplacido.com.br/cdn/imagens/files/manuais/o-conteudo-logico-do-principio-da-Inocencia-uma-proposicao-critica-elementar-aos-procedimentos-penais-na-democracia.pdf?srsltid=AfmBOop171JJ4V1Pb2KoGUP8vpH8yNN3DOZI Ib4GB_5zNsYYYIZ4ccN8Yh. Acesso em: 10 fev. 2025.

BARROSO, Luís Roberto. *Interpretação e Aplicação da Constituição*. 7. ed. São Paulo: Saraiva, 2008.

BARROSO, Luís Roberto. Prudências, ousadias e mudanças necessárias no STF. *Conjur*, 28 dez. 2010. Disponível em: https://www.conjur.com.br/2010-dez-28/retrospectiva-2010-prudencias-ousadias-mudancas-necessarias-stf. Acesso em: 24 fev. 2025.

BARROSO, Luís Roberto. *Um outro país*: transformações no direito, na ética e na agenda do Brasil. Belo Horizonte: Fórum, 2018.

BAUDRILLARD, Jean. *A troca impossível*. Rio de Janeiro: Nova Fronteira, 2002.

BAUMAN, Zygmunt. *Modernidade líquida*. Rio de Janeiro: Zahar, 2001.

BITAR, Orlando. A lei e a Constituição. In: BITAR, Orlando. *Obras completas de Orlando Bitar*. Rio de Janeiro: Renovar, 1996. v. 1.

BITTENCOURT, Lúcio. O Controle Jurisdicional da Constitucionalidade das Leis. *Revista de Direito Administrativo*, Rio de Janeiro, v. 16, 1949.

BONAVIDES, Paulo. *Curso de Direito Constitucional*. 13. ed. São Paulo: Malheiros, 2003.

BONAVIDES, Paulo; MIRANDA, Jorge; AGRA, Walber de Moura (org.) *Comentários à Constituição Federal de 1988*. Rio de Janeiro: Forense, 2009.

BRASIL. Presidência da República. Decreto-lei n. 4.657, de 4 de setembro de 1942. Lei de Introdução às Normas do Direito Brasileiro. Brasília: Presidência da República, 1942. Arts. 4º e 5º.

BRASIL. Supremo Tribunal Federal. *Coletânea temática de jurisprudência*: direitos humanos. Brasília: STF, 2017. Disponível em: www.stf.jus.br/arquivo/cms/publicacaoPublicacaoTematica/anexo/CTJ_Direitos_Humanos.pdf. Acesso em: 10 jan. 2025.

BRASIL. Supremo Tribunal Federal. Recurso Extraordinário nº 482.090. Voto do rel. min. Joaquim Barbosa, P, j. 18.06.2008. *DJE* 48 de 13.03.2009.

BRASIL. Supremo Tribunal Federal (2. Turma). Reclamação 14872/DF. Relator: Min. Gilmar Mendes. Julgamento: 31.05.2016. Publicação: 29.06.2016. *DJe*-135, Divulgação: 28.06.2016. Publicação: 29.06.2016.

BRASIL. Supremo Tribunal Federal. Voto Complementar Conjunto dos Senhores Ministros Luís Roberto Barroso (Relator) e Gilmar Mendes (Vistor). Disponível em: www.stf.jus.br/arquivo/cms/noticiaNoticiaStf/anexo/5800615.pdf. Acesso em: 10 fev. 2025.

BRYDE, Brun-Otto. *Verfassungsentwicklungm Stabilität und Dynamik im Verfassungsrecht der Bundesrepublik Deutschland*. Baden-Baden, Alemanha: Nomos, 1982.

BUSTAMANTE, Thomas da Rosa et al. (org.) *A força normativa do direito judicial*: uma análise da aplicação prática do precedente no direito brasileiro e dos seus desafios para a legitimação da autoridade do Poder Judiciário. Brasília: Conselho Nacional de Justiça, 2015. Disponível em: www.cnj.jus.br/wp-content/uploads/2011/02/881d8582d1e287566 dd9f0d00ef8b218.pdf. Acesso em: 10 fev. 2025.

CÂMARA, Alexandre Freitas; MARÇAL, Felipe Barreto. Repensando os dogmas da publicidade e do sigilo na deliberação na justiça brasileira. *Revista de Processo*, v. 299, p. 43-68, jan. 2020.

CANOTILHO, José Joaquim Gomes. *Direito Constitucional e Teoria da Constituição*. 7. ed. São Paulo: Almedina, 2003.

CANOTILHO, José Joaquim Gomes. Jurisdição constitucional e intranquilidade discursiva. *In*: MIRANDA, Jorge (org.) *Perspectivas constitucionais*: nos 20 anos da Constituição de 1976. Coimbra: Coimbra Editora, 1996.

CAPPELLETTI, Mauro. El "formidable problema" del control judicial y la contribución del análisis comparado. *Revista de Estudios Políticos*, n. 13, 1980.

CARNELUTTI, Francesco. *Instituciones del processo civil*. 5. ed. Buenos Aires: Ejea, 1973. v. I.

COUTINHO, Jacinto Nelson de Miranda. Glosas ao "Verdade, Dúvida e Certeza", de Francesco Carnelutti, para os operadores do Direito. *In*: RUBIO, David Sánchez; FLORES, Joaquín Herrera; CARVALHO, Salo de. *Anuário Ibero-Americano de Direitos Humanos (2001/2002)*. Rio de Janeiro: Lumen Juris, 2002. p. 188.

DAMÁSIO, Antônio R. *O erro de Descartes*: emoção, razão e o cérebro humano. São Paulo: Companhia das Letras, 2012.

DIDIER JR., Fredie. A ordem no processo dos tribunais no CPC-2015 e o sistema de precedentes: voto vencido, redação de acórdão e colheita de votos. *Revista Eletrônica da Procuradoria Geral do Estado do Rio de Janeiro* (PGE-RJ), Rio de Janeiro, v. 1, n. 1, maio-ago. 2018.

DINAMARCO, Cândido Rangel. *A instrumentalidade do processo*. 4. ed. São Paulo: Malheiros, 1994.

DINAMARCO, Cândido Rangel. *A instrumentalidade do processo*. 12. ed. São Paulo: Malheiros, 2005.

DUARTE, David. *Procedimentalização, participação e fundamentação*: para uma concretização do princípio da imparcialidade administrativa como parâmetro decisório. São Paulo: Almedina, 1996.

ELY, John Hart. *Democracia e desconfiança*: uma teoria do controle judicial de constitucionalidade. São Paulo: Martins Fontes, 2010.

FAZZALARI, Elio. *Instituições de direito processual*. Tradução: Eliane Nassif. 8. ed. Campinas: Bookseller, 2006.

FERRAZ, Taís Shilling. Ratio decidendi x tese jurídica: a busca pelo elemento vinculante do precedente brasileiro. *Revista de Processo*, v. 265, p. 419-441, mar. 2017.

FERRAZ JR., Tercio Sampaio. *Introdução ao estudo do Direito*. Técnica, decisão, dominação. 10. ed. São Paulo: Atlas, 2018.

FOUCAULT, Michel. *Microfísica do poder*. Tradução e organização de Roberto Machado. Rio de Janeiro: Graal, 1979.

FOUCAULT, Michel. *Nascimento da biopolítica*. Tradução: Eduardo Brandão. São Paulo: Martins Fontes, 2008.

FREUD, Sigmund. Uma dificuldade no caminho da psicanálise [1917]. *In*: FREUD, Sigmund. *Obras completas de Sigmund Freud*. Rio de Janeiro: Imago, 1996. v. XVII.

FRIESENHAHN, Ernst. *La Giurusdizione Costituzionale nella Republica Federale Tedesca*. Milano, Itália: Giuffrè, 1973.

GADAMER, H.-G. *Verdade e método*: traços fundamentais de uma hermenêutica filosófica. Tradução: Flávio Paulo Meuer. 3. ed. São Paulo: Vozes, 1999.

GARCÍA, Eduardo. *La Constitución como Norma y el Tribunal Constitucional*. Madrid: Thomas Reuters, 1981.

GONÇALVES, Aroldo Plínio. *Técnica Processual e Teoria do Processo*. Rio de Janeiro: Aide, 1992.

GONZÁLEZ, Jorge Agudo. La concertación con la administración: especial referencia a la concertación informal. *Opinión Jurídica*, Medellín, julio-diciembre de 2011, p. 17.

GRESTA, Roberta Maia. *Ação temática eleitoral*: proposta para a democratização dos procedimentos judiciais eleitorais coletivos. 2014. Dissertação (Mestrado) – Programa de Pós-Graduação em Direito da Pontifícia Universidade Católica de Minas Gerais, Belo Horizonte, 2014.

GUSY, Christoph. *Parlamentarischer Gesetzgeber und Bundesverfassungsgericht*. Berlin: Duncker und Humblot 1985.

HÄBERLE, Peter. *A sociedade aberta dos intérpretes da Constituição*: contribuição para a interpretação pluralista e "procedimental" da Constituição. Porto Alegre: S. A. Fabris, 1997.

HAIDT, Jonathan. *A mente moralista*: por que pessoas boas são segregadas por política e religião. São Paulo: Alta Cult, 2020.

HESSE, Konrad. *A força normativa da Constituição*. Porto Alegre: S. A. Fabris, 1991.

HESSE, Konrad. *Escritos de Derecho Constitucional. Centro de Estudios Constitucionales*, Madri, 1983.

HESSE, Konrad. *Grundzüge des Verfassungsrechts der Bundesrepublik Deutschland*. Heidelberg: C. F. Müller, 1993.

KAUFMANN, Mathias. Discurso e despotismo. *In*: MERLE, Jean-Christophe; MOREIRA, Luiz (coord.). *Direito e legitimidade*: escritos em homenagem ao Prof. Joaquim Carlos Salgado, por ocasião de seu decanato como professor titular de teoria geral e filosofia do direito da Faculdade de Direito da UFMG. São Paulo: Landy, 2003.

KELSEN, Hans. A Garantia Jurisdicional da Constituição (A Justiça Constitucional). *Direito Público*, n. 1, jul.-set. 2003.

KELSEN, Hans. *Jurisdição constitucional*. São Paulo: Martins Fontes, 2007.

KELSEN, Hans. *O problema da justiça*. São Paulo: Martins Fontes, 1996.

KELSEN, Hans. *Teoria pura do Direito*. 8. ed. São Paulo: Martins Fontes, 2019.

KOATZ, Rafael Lorenzo-Fernandez. Deliberação e procedimento no Supremo Tribunal Federal: propostas para um modelo de deliberação compatível com a Constituição de 1988. In: BAPTISTA, Patrícia; BRANDÃO, Rodrigo (org.) *Direito Público. Coleção Direito UERJ 80 anos*. Rio de Janeiro: Freitas Bastos, 2015. p. 457-458.

KORNHAUSER, Lewis A. Deciding Together. *Public Law Research Paper*, New York University School of Law, n. 13-65, 2013.

LARENZ, Karl. Methodenlehre der Rechtswissenschaft. Berlin-Heidelberg-New York: Springer Verlag, 1969.

LEAL, André Cordeiro. *Instrumentalidade do processo em crise*. Belo Horizonte: Mandamentos, 2008.

LEAL, Rosemiro Pereira. *A teoria neoinstitucionalista do processo*: uma trajetória conjectural. Belo Horizonte: Fórum, 2013.

LEAL, Rosemiro Pereira. *Processo como teoria da lei democrática*. Belo Horizonte: Fórum, 2010.

LEAL, Rosemiro Pereira. *Teoria geral do processo*. Belo Horizonte: Fórum, 2021.

LEAL, Rosemiro Pereira. *Teoria processual da decisão jurídica*. São Paulo: Landy, 2002.

LUHMANN, Niklas. *A Constituição como aquisição evolutiva*. Disponível em: https://pt.scribd.com/document/31253250/LUHMANN-Niklas-A-constituicao-como-aquisicao-evolutiva. Acesso em: 10 fev. 2025.

LUHMANN, Niklas. *Introdução à teoria dos sistemas*. Petrópolis: Vozes, 2009.

MARINONI, Luiz Guilherme. Julgamento colegiado e precedente. *Revista de Processo*, Brasília, v. 42, n. 264, p. 357-394, 2017.

MARINONI, Luiz Guilherme. *Julgamento nas cortes supremas*: precedentes e decisão do recurso diante do novo CPC. 2. ed. São Paulo: Revista dos Tribunais, 2017. p. 97.

MARINONI, Luiz Guilherme. *Técnica processual e tutela dos direitos*. 3. ed. São Paulo: Revista dos Tribunais, 2010. p. 174-177.

MARQUES NETO, Agostinho Ramalho. O Poder Judiciário na perspectiva da sociedade democrática: o juiz cidadão. *Revista ANAMATRA*, São Paulo, ano VI, n. 21, 1994.

MAUSS, Ingeborg. *Judiciário como superego da sociedade*: o papel da atividade jurisprudencial na "sociedade órfã". Tradução do alemão: Martonio Lima e Paulo Albuquerque. *Revista Novos Estudos CEBRAP*, São Paulo, n. 58, p. 183-202, nov. 2000.

MAXIMILIANO, Carlos. *Hermenêutica e aplicação do direito*. Rio de Janeiro: Forense, 1980.

MEDEIROS, Rui. *A decisão de inconstitucionalidade*. Lisboa: Universidade Católica Portuguesa, 1999.

MEDEIROS, Rui. *A decisão de inconstitucionalidade*: os autores, os conteúdos e os efeitos da decisão de inconstitucionalidade da lei. Lisboa: Universidade Católica Portuguesa, 1999.

MENDES, Conrado Hübner. *Direitos fundamentais, separação de poderes e deliberação*. 2008. Tese (Doutorado em Ciência Política) – Departamento de Ciência Política da Faculdade de Filosofia, Letras e Ciências Humanas da Universidade de São Paulo, 2008.

MENDES, Gilmar Ferreira. Controle de constitucionalidade: hermenêutica constitucional e revisão de fatos e prognoses legislativos pelo órgão judicial. *Revista Jurídica da Presidência*, Brasília, v. 1, n. 8, p. 2-12, jan. 2000. Disponível em: https://revistajuridica.presidencia. gov.br/index.php/saj/issue/view/114/56. Acesso em: 10 fev. 2025.

MENDES, Gilmar Ferreira. Controle de constitucionalidade e processo de deliberação: legitimidade, transparência e segurança jurídica nas decisões das cortes supremas. *Observatório da jurisdição constitucional*, Brasília, v. 1, n. 1, ano 4, 2010/2011.

MENDES, Gilmar Ferreira. *Direitos fundamentais e controle de constitucionalidade*. 2. ed. São Paulo: Saraiva, 1999. p. 503-504.

MENDES, Gilmar Ferreira. *Jurisdição constitucional*: o controle abstrato de normas no Brasil e na Alemanha. 6. ed. São Paulo: Saraiva, 2014.

MENDES, Gilmar Ferreira; BRANCO, Paulo Gustavo Gonet. *Curso de direito constitucional*. São Paulo: Saraiva, 2023. (Série IDP).

MENDES, Gilmar Ferreira; COELHO, Inocêncio Mártires; BRANCO, Paulo Gustavo Gonet. *Curso de Direito Constitucional*. 3 ed. São Paulo: Saraiva, 2010.

MILLER, David. *Out of Error*: Further Essays on Critical Rationalism. Aldershot (UK): Ashgate, 2006.

MILLER, David (org.) *Popper*: textos escolhidos. Tradução: Vera Ribeiro. Rio de Janeiro: Contraponto, 2010. p. 57-75.

MIRANDA, Jorge. *Manual de direito constitucional*. 2. ed. Coimbra: Coimbra Editora, 1983. v. 2.

MIRANDA, Jorge. *Manual de direito constitucional*: inconstitucionalidade e garantia da Constituição. Coimbra: Coimbra Editora, 2001. Tomo 6.

MODUGNO, Franco. *L'invalità delle legge*. Milano, Itália: Giuffrè, 1970. p. X-XI. v. 1.

MORAIS, Carlos Blanco de (org.) *As sentenças intermédias da justiça constitucional*. Lisboa: AADFL, 2009.

MORAIS, Carlos Blanco de. *Justiça Constitucional*. Coimbra: Coimbra Editora, 2005. Tomo II.

MÜLLER, Friedrich. *Juristische Methodik*. Berlin: Duncker und Humblot, 1971.

MÜLLER, Friedrich. *Teoria Estruturante do Direito*. 2. ed. São Paulo: Revista do Tribunais, 2009.

NASCIMENTO, Leonardo Longen do; DIAS, Feliciano Alcides; SÁ, Priscila Zeni de. Convergências filosóficas em Gadamer e Müller para a concretização da norma. *Revista Direito Público*, Brasília, v. 19, n. 103, 2022. Disponível em: www.portaldeperiodicos.idp. edu.br/direitopublico/article/view/6589. Acesso em: 10 fev. 2025.

NUNES, Dierle José Coelho. *Processo jurisdicional democrático*: uma análise crítica das reformas processuais. Curitiba: Juruá, 2010.

PIERANDREI, Franco. *Corte costituzionale*. Milano, Itália: Giuffrè, 1962.

PLUNKETT, David; SUNDELL, Tim. Disagreement and the Semantic of Normative and Evaluative Terms. *Philosopher's Imprint*, v. 13, n. 23, p. 14-15, 2013.

POPPER, Karl. *Conhecimento objetivo*. Tradução: Milton Amado. Belo Horizonte: Itatiaia, 1999.

POPPER, Karl. Conhecimento sem autoridade [1960]. *In*: MILLER, David (org.) *Popper*: textos escolhidos. Tradução: Vera Ribeiro. Rio de Janeiro: Contraponto, 2010.

POPPER, Karl. Conhecimento subjetivo *versus* conhecimento objetivo [1967]. *In*: MILLER, David (org.) *Popper*: textos escolhidos. Tradução: Vera Ribeiro. Rio de Janeiro: Contraponto, 2010. p. 57-75.

POPPER, Karl. *Lógica das ciências sociais*. Rio de Janeiro: Tempo Brasileiro; Brasília: UnB, 1978.

POPPER, Karl. O mito do referencial. Tradução: Mário A. Eufrásio e Pedro Motta de Barros. *Khronos: revista de História da Ciência*, São Paulo, v. 1, p. 209-241, 2008.

POPPER, Karl. O problema corpo-mente [1977]. *In*: MILLER, David (org.) *Popper*: textos escolhidos. Tradução: Vera Ribeiro. Rio de Janeiro: Contraponto, 2010. p. 262-263.

POPPER, Karl. *Os dois problemas fundamentais da teoria do conhecimento*. Tradução: Antonio Ianni Segatto. São Paulo: Ed. Unesp, 2013.

POPPER, Karl. Verdade e aproximação da verdade [1960]. *In*: MILLER, David (org.) *Popper*: textos escolhidos. Tradução: Vera Ribeiro. Rio de Janeiro: Contraponto, 2010. p. 179-180.

RIBEIRO, Julio de Melo. Controle de constitucionalidade das leis e decisões interpretativas. *Revista de Informação Legislativa*, Brasília, ano 46, n. 184, p. 159, out.-dez. 2009. Disponível em: www2.senado.leg.br/bdsf/item/id/242920. Acesso em: 10 fev. 2025.

ROSA, Alexandre Morais da. *Decisão no processo penal como bricolage de significantes*. 2004. Tese (Doutorado) – Pós-Graduação em Direito, Universidade Federal do Paraná, 2004. p. 275-276. 420 f.

ROSA, João Guimarães. *Grande Sertão: Veredas*. 22. ed. São Paulo: Companhia das Letras, 2019. p. 19.

RUBINGER-BETTI, Gabriel; BENVINDO, Juliano Zaiden. Do solipsismo supremo à deliberação racional. *Revista Direito, Estado e Sociedade*, Rio de Janeiro, n. 50, p. 165, jan./jun. 2017.

SCHEPPELE, Kim Lane. Parliamentary Supplements (Or Why Democracies Need More than Parliaments). *Boston University Law Review*, Boston, v. 89, p. 795-826, 2009.

SCHLAICH, Klaus; KORIOTH, Stefan. *Das Bundesverfassungsgericht*. Munique: C. H. Beck, 1985.

SCHMITT, Carl. *O guardião da Constituição*. Belo Horizonte: Del Rey, 2007.

SHKLAR, Judith Nisse. *Ordinary Vices*. Cambridge: Harvard University Press, 1984.

SILVA, Virgílio Afonso da. Interpretação conforme a constituição: entre a trivialidade e a centralização judicial. *Revista Direito GV*, v. 2, n. 1, p. 191-210, 2006.

SILVA, Virgílio Afonso da. Interpretação constitucional e sincretismo metodológico. *In*: SILVA, Virgílio Afonso da. *Interpretação constitucional*. São Paulo: Malheiros, 2005. p. 115-143.

SILVA, Virgilio Afonso da. La interpretación conforme a la Constitución. Entre la trivialidad y la centralización judicial. *Cuestiones Constitucionales*, n. 12, 2005.

SILVA, Virgílio Afonso da. O STF e o controle de constitucionalidade: deliberação, diálogo e razão pública. *Revista de Direito Administrativo*, v. 250, p. 197-227, 2009.

SILVA, Virgílio Afonso da. "Um voto qualquer"? O papel do ministro relator na deliberação no Supremo Tribunal Federal. *Revista Estudos Institucionais (REI)*, Rio de Janeiro, v. 1, n.1, p. 196-199, 2015.

SILVESTRI, Gaetano. Le sentenze normative dela Corte Costituzionale. *Giurisprudenza constituzionale*, v. 26, n. 8/10, p. 1684-1721, 1981.

SKOURIS, Vassilios. *Teilnichtigkeit von Gesetzen*. Berlin: Duncker und Humblot, 1973.

STRECK, Lenio Luiz. *Hermenêutica jurídica e(m) crise*: uma exploração hermenêutica da construção do direito. Porto Alegre: Livraria do Advogado, 1999.

STRECK, Lenio Luiz. *Jurisdição constitucional*. Rio de Janeiro: Forense, 2018.

STRECK, Lenio Luiz. *Jurisdição constitucional e hermenêutica*: uma nova crítica do direito. Porto Alegre: Livraria do Advogado, 2002.

STRECK, Lenio Luiz. *Súmulas no direito brasileiro*: eficácia, poder e função. 2. ed. Porto Alegre: Livraria do Advogado, 1998.

STRECK, Lenio Luiz. *Verdade e consenso*: Constituição, hermenêutica e teorias discursivas. 4. ed. São Paulo: Saraiva, 2011.

TALEB, Nassim Nicholas. *A lógica do cisne negro*: o impacto do altamente improvável. Rio de Janeiro: Objetiva, 2021.

UNIÃO EUROPEIA. *Livro Branco da Comissão Europeia "A Governança Europeia"*, de 25 de julho de 2001. Disponível em: https://eur-lex.europa.eu/legal-content/PT/ALL/?uri=uriserv:l10109. Acesso em: 24 fev. 2025.

UNITED STATES OF AMERICA. Supreme Court. *Lochner v. New York*, 198 U.S. 45. Washington, DC, 1905.

UNITED STATES OF AMERICA. Supreme Court. *West Coast Hotel Co v. Parrish*, 300 U.S. 379. Washington, DC, 1937.

VALE, André Rufino do. *Argumentação constitucional*: um estudo sobre a deliberação nos Tribunais Constitucionais. 2015. Tese (Doutorado em Direito) – Universidade de Brasília, Brasília-Alicante, 2015.

VEGA, Augusto de la. *La sentencia constitucional en Italia*. Madrid: Centro de Estudios Políticos y Constitucionales, 2003.

VIEHWEG, Theodor. *Tópica e jurisprudência*: uma contribuição à investigação dos fundamentos jurídico-científicos. 5. ed. Tradução: Kelly Susane Alflen da Silva. Porto Alegre: S. A. Fabris, 2008.

VIEIRA, Isabelle Almeida. *Repensando o processo decisório colegiado do Supremo Tribunal Federal*. Londrina: Thoth, 2022.

VILAR, Altair. *Administração solidária*: o modelo de gestão todos por todos. Ipatinga, MG: Mara Investimentos e Participações, 2023. E-book.

XENÓFANES, Cólofon de. B 16, 15, 18, 35 e 34. In: DIELS, Hermann; KRANZ, Walther. *Die Fragmente der Vorsokratiker*. 5. ed. Berlin: Weidmannsche Hildesheim, 1964.

ZAGREBELSKY, Gustavo. *La Giustizia Costituzionale*. Bologna, Itália: Il Mulino, 1977. p. 188.

ZARONI, Bruno Marzullo. Julgamento colegiado e a transparência na deliberação do STF: aportes do direito comparado. *Revista de Processo Comparado*, v. 2, p. 57-82, jul.-dez. 2015.

ŽIŽEK, Slavoj. *A visão em paralaxe*. São Paulo: Boitempo, 2008.

Esta obra foi composta em fonte Palatino Linotype, corpo 10,5
e impressa em papel Pólen Bold 70g (miolo) e Supremo 250g (capa)
pela Gráfica Star7.